U0057995

科技與學習：理論與實務

Technology and Learning: Theory and Practice

（第四版）

沈中偉
黃國禎　著

作者簡介

··

沈中偉

學歷：美國北科羅拉多大學教育科技博士
　　　　美國賓州州立大學訪問學者

經歷：美國加州太平洋叢林市（Pacific Grove）成人學校義務教師
　　　　國立屏東教育大學教育科技研究所副教授兼任所長
　　　　國立屏東教育大學初等教育系副教授兼任視聽教育中心主任
　　　　國立屏東教育大學教育科技研究所創所所長
　　　　國立屏東教育大學教育科技研究所籌備主任
　　　　國立屏東教育大學語言中心華語文師資培訓班教師
　　　　國立屏東教育大學外籍人士華語班教師
　　　　國立台灣師範大學視聽教育館副研究員
　　　　國立台灣師範大學視聽教育館助理研究員
　　　　國立台灣師範大學圖書館閱覽組主任
　　　　國立台灣師範大學公共關係委員
　　　　國立台灣師範大學資訊教育學系兼任副教授
　　　　政治作戰學校新聞研究所兼任副教授
　　　　警察專科學校兼任副教授
　　　　中國文化大學兼任講師

中國圖書館學會非書資料委員會委員
中國視聽教育學會諮詢委員
教育部電子計算機中心多媒體設計與製作評審委員
教育部資訊種子學校南區召集人暨訪視委員
屏東縣政府有線廣播電視系統費率委員會委員
台灣教育傳播暨科技學會理事
《教學科技與媒體》雜誌編輯

著作：《建構主義之國小資訊理念：行動研究之實踐與省思》（台
北市：心理出版社）。
教育科技與媒體中、英文期刊論文、學術研討會論文、國科
會補助專題研究計畫等數十篇。
〈國小資訊教育的省思與理念〉論文榮獲一九九九年「資訊
與教育雜誌社」優良作品，由曾志朗部長頒發獎牌與獎狀。

黃國禎

學歷：交通大學資訊工程博士

經歷：台南大學理工學院院長
　　　　台南大學資訊教育研究所所長
　　　　暨南國際大學電子計算機中心主任
　　　　國科會「數位學習國家型科技計畫」共同召集人
　　　　國科會科學教育處複審委員
　　　　國科會「數位學習服務品質認證中心」評審委員
　　　　新聞局數位出版金鼎獎評審委員
　　　　教育部「大專校院數位學習訪視計畫」委員
　　　　教育部「推動華語測驗指導小組」委員
　　　　台中市政府「資訊教育推展委員會」委員
　　　　Education Research International 副總編輯
　　　　Global Chinese Journal for Computers in Education 總編輯
　　　　International Journal of Digital Learning Technology 執行編輯

現職：台灣科技大學數位學習與教育研究所講座教授
　　　　台灣數位學習與內容學會秘書長
　　　　《人文社會學報》總編輯
　　　　《數位學習科技期刊》執行編輯
　　　　International Journal of Mobile Learning and Organisation 執行編輯

著作：Mindtools for supporting mobile learning activities. In Z. L. Berge
& L. Y. Muilenburg(eds.), *Handbook of Mobile Learning* (New
York: Routledge)

《數位學習導論與實務》（台北市：博碩文化出版社）。

數位學習及智慧型系統相關之期刊及研討會論文四百多篇。

獲得二〇〇七年及二〇一〇年國科會傑出研究獎。

林　序

近年來，教育部致力於推動資訊科技融入教學，因此，教育行政單位也配合此項政策，大力培育在職教師提昇資訊科技融入教學的能力。資訊科技融入教學係指將資訊科技運用於課程與教學中，讓資訊科技成為教學、學習、問題解決與傳遞訊息的工具。其實，要有效運用科技融入教學，最重要的還是教師除了需具備學科領域知識之外，還需具備資訊科技素養、教育信念、學習理論、教學理論、教學設計理論、教學方法、教學策略，以及多元評量的知能。本書即是以上述主題作為探討的架構。

資訊科技融入教學不是僅運用電腦或網際網路就等同於將資訊科技融入教學中，最重要的關鍵在於如何將教師的教學能力與經驗、教學方法與教學策略與資訊科技相結合，以提高教學與學習成效。這意味著教師必須花更多時間上網搜尋豐富的網路資源、統整資訊、製作媒體、發揮創意思考、活化教學模式、方法和策略，與設計多元評量。

沈中偉博士過去曾在國立台灣師範大學視聽教育館服務多年，負責電腦輔助教學軟體之研發以及教學錄影帶之製作。他曾獲得下列獎項：(1)一九八六年獲得中國視聽教育學會（現改名為台灣教育科技與傳播學會）「教學錄影帶製作獎」；(2)一九九二年獲得中國視聽教育學會「推行視聽教育有功獎」；(3)一九九七年因連續辦理兩年之「教學科技與教育改革研習會」績效卓著，也獲得中國視聽教育學會「推行視聽教育有功團體獎」；(4)撰寫〈國小資訊教育的

省思與理念〉一文，榮獲資訊與教育雜誌社一九九九年優良作品，獲得發行人前教育部曾志朗部長頒獎表揚。此外，並於二○○一年，獲邀擔任教育部公費留學考試命題暨閱卷委員，其學術研究與實務經驗備受教育科技界之肯定。

他現在服務於國立屏東師範學院教育科技研究所，除了擔任創所所長之外，也兼任本校視聽教育中心主任。本書之出版，是作者在師資培育機構服務二十餘年，有關教育科技、資訊科技與教學媒體之教學、研究與輔導之心得。沈所長曾擔任教育部南區資訊種子學校訪視委員兩年，訪視過台南縣市、高雄縣市與屏東縣多所國民中小學，根據其個人的觀察與訪談，而歸納實施科技融入教學時所遭遇到之困難與解決之道，甚具參考價值。

本書之付梓，對於國內教育科技、資訊科技、數位學習與教學媒體之理論與實務具有積極之貢獻。相信本書之問世，不僅對於各師資培育養成機構之學子有價值，而且對於目前服務於國民中小學之教師，或工商企業機構之教育訓練從業人員亦應有所幫助。有幸先目睹專書，特為序推薦，以共饗國內外所有關心科技與學習之教師同仁。

謹識

於國立屏東師範學院校長室

二○○四年七月

作者序

　　Oswald Shallow 曾言：「為獲得結果，我選擇趣味，因為趣味讓人樂在其中，樂在其中誘發了參與，參與重在關注，關注延伸了我的覺察，覺察引發洞察，洞察蘊生知識，知識促進行動，行動中開花結果。」（To get results, decide to have fun. Fun creates enjoyment, which invites participation, which focuses attention, which expands awareness, which promotes insight, which generates knowledge, which facilitates action. And action gets results.）筆者秉持上述之信念以及「學習為本，科技為用」的理念，期待個人能在教育科技與媒體專業發展的知能與實務工作方面有所增進。

　　個人對教學媒體的興趣是在國立台灣師範大學英語系就讀時開始的，當時最簡單的想法就是思考如何運用視聽媒體，如錄音帶、錄影帶作為輔助學習英語的工具。因而在一九八〇年至美國攻讀教學科技與媒體碩士學位，當時發現美國各級學校都已在使用蘋果電腦或 Atari 電腦，而在台灣我只在中華電腦公司學習過大型電腦，當時還需使用打卡的方式輸入資料。因此，就開始積極學習電腦程式語言，如：BASIC、COBOL、Pascal、LOGO 等。由於要繳交報告，所以去購買一部電動打字機，若是要繳交重要的報告，我都會請美國的 Host Family 夫婦幫我潤飾與修改，每次修改後，我總是要急忙地再重新繕打一次。後來使用蘋果電腦與文書處理軟體 Apple-Works，就不需要再重新打字了，深刻體會與享受到使用電腦的便利性。

　　本書是一本有關科技與學習的書，旨在探討如何把科技或教學媒體當作學習工具，藉由工具來幫助學習者思考、促進有意義的學習、培養學生高層次的思考技能、問題解決能力與建構知識體系。

　　個人在師資培育機構服務二十多年，深切體認科技只是一個學習或教學的工具，要有效運用科技融入教學，最重要的還是教師除了須具備學科領域知識之外，還須具備資訊科技素養、教育信念、學習理論、教學理論、教學設計理論、教學方法、教學策略，以及多元評量的知能。本書乃依據此主軸作為撰寫本書的架構，期望在數位學習時代，能提供各級教師參考。

　　全書共計十章，茲簡介其內容如下：

　　第一章「緒論」，首先釐清與界定科技的涵義與本質，繼而再深入探討科技如何促進有意義的學習、科技融入教學理念探討、科技融入教學之理由、科技在學習上的角色、科技融入教學所遭遇之困難與解決之道等。

　　第二章「科技促進學習的理論基礎」，說明教師在運用科技融入教學時，應具備的理論基礎包括：哲學基礎、系統理論、傳播理論、學習理論等。

　　第三章「教學設計理論與系統化教學設計」，指出科技的運用只是整個教學設計的一部分，教學設計才是學習成效的關鍵因素。因此，本章探討系統化教學設計的涵義、系統化教學設計模式、教學設計理論等。

　　第四章「科技融入教學方法探討」，強調影響學習成效的最重要因素是教學方法與教學策略，因此歸納常用的科技融入教學的方法有直接教學法、發現學習法、建構式網路教學模式、網頁主題探究教學法（WebQuest）、資源本位學習法等。

　　第五章「問題導向學習的教學設計」，說明傳統的教學最為人

所詬病的問題之一，就是傳統教學法大都只是灌輸事實性的知識給學生，而不注重培養學生獨立思考與問題解決能力。本章探討問題導向學習的涵義及其成效、問題解決的歷程與策略、問題導向學習的教學策略等。

第六章「教學媒體之選擇與運用模式」，根據個人的觀察與訪談，發現很多國小教師在運用科技融入教學時，仍有新媒體情結的迷失概念，亦即誤認為新媒體一定比傳統媒體有較佳的學習效果。因此，本章說明教學媒體的種類、特性、媒體選擇的考慮因素，以及有效運用媒體的模式。

第七章「遠距教學」，旨在探討遠距教學系統的涵義、類型與特性、遠距教學之省思，以及介紹幾個優良數位學習網站，提供給各級教師參考。

第八章「有效的學習工具」，旨在討論如何運用概念構圖軟體、電腦與影片等教學工具，以促進科技是用來發展學生高層次的思考技能與問題解決能力的理念。

第九章「自我調整學習」，探討自我調整學習的意義、自我調整學習的理論基礎、自我調整學習循環階段，以及自我調整學習之教學模式及其要素。

第十章「學習評量」，說明傳統評量的缺失，以及近年來深受教育界重視的檔案評量和實作評量。

本書得以順利出版要感謝很多人的協助，首先要感謝家母以及在美國賓州留學的賢內助與女兒欣怡所給予的精神支持與鼓勵。其次，要感謝幾年來，與我互相學習、成長與分享的同事以及學生。同時也要感謝屏東縣東寧國民小學游麗嬌校長的文字潤飾與細心校對，游校長的語文造詣讓本書行文流暢、易於閱讀。此外，心理出版社許麗玉總經理、林敬堯總編輯慨允協助出版與提供卓見，使本

書能順利出版，也要衷心表達我的謝意。最後，本書雖撰寫多年，
疏漏之處，仍在所難免，還請教育先進不吝指正。

沈中偉 謹識

於國立屏東師範學院教育科技研究所
二〇〇四年九月

第四版序

　　本書秉持「學習為本，科技為用」的信念，探討如何運用「歷程」的科技觀與「產品」的科技觀，以期創新教學方法與促進學習成效。「歷程」的科技觀係指將系統化的方法，運用於分析、設計、發展、執行與評鑑教學歷程，以提昇學習成效；而「產品」的科技觀則是指運用資訊科技融入教學中，除了能吸引學生的注意力之外，也可以使抽象的概念具體化，有助於學生的理解與記憶。更重要的是，藉由資訊科技的使用，能夠培養學生獨立思考、創造思考、問題解決、主動學習、溝通合作與終身學習的能力。

　　系統化教學設計的思維緣起於第二次世界大戰時，美國軍方為了在最短的時間之內，能有效地訓練出優秀的軍人，而邀請多位傑出的教育心理學家發展出系統化教學設計模式。在德國戰敗投降後，德國參謀總長說：「我們精準計算出了美國所有的戰備情形，唯獨沒有預料到美國能夠在這麼短的時間之內能訓練出優良的軍人。」由於系統化教學設計的成效良好，因此在第二次世界大戰之後，此模式也被運用到工商企業界的人力培訓與學校教育上，藉以提高學習效果。

　　在實施資訊科技融入教學時也應體認無論數位科技如何演變，在學習過程中學生是學習的主角，唯有從學習者的特性、需求、動機、教學目標、教學設計，作整體的思考，搭配數位科技的輔助，才能提昇學習成效。

　　我在二〇〇八年從國立屏東教育大學退休後移居美國，基於專

業上的本能，尤其關注小女的美國教師如何運用 iPod、iPad、Smart Board 等數位科技以及有趣的程式融入於英文文法、西班牙語、生物、化學與微積分等課程教學中，透過雙手和手指的動作，師生就可以輕鬆地移動、旋轉或放大課堂內容，使抽象的概念視覺化，讓學生更易於了解。此外，也看到美國學生使用智慧型手機與 Pleco 中文字典的應用程式來捕捉、辨識中文，做即時的發音與解釋，字詞長短可自由選取，真是學習中文的一大利器。

　　本書第四版，很高興邀請黃國禎教授參與，協助重新撰寫第七章「數位學習」，另外在第八章增加介紹 CmapTools 和 XMind 二個製作概念構圖的工具和專家系統；在第九章也增加探討 Scratch 程式語言與邏輯推理軟體、Kodu Game Lab 視覺化遊戲開發工具以及數位內容設計原則。黃教授的專長是數位學習、行動學習、情境感知無所不在學習，以及遊戲式學習等；這些新興科技的加入，更增添本書的實用性與可讀性。此外，第四版也更新了其他章節的部分內容，例如在第八章，加入了獲得各界好評的 Spelling City 學習網站介紹，可用來提昇英文的聽、說、讀、寫能力。如此優良的網路學習資源，非常值得國內推廣使用。

　　本書能順利出版，也要衷心感謝心理出版社林敬堯副總經理兼總編輯以及執行編輯林汝穎小姐的協助，他們的專業編輯經驗，是本書最有力的推手。

沈中偉 謹識

於美國加州太平洋叢林市
二○一二年八月

目　次

第一章
緒　論

　　本章開宗明義先釐清與界定科技的涵義與本質，再深入探討科技如何促進有意義的學習、科技融入教學理念探討、科技融入教學之理由、科技在學習上的角色、科技融入教學所遭遇之困難與解決之道，以及資訊社會教學創新之特性等。

第一節　科技的涵義與本質

　　在人類的歷史上，各種科技的發展與進步均是為了促進人類文明進步、改善生活環境與增進人類生活的福祉。科技（technology）一詞有很多的意涵，概念混淆不清，需要先加以釐清。它在英文中的語義是源自希臘文 technologia，原意係指「有系統的處理」（systematic treatment）。而韋氏第九版新大學辭典（Webster's Ninth New Collegiate Dictionary, 1990）對於「科技」有下列兩個定義：一、運用科學方法以達到實際的目的；二、為了人類的健康與舒適所使用之設備和工具的總稱。

　　將科技的概念運用在不同的領域裡則有不同的定義。在工業科技教育領域裡，「科技」被界定為：「運用知識、設備、材料、資源、工具和技術以解決實際問題並擴展人類的能力。」（Hacker &

Barden, 1992）。在生物科技（Biotechnology）領域裡，生物科技是
「生物」與「科技」兩詞的結合，表示包含了廣泛的生命科學、醫
學學科，以及所有相關科技。根據經濟部生物技術與醫藥工業發展
推動小組（Biotechnology and Pharmaceutical Industries Program Of-
fice, MOEA）提出了下列的定義：「生物科技是以一系列力量強大
的工具，利用活的有機體或有機體組織，以製造或改造產品、改進
動植物，或研發出微生物作為特定用途。運用這種新『生物科技』
的例子包括在工業上使用重組DNA，細胞融合，以及最新的生物加
工等」（BiotechEast, 2001）。又如奈米科技（Nanotechnology）是
大家所公認的二十一世紀之尖端科技產業。奈米是一物理量的描述，
長度為10^{-9}m，尺度上相當接近原子的大小。它的發展需要基礎物
理、化學、材料、電機與機械等相關領域的整合與應用，現在已有
一些奈米技術所研發的產品，如不易破碎的陶瓷、更耐磨的輪胎等。

　　本書以統整的觀點，歸納「科技」在教育上的運用有兩個涵義：
一是「歷程」的科技觀（Technology as Process）；另一是「產品」
的科技觀（Technology as Product）（單文經，1992；Heinich, Mol-
enda, Russell, & Smaldino, 2001; Reiser, 1987）。「歷程」的科技觀是
指「有系統地運用科學知識或其他體系知識於實用的工作上」（The
systematic application of scientific or other organized knowledge to prac-
tical tasks.）的「系統方法」（systems approach）。歷程科技觀的
「系統化方法」已成為教育科技界的主流思潮。由以往注重教學媒
體的運用轉移至系統化教學設計，以期解決教學上的問題與促進學
習成效。根據美國教育傳播與科技學會（Association for Educational
Communications and Technology）於一九九四年對「教學科技」（In-
structional Technology）重新提出的正式定義是：「教學科技關注學
習的過程與資源的設計、發展、運用、管理和評鑑的理論與實務」。

（Instructional Technology is the theory and practice of design, development, utilization, management, and evaluation of processes and resources for learning.）（Seels & Richey, 1994, p. 9）新定義以更廣義的描述「科技」在教育上的應用，科技是指將系統化的方法，運用於分析、設計、發展、執行與評鑑教學歷程，以提昇學習成效。

而「產品」的科技觀則是指傳統的傳播媒體與資訊科技在教學上的運用（Reiser, 1987），亦即科技是一種學習工具或是教師運用教學媒體與資訊科技融入教學中，除了能吸引學生的注意力之外，也可以使抽象的概念具體化，有助於學生的理解與記憶。更重要的是，藉由資訊科技的使用，能夠培養每位學生具備運用科技與資訊的擷取、分析與應用的能力，進而培養學生獨立思考、創造思考、問題解決、主動學習、溝通合作與終身學習的能力。

現今由於受到建構主義學習觀的影響，教育學者關注如何把科技當作學習工具，視科技為學習伙伴（learning partner），藉由這些工具來建構知識。因此，傳統上將科技視為老師的角色，學生由「從科技學習」（learning from technology）轉變成「運用科技學習」（learning with technology）。Jonassen、Howland、Moore 和 Marre（2003）等人認為科技有下列涵義：

一、科技不只是一種硬體，科技亦包含能有效促進學習的技術和方法，例如促進認知學習策略和批判思考的能力。

二、科技可以促使學習者主動積極與建構有意義學習的環境或活動。

三、科技並不是意義的傳送者，更不應該限制或控制學習者之間的互動。

四、科技須能滿足學習者的需求，學習者和科技互動時，是由學習者主動掌控的，如此科技才有助於學習。

五、科技可以讓學習者更有意義地詮釋與表徵世界的智能工具（intellectual tool kits）。

六、科技和學習者之間是智能伙伴（intellectual partners）的關係，各盡其職以達到最好的智能表現。

　　我們常說當下是資訊爆炸的時代，然而何謂資訊？資訊科技所指的是什麼？歷來各領域對「資訊」一詞所下的定義極多，這些定義多屬於某一領域中針對某特定問題所下的定義。例如，在資訊管理界，有「凡與管理決策有關的信息稱為資訊」（謝清俊，1997）。謝清俊更進一步地將資訊科技定義為：「利用電子媒介所發展出來的新系統或新的傳播方式」。因此舉凡廣播、電視、幻燈機、投影機、電腦、網際網路等，都可涵蓋在內。

　　而教育學者則認為資訊科技融入教學係指將資訊科技運用於課程與教學中，讓資訊科技成為教學、學習、問題解決與傳遞訊息的工具。教師秉持教學理念、教學理論，配合學生的特性、需求、教學目標、教材內容、教學設計與教學策略，以及整合最適用之電腦網路科技或教學媒體，落實在教學實踐上，以提昇學習成效（王全世，2000；沈中偉，1999；何榮桂，2002；林信榕，2004；邱瓊慧，2002；許紋華，2002）。

　　因此，資訊科技在教育上的運用之本質是以「學習為本，科技為用」。科技在教學上的運用時，是學習歷程中的方法與工具，科技融入教學時，最重要的關鍵還是在於教學能力與經驗、教學活動設計，配合有創意的各學習領域教學方法與教學策略，使教學更多元化，並促使學生也要主動積極的建構新知識，才能促進學習成效（沈中偉，1990，1992b；Clark, 1983, 1985）。而在運用科技時也應以「人文為本，科技為用」，否則在資訊科技時代裡已浮現的網路犯罪、網路成癮、網路倫理（cyber-ethics）淪喪、數位落差、人際關係疏離的弊端會更加嚴重。

第二節　科技如何促進有意義的學習

　　教學的主要目的是要讓學生能參與有意義的學習，如此才能使學習更有效率，學後記憶保留得更長久，也才不會變成僵化知識不會運用。以有意義學習的觀點來探討科技融入教學時，教師需考慮如何藉由科技讓學生主動學習（active）、建構學習（constructive）、意圖學習（intentional）、真實學習（authentic）與合作學習（cooperative）（見圖 1-1，五項有意義學習的屬性）（Jonassen, Howland, Moore, & Marra, 2003; Jonassen, Peck, & Wilson, 1999）。茲分述如下：

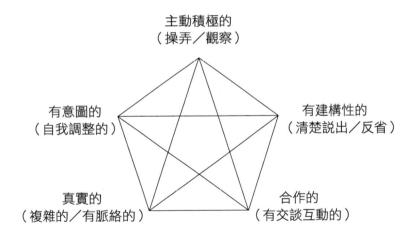

圖 1-1　五項有意義學習的屬性

（資料來源：Jonassen, Howland, Moore, & Marra, 2003, p. 6）

一、主動學習

　　有意義的學習是讓學習者能在一個自然的情境脈絡中，主動積極地去從事有意義的工作，使學習者能操弄環境中的物件，觀察他們介入後所產生的效果，並建構他們對現象的詮釋。

二、建構學習

　　有意義的學習活動必須讓學習者能清楚說出學習到什麼，以及反思其觀察與學習活動。運用困惑與問題當作催化劑（catalyst）以促使學生將新知識與既有的先備知識相融合，以便他們開始建構自己的心智模式（mental model），而建構新知識。

三、意圖學習

　　所有的人類行為皆是目標導向的，所以當學生有主動的意願與態度要達成某個目標時，他們就會監督、控制、調整個人的動機、目標、行為、學習策略，並投注更多的心力，以完成他們心中的意圖。科技學習系統須使學生能清楚表達其學習歷程，學了什麼，運用什麼策略，發現什麼答案，反思其過程，則他們將會了解得更多，且更有能力在新的情境中建構知識。

四、真實情境學習

　　教育工作者所犯的最大問題就是將知識過度簡化，以及將知識

由自然情境中抽離出來，以便將知識以最簡單的形式，讓學生易於學習。其實，捨去情境脈絡，只使用系統步驟學習，是無法培養學生問題解決能力的，因為學生也不知如何將知識與新的情境脈絡連結。近幾年來很多研究指出，將學習任務置於有意義的真實情境或置於模擬的個案導向（case-based）、問題導向（problem-based）的學習環境中，不只能讓學生更易於了解，也能讓其更具連貫性地遷移到新情境當中。因此，我們必須在真實生活情境中教導新知識與技能，並提供迥異的情境脈絡給學生，以應用其所學。我們不但要使學生能解決簡單與良好的結構問題（well-structured problems），也要使其能解決複雜、結構不完整的問題（ill-structured problems）（Jonassen, 1997）。

五、合作學習

在真實生活中，人們遭遇難題時，很自然地會向外尋求他人的協助以解決問題。同樣地，當學生在學習歷程中遭遇問題，也需與他人互動討論。合作學習需要參與成員間的充分對話，小組成員間必須透過社會磋商來達成其對完成任務所欲運用方法的共識。教師只要給予特定問題或任務，學生就自然會向外界尋求意見與知識。運用科技就能夠以跨班級、跨縣市、甚至跨國界的學習方式來支援其對話歷程。當學生能不限於校內，成為知識建構社群的一部分，他們就知道解決問題可從許多不同的角度來思考解決的方法。

上述有意義學習的屬性都是有相互關係與相互作用的。如果學習活動和教學活動的設計能同時包含上述主動積極、有建構性、有意圖的、真實的與合作的學習等這五個屬性，將比單獨一個屬性出現，更能產生有意義的學習。筆者也堅信教師應運用科技作為學生

從事有意義學習的工具，則必能有效提昇學習效果。

第三節　科技融入教學理念探討

　　教學理念係指教師對教育與教學所秉持的信念、觀點與想法。教師在教學時，不應只是授業與解惑，同時也在傳授教師個人所相信的道理與信念，此信念也會深深影響教師所採用的教學方法、教學策略與態度。筆者在師資培育機構講授教學科技與媒體、教育實習、電腦與教學等課程多年，根據參考文獻、個人的經驗與省思，提出科技融入教學的理念，茲分別敘述如下（沈中偉，1999，2001）：

一、科技融入教學以學習理論與教學理論為基礎

　　教師在運用科技融入教學時，不要過度強調一定要使用電腦、網路，而忽略學習的本質。教師應注意學生如何學習，再統整運用適合的學習理論與教學理論來教學。有很多學習理論及其在教學上的應用值得教師參考，例如史金納（Skinner）的行為主義、建構主義、蓋聶（Gagne）的學習條件論、皮亞傑（Piaget）的認知發展理論、布魯納（Bruner）的發現學習理論（Discovery Learning）、奧蘇貝爾（Ausubel）的有意義的學習理論（Meaningful Learning）、維高斯基（Vygotsky）的潛在發展區（Zone of Proximal Development）理論、情境認知（Situated Cognition）理論等，第二章會再深入探究。

二、科技是學習的輔助工具，教學設計是關鍵

　　運用科技於教學時，科技是一種輔助的工具，運用「新」資訊
科技於教學上並不一定具有學習效果（沈中偉，1992b）。教學成敗
的關鍵在於教師而不在於教學媒體。很多人有科技運用的迷失，誤
以為新科技會比傳統的教學媒體有效，其實有效學習的關鍵不在於
媒體本身，而是在於運用資訊科技或教學媒體時使用了什麼教學策
略與教學方法（沈中偉，1992b；徐照麗，1999；楊家興，1993；
Clark, 1983, 1991, 1994）。科技或媒體是教師運用在教學上的工具，
就像是醫生的手術刀是用來治療疾病的工具。顯然地，醫治疾病的
重要關鍵是醫生的專業知識、技能與醫德，以及配合良好的醫療器
材才能奏效。因此，教學的關鍵不在教學媒體，而在教師的教學設
計、教學策略、教學信念、教學專業知能與態度。

三、運用科技的目的是培養資訊處理能力與增進學 習效果

　　運用科技的目的是培養學生能有效地處理資訊的能力，包括：
搜尋、分析、篩選、歸納、組織以及問題解決等，最終目的是能夠
促進學習效果。因此，運用科技於教學時，教師應考慮花了很多時
間來設計與製作數位教材或媒體，是否真能解決學習問題？是否能
達到教學目標？是否省時、省錢並能有效學習？能夠用一支粉筆就
能達到教學目標，就不一定要使用數位資訊科技。

四、運用資訊科技以增進工作效率

　　教師若熟悉易用之教學工具，如影像處理軟體、題庫、成績計算軟體、線上評量工具或利用數學軟體（如Mathematics Worksheet Factory）來隨機印出四則運算題目讓學生練習與訂正答案，必能減輕教師的例行性與重複性的工作，有更多時間投注心力於課程設計、教學內容分析、創意教學與教材準備工作。

五、科技是幫助知識建構的工具

　　科技是一種資訊媒介，能擴展學習環境，允許學生輕易獲得豐富的資訊，並能與網友或同儕分享資訊。藉由科技建置一個優良的學習環境與提供豐富的資源，讓學生主動探索，幫助學習者評估、統整、建構有組織且多元的知識（Jonassen, Howland, Moore, & Marre, 2003; Roblyer, 2003）。

六、運用科技來發展學生高層次的技能與問題解決能力

　　Elmer-Dewitt（1995, p. 10）在《時代週刊》（*Time*）的專論中強調「網際網路還很不完美。大部分的內容沒有經過整理，是無趣味以及錯誤的」。學生不能盲目地接受或相信網路上的資訊，而是必須學習如何判斷與請教專家學者以驗證資訊是否屬實與完整。藉由科技與媒體，學生上台發表時，可培養學生自信心、口語表達能力、傾聽他人報告的態度以及獨立思考、批判思考與問題解決能力

（沈中偉，1992b，2003a；Jonassen, Howland, Moore, & Marre, 2003; Kozma, 1991）。

七、運用科技分享資訊與創新知識

藉由網路科技，可提供一個專業實務社群互動學習的環境，讓教師或學生可以得到即時的知識分享與互動，並建構其社會網絡，促進跨校、跨地區中小學教師教學資源的分享，以促進知識分享與知識的創新。學生也可藉由網路科技分享學習經驗促進學習（葉士昇、沈中偉，2001）。

八、寓教於樂

基本上，國小兒童視電腦為功能較複雜的電動玩具。因此，教師應多設計遊戲式教學活動，以吸引兒童的興趣與動機。很多研究結果發現兒童的遊戲教學活動，能夠促進兒童的創造思考、推理能力、想像力、問題解決能力、口語表達能力、合作能力等（高敬文，1992；Hughes, 1995; Pepler & Ross, 1981）。

九、科技融入教學時機

教師在使用科技於教學時，並不需要每一節課都使用。課本已有很好的資料時，也不需使用科技當作輔助工具。科技只需用在學生有迷失概念或有學習困難時，以蒐集現有的適當教材，若沒有，再自行開發。例如：在上自然與生活科技領域時，可上網蒐集與使用林大欽（2002）所設計的「熱對流實驗」模擬動畫教材（http://

www.tnajh.ylc.edu.tw/~ldc/heat4.html），不但可讓學生觀察燒杯中水的流動方式，以及熱量是以何種方式來傳播，並可提問讓學生思考、討論、解釋其原因及差異之處。使用動畫教材，必定能讓學生容易了解與學後記憶保留。

十、運用科技實施質性評量

由於傳統的紙筆測驗簡便易行，但卻有很多的限制，例如無法反映學生多面向的能力，因而，使得各種「另類評量」（alternative assessment）相繼發展出來以輔助標準化測驗的不足，例如：真實評量（Authentic Assessment）、實作評量（Performance Assessment）、檔案評量（Portfolio Assessment）等（張麗麗，1997；Calfee & Perfumo, 1993; Smith & Tillema, 1998）。上述之評量方式大都使用質性的評量與描述。由於班級人數眾多，教師無法使用質性評量方式對每一位學生的優缺點與建議事項做深入的描述，因此乃發展出電腦化質性評量（computerized rubric），以幫助教師扼要而貼切地說明每位學生所表現出來的能力，並可將其印出來供學生、家長與教育行政人員的參考。

上述十項科技融入教學的信念，僅供各級教師參考，每位教師應都具備正確的科技融入教學的信念才不會誤用。

第四節　科技融入教學之理由與層級

教師在運用科技融入教學時，應省思在運用電腦與網路等資訊工具時，不要一味的為科技而科技，過度強調一定要使用電腦、網

路，而忽略學習與教學的本質。如何運用才融得巧？融得好？更值得思考。科技融入教學有下列理由：

一、能激發學習動機與吸引學生注意力

電腦網路因內容豐富且富多元化的資訊，並具備影音聲光、動畫音效的功能，因而得以多媒體的方式呈現生動活潑的畫面，此特性能激發學生的學習動機、吸引學生的注意力與提高學習興趣。我們觀察兒童在觀賞電視卡通或操作電腦遊戲軟體，全神貫注、目不轉睛，就可知道多媒體的魅力了。

二、教材容易更新

學生所使用的教科書，從資料蒐集、撰寫到印刷出版至少需要一年半載，而在現代資訊社會時代中，知識隨時在改變，唯有網際網路上的數位化教材，可隨時更新資訊。

三、支援新的教學方法

教師在運用資訊科技融入教學時，可運用創新的教學方法，例如錨定式教學法（anchored instruction）、網頁主題探究教學法（WebQuest）等，進而培養學生分析統整、口語溝通、問題解決、批判思考等能力。

四、以科技作為學習伙伴，促進自主學習

　　將資訊科技定位為學習伙伴與學習工具，學習者可利用科技增進自我調整學習。自我調整學習係指學習者在學習時，能自我激發動機、設定目標、控制行動、使用學習策略、促進自我效能（self-ef-ficacy），以從事自主學習。

五、培養學生資訊時代所需之技能

　　身處資訊時代，資訊科技正逐漸影響人們的日常生活。教師將資訊科技融入教學時，應多使用實例，讓學生了解資訊工具的便利性及其對生活的重要性，自然而然地將科技的應用與生活及學習相結合，讓學生知曉網路科技對於學習及實際的生活所產生的影響，藉以培養學生資訊時代所需之技能。

　　上述之理由或許能鼓勵教師樂於運用科技於教學中，然而，筆者也知道，教師都很忙碌，沒有時間或技術來製作數位教材。教師最希望的是能獲得實用與適用的科技融入教學的教案、教材與媒體。因此，建議教育部或教育局成立如「台北市多媒體教學資源中心」網站（http://tmrc.tp.edu.tw/comm/default.aspx），鼓勵教師建立素材資料庫、題庫等，並將實施成效良好的教案或教學演示影片上傳，透過網路分享到國內中小學校。在網路上也應設有一機制，只要某個教案或教材被下載一定次數，則可獲得獎勵，如此不但可鼓勵教師樂於將教案與教材分享給別人，也可解決製作數位教材與智慧財產權的問題。

　　另外，筆者也發現多篇碩士論文引用國外學者Moersch（1995）

的主張，將資訊科技融入教學的程度分為下列七個層級：

（一）未使用（No use）：教師的教學以傳統教學媒體為主，未使用到任何資訊科技。

（二）覺察（Awareness）：僅在電腦教室中使用及操作電腦軟、硬體。

（三）探索（Exploration）：以資訊科技為工具來補充傳統的教學活動。

（四）注入（Infusion）：讓學生利用資料庫、文書處理等軟體處理資料。

（五）整合（Integration）：讓學生針對一課程主題或問題綜合運用資訊科技。

（六）擴展（Expansion）：學生能主動利用資訊科技去解決課程外的問題。

（七）精進（Refinement）：學生能於日常生活中充分運用各種資訊科技。

此種分類方法其實沒有什麼意義，因為教師在運用資訊科技融入教學時，不會在意被歸屬到哪個層級中，而只關注於所使用的資訊科技是否能達到教學目標？是否適合學習者的需求？是否能配合教材內容？應該何時切入運用較適當？使用之教學方法是否適當？使用之資訊科技是否適當？以及是否能提昇學習效果？而且若沒有合適的資訊科技內容可以融入教學中，而使用傳統的教學媒體如投影片，也不能界定教師沒有運用資訊科技融入教學。因此，資訊科技不能只界定在狹隘的數位科技上，只要教師融得巧、融得妙、融得好，也能達到教學目標與有助於學習，都應加以鼓勵與讚賞。

第五節　科技在學習上的角色

從教學科技的定義來看，其關注的焦點在於「學習」（見圖1-2）。本節的目的在於探討在學習歷程中，教師、學生、教學設計與科技在學習上所扮演的角色。

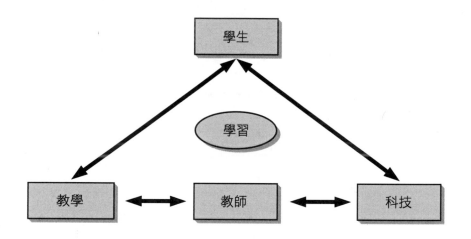

圖 1-2　學習、教學、學生與科技間之關係
（資料來源：修改自 Newby et al., 2000, p. 5）

一、教師的角色

身處資訊爆炸的時代，學校已不可能再教授所有的知識，教師也不再是最主要的知識提供者，而是應扮演教材整合、引導者、身教者、知識管理者、資訊倫理輔導者、行動研究者、人文化資訊科

技社會的維護者等的角色，茲分述如下（沈中偉，1999；林生傳，2005；葉士昇、沈中偉，2001）：

（一）教師應扮演教材整合者的角色

在教學前，教師在實施系統化教學設計時，會根據教學目標，配合學生的起點行為或先備知識，來蒐集、整理與設計教材，選擇適當的教學方法、設計教學活動、選擇與製作適當的教學媒體。此時不論是傳統媒體、數位媒體、多媒體等，只要是有益於教學的任何資料，教師都應整合於教學活動中，所以教師應該是扮演一個將資源整合於教學中的個體，並教導學生篩選、判斷、網路上的素材，轉化為有組織的資訊，並鼓勵學生培養良好的學習態度與習慣、掌握正確訊息、運用資訊，以建構自己的知識體系。

（二）教師應扮演一個鷹架支持者的角色

在教學過程中，教師必須多使用問答與討論方式而不是講述的方式去教學。在解答學生的疑惑時，不要直接給予答案，如此才有可能啟發學生的思考。筆者在屏東師院附小擔任電腦科臨床教學，通常會使用「專題導向學習」（project-based learning）方式，要求學生分組「合作學習」（cooperative learning），共同訂定某個有興趣的專題進行研究，然後可討論使用任何方法找尋資料，包括上網搜尋或至圖書館查尋。在學習過程中，筆者扮演「鷹架」（scaffolding）與引導者的角色，再逐漸淡出，讓國小學童養成自我學習，而體驗在學習過程中自己建構知識的滿足感與成就感（沈中偉，1994，1999）。因此，在資訊社會中，首先教師應引導學生共同討論學習目標，並安排開放的教學環境，引導學生合作學習、進行溝通、發表意見、分享學習的成果，以培養學生高層次思考能力，從事分析、

批判的學習活動。

（三）教師應扮演身教的角色

　　教師在運用資訊科技融入教學時，不必刻意去強調使用資訊科技，而是使用實例讓學生了解資訊工具的便利性，激發其學習動機，並自然而然的將科技的應用與學習及生活相結合。教師可舉例說明個人在使用資訊科技來解決日常生活上所遭遇的問題。例如教導學生如何由訂閱電子報蒐集學習材料、重要新聞或透過網路購票系統、購書系統、電子地圖、搜尋引擎等工具來便利個人的生活。透過實例的呈現與應用模式的演示，可以讓學生知曉網路科技對於學習及實際的生活所產生的影響。教師除了以身作則之外，也應該鼓勵學生分享他們的經驗或是應用，有了這種基本認知與態度後，再加上具備資訊技能，教師就會樂於將資訊科技融入教學。

（四）教師可扮演知識管理者的角色

　　教育是專業領域，教師也需要教育專業的知識管理。由於學校教師兼任行政人員交接頻繁，但卻沒留下寶貴的資料或傳承經驗，以致於新任人員需花一些時間摸索行政業務，若學校有「知識管理者」的編制，就可解決此困境。由於現在的資料都已數位化，因此只要知識管理者有系統的蒐集、整理、篩選與管理資料，並將其放置在學校的伺服器上，再透過「校園文件搜尋精靈」（如 iDiscovery）進行查尋，就可輕易搜尋與檢索到所需之資訊，除了能節省很多行政瑣碎時間，還可透過此系統進行思考、反省與經驗分享，進而創新知識。

（五）教師應扮演課程發展者的角色

在教學時，教師應能透過網路搜尋相關教學資源，觀摩網路上的教學設計範例，以自行設計某一議題或主題之課程，並能選擇和增修教科書內容，作為教材。在課程設計時應著重學生解決問題的能力，並將資訊社會中可能面臨的問題納入教材。若遇到問題能尋求資訊專業人員之協助，共同發展課程，透過網路與其他教師分享。

（六）教師是終身學習與創新成長的促進者

在資訊社會中，教師應能因時制宜，不斷革新或變化其教學方式，如透過實驗、小組活動、角色扮演、創意實作、情境學習等多樣化教學方式，在教學過程中應隨時調整威權的教學角色，以接納的態度接受學生新奇、創意的想法與作法，且培養學生個人蒐集、整理、篩選資訊的能力，進行自我導向學習，並隨時啟發學生終身學習的概念。

（七）教師是資訊倫理輔導者

在資訊社會中，教師應積極輔導並協助學生在網路學習時所遇到的疑難或問題，包含輔導學生遵守資訊倫理及相關法規（如避免匿名發表不當言論或進行人身攻擊、流傳未經證實的言論或侵犯著作權等行為）及輔導學生辨識網路上可能潛藏的危機（如個人資料的外洩、色情資訊、網路詐騙、避免不當交友及網路成癮），同時指導學生在網路上與他人溝通時，能尊重對方的隱私與權益，以及在網路上如何保護自己，不會受騙。

（八）教師是一位行動研究者

　　教師應秉持「理念與願景是行動的開始，行動則是理念與願景的實踐」之信念，並期待個人在資訊科技融入教學的專業知能有所增進。因此，進一步透過實際教育行動研究，自發性地對自己的教學加以省思、批判，並能參照行動研究的結果，省思教學目標是否有效達成，以改進教學方法，並促進資訊科技融入教學的專業成長。

（九）教師是一位人文化資訊科技社會的維護者

　　教師應能夠體認資訊社會中的人文價值，在教導學生利用資訊科技時，隨時提醒學生防範科技所帶來的負面作用，不要沉迷於虛幻的網路世界。教導學生資訊科技應利用來關懷人類的福祉，以主人的地位來運用資訊科技，提防淪為資訊科技的奴隸。

二、學生的角色

　　身處知識與資訊爆炸與社會不斷變更的時代，沒有人能完全掌握特定領域的知識，很多知識過了幾年就不適用，而學校教育還是在傳授過去的知識、技能與經驗給學生去適應未來的生活，因此我們必須省思應教育下一代必須具備終身學習能力、自我省思能力與自我調整學習能力。換言之，在學習過程中，學生是主角，學生不再被認為是「空的容器只等著別人來灌水，而是個體主動的尋求意義」（Driscoll, 2000）。其實學習者已具有一些先備知識，有如瓶子內的「冰塊」，當教師灌水（新教材）至瓶內時，冰塊就會自動融於水中，而獲得新知識。亦即學習者應主動建構知識，而扮演「自我調整學習」（self-regulated learning）的角色。

三、教學設計

　　有效學習的關鍵並不在於媒體或科技本身，而是在於媒體的設計中使用了什麼策略，或是在運用科技媒體時使用了什麼有效的教學策略（Clark, 1983, 1985, 1994）。換言之，影響學習成效最重要的因素是教學設計、教學方法與教學策略（沈中偉，1990，1992b）。

　　近年來，教育部致力推動資訊科技融入教學，大力推動培育在職教師應用資訊科技教學的能力。然而，筆者發現許多培訓或推廣課程大都集中在如何應用資訊軟體，如PowerPoint、Flash、Front-Page、Dreamweaver、DVD拍拍燒，或ACID Pro等來設計與製作數位教材。教師當然須具備如何設計與製作教材的能力，然而卻忽略了資訊科技融入教學的關鍵，就是如何將運用資訊科技與教學方法及策略相結合，提高教學與學習成效。這導致不少人誤以為熟悉運用某種軟體或電腦網路，便等於是有效地將資訊科技融入教學中。教師的教學方法無法像傳統式方法僵化地僅照著教科書照本宣科，而是必須花更多時間備課，包括蒐集資料、製作媒體、教學設計，發揮創意思考活化教學方法與策略。

　　科技融入教學過程中最重要的關鍵就是教學設計。有效的教學均有一個特質，就是都需經過審慎的規畫、設計與實施（沈中偉，1998；張靜嚳，1996；Dick & Carey, 1996; Dick & Reiser, 1989; Lefrancois, 1997），並在教學過程中，教師須不斷地自我反省、思考，並不斷進修，以充實自己的專業知識與技能（Eby, 1997）。如此，才能成為一位優良的教師。

　　教學設計有很多個著名模式，如Dick 與Carey模式、Kemp模式、PIE模式（Newby, Stepich, Lehman, & Russell, 2000）、Smith與

Ragan 模式，以及 Morrison、Ross、Kalman 與 Kemp 模式（2011）等。不論哪個模式，都包含了幾個要素：分析學生的特性、確定教學目標、教學方法、運用資訊科技或教學媒體，以及實施多元評量等，不只評量學生的學習成效，也評量學生的學習過程。實施結束後，可與班群教師討論與省思教學過程，並作為下次改進教學的參考依據。

四、科技的角色

Jonassen、Howland、Moore 和 Marre（2003）等人主張學生不能從老師和科技中學習，而是從思考中學習（learning from thinking）（p. 2），亦即學生必須主動思考才能有效學習。在學習時，老師可運用科技來刺激或者支持學習活動的進行，讓學習者可以透過思考活動來學習，但學習者並非直接地從科技中學習，而是學習者經由自我思考來獲得學習。如果我們把科技當作是一種工具、一種智慧型的伙伴來幫助學習者去思考，科技是可以促進學習的。Jonassen、Howland、Moore 和 Marre（2003, p. 12）等人認為科技在學習上可扮演下列角色：

（一）科技是支持知識建構的工具

學習者應統整知識，並以多媒體的方式呈現構想和理解。例如：學生可使用 PowerPoint 製作簡報與圖表來上台報告，或者是使用 Inspiration 概念構圖軟體，來組織、統整與呈現知識。在本書第八章將會再深入探討。

（二）科技是探索知識以建構學習的工具

科技可幫助學習者搜尋與擷取所需之資訊，並讓學習者比較各種訊息與觀點以建構知識體系。

（三）科技是有情境脈絡的（technology as context）以支持做中學

科技可模擬與提供有意義且在真實世界中的問題、情境和脈絡給學習者，從做中學的歷程中分析、思考與建構知識。

（四）科技作為社會互動的媒介

科技提供對話、討論、合作學習的環境，有助於專業實務社群成員形成共識。例如思摩特網（http://sctnet.edu.tw）是一個教師專業網路學習社群，透過教師專業社會網絡，可讓國民教育教師經由此平台分享彼此的專業知識與經驗，以充實教師的專業發展與專業知能。

（五）科技是促進反省思考學習的智能伙伴（intellectual partner）

科技能幫助學習者清楚表達其反省思考的過程、意義的產生、建構個人意義的表徵與幫助深層的思考。

總而言之，由於科技的運用，導致課程內容的改變、學習環境的改變、教師與學生角色的改變，以及學習社群的產生，因而提昇教學品質與學習成效。因此，在運用科技融入教學時，應念茲在茲的是不要為科技而科技，而是要捫心自問：我們要達到什麼教學目標？數位科技是達到教學目標的好方法嗎？

第六節　科技融入教學所遭遇之困難與解決之道

　　筆者曾擔任教育部資訊種子學校訪視委員，訪視過台南縣市、高雄縣市與屏東縣多所國民中小學，根據個人的觀察與訪談，筆者歸納實施科技融入教學時所遭遇到之困難與解決之道如下：

一、經費有限，設備不敷使用

　　由於是資訊種子學校，經種子教師在學校大力推廣之後，很多教師搶著使用單槍投射器。然而教育部補助的經費有限，每所學校大都只購買二、三部，不敷使用。解決方法有下列四點：

　　（一）由於新科技媒體並不會較傳統媒體有更好的學習效果，很多研究結果顯示，單槍投射器並不會比傳統的投影機更有學習效果。科技還是教學工具而已，最重要的還是教師的教學活動設計、教學方法與教學策略，學生也要主動積極地建構其新知識，才能促進學習成效（沈中偉，1990，1992b；Clark, 1983, 1994）。因此，建議若經費有限，設備不敷使用，則可使用傳統的投影機，教師可將PowerPoint的多媒體簡報內容，印在投影片上在教室使用。投影機價格比單槍投射器便宜很多，而且教室內也不需購置遮光窗簾。

　　（二）設立廣播系統：單槍投射器不敷使用時，也可在專科教室內設立電腦廣播系統（不能設在普通教室內，因為可能會被學生無意間踢到電線）。基本上，每班大約分成六組，因此只要六部電腦放置在每組的座位上，再加上控制器（內含廣播卡）與監視器即

可建立一套廣播系統。

（三）資訊科技融入教學只需用在迷失概念或學習有困難之處，或作為加深加廣之用。

（四）購置資訊車，只要插上電源即可使用。

二、教師參與意願低落

解決方法有下列六點：

（一）建議專人負責蒐集、整理、修改適合的現成教案與教材，或購買製作精良的電視教學影片（如：公共電視台、Discovery Channel、National Geographical Channel等），不用自行開發，則教師應樂於使用。

（二）找教師現身說法，示範給教師看如何簡易地運用科技於教學上。

（三）使用科技來教學的門檻不要太高，不需具備高深的數位科技素養來製作教材，則教師必定樂意實施。

（四）校內教師也可成立工作坊，共同研發教學設計，上網供全校或全國教師參考。

（五）建議教師平時應多蒐集資訊融入教學參考資源和接觸教育專業的期刊、網站與電子新聞，若能妥善運用，教學資源便不虞匱乏。

（六）教育行政主管可增加誘因與鼓勵機制，只要教師所發展的教案或教材，提供於縣網中心所設置的「多媒體教材資料庫」，並經一定人數以上下載該教案或資料，即需主動獎勵提供者，如此必能激發教師或班群研發教案、教材與創新教學方法。

三、智慧財產權

蒐集適合的現成教案與教材時，必須注意智慧財產權的問題，使用時，務必徵求原作者的同意或至少需註明引用出處。

四、學生分析整理資料能力待加強

網路上資料來源廣泛且多元，學生篩選資料的能力較差，統整資料的能力亦待加強。

五、多提供學生發表或表演的機會

口才的訓練和溝通能力非常重要，應多給予學生上台發表的練習機會，學生也因此常有意想不到的良好表現。

六、加強班群合作

班群教師應緊密合作成立教師專業學習社群，每人皆貢獻其專長，互相學習與成長，提昇科技融入教學的專業知能。

綜上所述，要有效地推廣資訊科技融入教學，必須全盤考慮各種因素，增進誘因與鼓勵機制、多舉辦資訊科技融入研習會，以及制訂相關的配套措施，並協助解決所遭遇到之問題，則良好的政策才易於推動與落實。

在這個瞬息萬變的時代中，想要成為一位具有專業知能的教師，唯有秉持終身學習的理念與態度，不斷進修，並以「行動研究」來

探究自己的資訊科技融入教學。因為實施時，常受限於學生、教師、教材教法、設備、行政支援之不同的內、外在因素，而有權變的方法，因此沒有固定成功的模式，需要教師親身來教學及體會，並藉由行動研究方法來檢驗自己的教學，以促進教師的自覺、省思與批判，並發展教師個人的教學信念、專業知能與專業成長。

第七節　資訊社會教學創新之特性

　　二十一世紀為資訊科技與知識經濟的社會，為因應資訊社會的來臨，教學方法也應有所變革。林生傳（2003）認為在知識經濟社會下，教育的功能應該培養「知識人」為目標，因此他主張在資訊社會與知識經濟的社會下，教學創新之取向應具有下列特性：

　　（一）尊重學生的主體性：體認認知的主體是學習者，教學是促進學生建構知識的過程。為了創新知識，使知識不斷成長，必須安排適當的情境，以激勵學生不斷地建構知識。

　　（二）重視學習者的差異性：認識學生先前經驗與起點行為的差異，因材施教，實施適性教學。

　　（三）利用資訊科技，豐富傳統的教室教學：利用網際網路，蒐集與整合多種資源，以豐富教材資源。

　　（四）體認學習過程的建構性：體現建構取向的教學精神，能激發學生的興趣與能力，養成自我學習的習慣，能夠正確選擇資訊、組織資訊與建構知識。

　　（五）培養終身學習習慣：學習不僅在教室內實施，也應鼓勵學生能夠在任何時間、任何地點進行學習。

　　（六）學習空間的擴散性與超越性：超越空間的限制，利用虛

擬化的教室、虛擬化的圖書館進行學習。

（七）重視同儕互動的合作性：學生不僅跟教師學習，也能夠與同儕共同合作，蒐集資料、進行研討、對話、溝通、辯證、批判，以相輔相成的方式來學習與成長。

（八）開放性學習、激勵創意思考：提供優良環境，使每個人做開放性學習，並鼓勵多角度的思維，以激發學生的創新。

（九）評量的多元化與動態性：在不同的學習階段，針對評量的功能，應用多種不同的方式，利用師生與同儕之間，或者利用電腦質性評量方式來進行評量，使評量與學習、教學合成一體。

（十）重視人文素養：身處知識經濟社會，人們必須富有人文關懷，以建立人際之間的互信，形成新的倫理。

上述十項資訊社會教學創新的特性與本書所強調的科技與學習理念與關注的主題不謀而合，將在本書的各章節中深入探討。本書的架構圖如下：

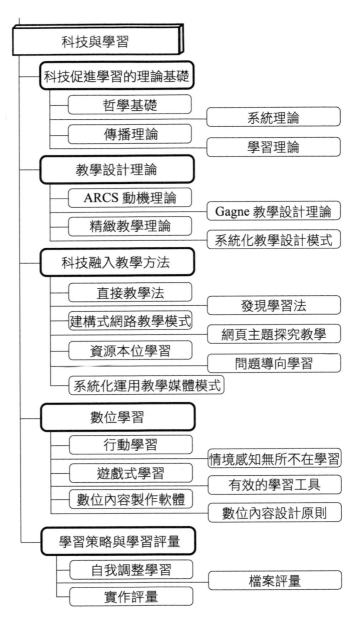

圖 1-1 架構圖

第二章
科技促進學習的理論基礎

　　科技融入教學的主要目的就是促進學生的學習，教師在運用科技融入教學時需要有理論基礎來引導，才能讓教師形塑成為教學信念，進而影響其態度、意願與行動，而落實科技融入教學，否則易流於為科技而科技，僅浮現科技融入教學花俏的一面，對學習成效無任何影響。此外，數位學習教材設計者也須了解學習的本質，才有可能開發出優良的數位學習教材。筆者歸納科技促進學習的理論基礎包括：哲學基礎、系統理論、傳播理論與學習理論等（顏秉璵、沈中偉，1992；Jonassen, 1984; Richey, 1986; Seels & Richey, 1994; Smith & Ragan, 2005），茲分別敘述如下。

第一節　哲學基礎

　　科技促進學習的哲學基礎包括實在主義（Realism）、經驗主義（Empiricism）、實用主義（Pragmatism）與建構主義（Constructivism）（顏秉璵、沈中偉，1992；English, 1973; Smith & Ragan, 2005）。茲分別說明如下：

一、實在主義

　　實在主義的始祖是亞里斯多德（Aristotle），它緣起於對觀念論與抽象的一種反動。實在主義又可從「本體論」與「知識論」來探析。在「本體論」方面，實在主義者認為，我們感官中的物體是具體存在而獨立於心靈之外。例如：「在荒郊野外，有幾朵紅色的小花綻放在陽光下」，觀念論者認為紅色的小花存在於心靈上或在我們的認知上；然而實在主義者則認為不論我們是否用心靈去探索這些花，花都是存在的。亞里斯多德認為每一個物體的基本構成是「形式」（form）與「物質」（matter）。形式就是柏拉圖的「觀念」，而物質可視為各種感官物體的組成成分。亞里斯多德認為「形式」可以獨立「物質」而存在（如神或動物的觀念），但物質無法脫離形式而存在（簡成熙譯，1995）。由於亞里斯多德認為從物質與物體中的研究有助於了解普遍的形式與觀念，所以他也為當代自然科學、生物學與社會科學奠下深厚的基礎。實在主義能夠成為當代科學的重要哲學基礎，也應歸功於培根（Francis Bacon）所提出的歸納研究方法論（inductive methodology）。

　　在「知識論」方面，實在主義是一種對世界的常識觀，它建立在感官知覺的方法上。實在主義的知識論與教學方法息息相關，主張真理是經由感官知覺而獲致。十七世紀捷克教育家康美紐斯（Comenius），主張知識是經由感官知覺而獲致，知識的產生係由具體至抽象；由特殊至普遍，由實例至通則。因此，教學的順序，也得依此程序為之，才能達到良好的教育效果。在教育活動中，由於常用文字來傳遞知識，而文字又太過於抽象，因此，康美紐斯主張以圖畫、圖表、模型、地圖和儀器等作為輔助教學活動的工具，

開啟教學與心理認知歷程相結合的先河（徐宗林，1991；國立編譯館，1981；簡成熙譯，1995）。

二、經驗主義

　　經驗主義的代表人物是英國哲學家洛克（John Locke），他主張人的心智猶如白板（tabula rasa），否定了人擁有與生俱來的觀點，重視經驗世界對個體知識的獲得。經驗主義的教育哲學，側重在知識教育的討論上，主張知識之獲得並非來自先天的觀念，而是有賴於後天的感覺及反省所得的經驗。

　　經驗主義的教育家認為人之初的心智如白板，是空無一物的，所以初生之時，人人皆平等。至於為什麼有的人知識豐富，有的人學問貧瘠，這完全依賴後天環境的好壞所決定。古時孟母三遷，其意在於重視環境的薰陶，終而使得孟子成為偉大的思想家，可見後天環境的重要性。

　　因為人之初的心智如白板，所以可塑性高，要它成什麼形狀，它就成什麼形狀；因為人之初心智空無一物，所以後天可以灌注，可以填滿。英文中教學（instruction）的涵義，就是注入（instill）。教育文獻中常出現灌輸（indoctrination）字眼，就是典型的經驗主義教育觀念（林玉体，1983）。

　　人類一生出來就像海綿一樣，透過視覺、聽覺、嗅覺、味覺、觸覺五種感官來吸取知識，形成了經驗，應用於生活情境上。一個天生的盲者，很難會有色彩觀念。可見學習要有效，必須先有健全的感官。因此，電腦教室的採光、空調、通風、溫度、濕度、螢幕字體的色彩、大小，都是教師必須加以注意。

三、實用主義

　　實用主義因襲英國的經驗主義之傳統，主張認知源於感官經驗。美國實用主義教育哲學家杜威（John Dewey）基於實用主義的思想，提出「教育即生活」的教育目的，主張教育在促進個人的全面發展，幫助個人適應其生活環境，進而改造其生活環境，以適合生活上的需要。因此，學校生活不可與社會生活脫節，學校課程必須隨時修改，與時俱進。

　　在學習上主張從做中學（learning by doing）以及從解決問題中學習的方法，藉以培養學生「適應社會生活」、「解決問題」、「終身學習」的能力與良好的思考習慣（韓景春，1996）。高廣孚（1988）認為杜威主張「從做中學」的教學原理，強調兒童是教育的中心，鼓勵兒童實際動手操作，讓兒童既知且行，學、做並重，而從實作活動中獲取學習經驗與知覺知識的重要性。因此，教學時應注重教學內容須與實際日常生活相結合。

四、建構主義

　　建構主義是一種教育哲學，探討如何獲得知識或認識知識的本質。在知識論的立場上，建構主義詮釋知識是人類心靈主動創見的產品。現今建構主義已蔚為教育哲學的主流思潮，廣為學術界所認同與接受。建構主義主張知識是學習者在認知過程中，對所經驗的世界做有意義的組織與整理，會把新知識與已有概念同化或調適，從而主動建構其意義，所以個人知識的形成係主動建構而不是被動的接受。因此，教師應該提供一種有利於學生主動建構知識的環境，

幫助學生能夠自我學習與成長。

　　建構主義的另一派別是「社會建構主義」（social constructivism），強調個人建構知識會受到當時社會、文化與情境的影響，亦即是在社會文化的情境之下，與別人磋商和釐清來不斷地加以調整和修正以建構知識，著重的是人類認知與知識形成的社會性基礎。近幾年所盛行的情境教學法與合作學習法即是緣起於社會建構主義的思潮，對於科技融入教學方法有很大的啟示。

　　總而言之，了解科技促進學習的哲學基礎之最主要的目的是，哲學的探究，有助於培養個人的分析、判斷與推理能力。當面對各種學習問題和科技融入教學問題時，能透過哲學的思辨，有助於對問題的本質、現象、目的與方法做更進一步的釐清與了解。當學生、家長或行政人員提出質疑時，也能提出個人為何如此做，最有助於學習的判斷和選擇，提供讓人信服的理由，為自己辯護。因此，哲學的思辨，不但能提供教學實踐的明確方向，也能促進教師的自覺、省思與批判，更能發展教師個人的教學信念、專業知能與專業成長。

第二節　系統理論

　　上一章討論科技是運用系統化的方法，用於問題的分析、設計、發展、實施與評鑑的過程以解決學習上的問題。因此，系統理論是科技融入教學的重要理論基礎，本節擬分別說明系統的定義與系統理論在教育科技上的運用。

一、系統的定義

　　根據韋氏第九版新大學辭典（Webster's Ninth New Collegiate Dictionary, 1990）對於「系統」所下的定義是：「一個經常性的相互影響或相互依賴的事物所組成的整體」（a regularly interacting or interdependent group of items forming a unified whole）。O'Connor 和 McDermott（1997）認為系統是一個整體，當各次要組成部分之間在進行互動時，能維持整體的存在及表現整體功能時便稱作系統。例如人體就是一個很複雜的系統。它包含了不同的部位與器官，如心臟系統、消化系統、內分泌系統、腸胃系統、免疫系統、神經系統等等。它們既獨立運作，又能充分合作，同時相互影響。例如吃過一頓午餐後，消化系統會影響思考能力。同樣地，教學也是一個很複雜的系統，因為影響學習成效包括很多因素，諸如：教師、學生、課程、教學方法、教材、環境、媒體、教學評量與學校行政措施等。當教師面對教學問題時，須運用系統思考方式來促進有效學習。

二、系統理論在教育科技上的運用

　　從一九七〇年代開始，教育科技學者開始將系統理論運用在教育科技領域上，以增進學習效果。教育科技的理念核心是系統方法（systems approach）（朱則剛，1994；顏秉嶼、沈中偉，1992；Dick & Carey, 1996; Jonassen, 1984; Reiser, 1987; Romiszowski, 1981）。系統方法係以系統理論為基礎，以系統分析為模式的問題解決方法。它成功地被運用於電子工程、產品設計、軍事計畫、經濟學、生態學、教育與訓練上，在這些領域裡有一個共通之處是它們都在處理

複雜的系統。因此，系統方法在本質上是一種思考的方法（way of thought），也是一種科學方法，以運用在複雜的系統上。一般的實施階段如下：定義問題（problem definition）、分析（產生各種可行的解決方法）、選擇與綜合一種解決方法、實施、評估與修正（Dick & Carey, 1996; Knirk & Gustafson, 1986; Romiszowski, 1981）。

系統方法（systems approach）有兩種不同的意涵，一種是「系統化方法」（systematic approach），另一種是「整體化方法」（systemic approach）。「系統化方法」強調有步驟、有邏輯性、有系統與線性的（linear）方式來思考解決問題的方法。而「整體化方法」強調整體性（holistic）、動態性（dynamic）與循環性（cyclical）的思維模式來分析與設計教學活動，以解決教學問題（朱則剛，1992；朱湘吉，1994；沈中偉，1992c；饒見維，1996；Banathy, 1987; Davies, 1984; Dills & Romiszowski, 1997）。

上述「系統化方法」與「整體化方法」各有其適用時機。「系統化方法」是一種以較為微觀（micro）的觀點來看教學設計與發展，較適合用來實施「單元教學活動設計」。例如：著名的Dick和Carey（1996）系統化教學設計模式就是用來設計單元教學活動。它是一套能使教師確實掌握教學歷程中的相關要素，而能有效地分析、設計、發展、實施與評量整體教學的一個程序性的架構與系統化步驟（沈中偉，1992c，2001）。

而「整體化方法」是一種較為鉅觀（macro）的觀點來看教學設計與發展，因此較適合用來做課程設計。Banathy（1987）認為整體化的方法是一個捷思性（heuristics）的問題解決模式，因此主張要解決機動性和複雜性的問題，最好採用整體化的方法來解決。依據整體化的教學設計所發展出的教學系統，需具有自我調整（self-regulation）的功能，在教學設計過程中隨時依據教學目標來修正行動與

策略。

很多學者依據「系統方法」的理念為基礎,發展了大約六十多個「教學設計模式」(instructional design models)。Andrews 和 Goodson(1980)指出這些模式包括的步驟與順序大同小異,都包含了下列步驟(沈中偉,1992c;Hannafin & Peck, 1988):

(一)需求評估(needs assessment)。

(二)確定教學目標。

(三)學習者分析(learner analysis)。

(四)內容分析(content analysis)或工作分析(task analysis)。

(五)確定先備知識與技能。

(六)發展測驗。

(七)發展教學活動與策略。

(八)評量學習效果。

(九)修訂教學或教材教法。

系統思考概念也已經擴展到許多其他領域。例如:Peter M. Senge 在其所著的相當有影響力的書籍《第五項修練》(*The Fifth Discipline*)中,也將系統思考引至管理和領導的領域,以運用在解決企業的問題上。因此,面對二十一世紀的終身學習及知識經濟時代,教育科技運用系統思考與系統理論,更有其必要性、適切性和時代性。

第三節　傳播理論

一、傳播的概念

傳播一詞譯自英語 communication，源於拉丁語 communicare（Webster's Ninth New Collegiate Dictionary, 1990），它有資訊傳達、意見交流、通信、溝通、傳遞、共享之意。傳播具有下列意涵：

(1)訊息交流

傳播就是人與人之間的訊息（message）交流，它為滿足人類相互交流的需求而產生的行為。一個聲音、一個文字、一幅圖像、一個符號（sign、symbol），或是其他形式的訊息，從人出發，藉由媒介（medium）或是其他通道（channel）到達人（目的地）。

(2)媒介

傳播要藉由中介物來傳達，媒介可以是人，也可以是物或機器。

(3)分享

傳播也具有分享的涵義。分享係指傳播者藉由某種通道或途徑，成功地把訊息傳達給接收者，使得接收者與傳播者產生同一的看法、想法，從而引起共鳴，分享彼此的意見、信念，此過程便達到分享的目的。

綜上所述，傳播可被定義為：傳播者藉由某種媒介來傳達訊息給接收者，以期產生訊息分享的過程（張舒予，2003）。

從上述的定義，也可引伸出教學是為促進學習所做的資訊安排，把某個資訊從資訊來源（source）傳到目的地（destination）。因

此，教學可被視為是知識傳播的過程（Heinich et al., 1999, p. 12）。由於教學科技或資訊科技與大眾傳播均使用相同的媒體作為傳遞教學內容的工具，教師需了解傳播過程，才能有效地運用教學媒體，因此傳播理論也是科技融入教學的理論基礎。

二、傳播模式

傳播是一種訊息傳達與交流的複雜過程。為了研究的方便，傳播學者常將整個傳播歷程解構成若干要素，然後去分析與探究這些要素在傳播過程中的作用，並進一步整合這些要素，以傳播模式來說明傳播過程。例如拉斯威爾（Lasswell）的傳播模式：誰說什麼，以何種通道，傳給誰，具有何種效果（Who says what in which channel to whom with what effects）（見圖2-1）。此經典模式影響了過去數十年的傳播研究。「誰」是指傳播者研究；「說什麼」是內容分析；「何種通道」是媒介分析；「對誰」是閱聽人研究；「效果」則是探究傳播者、內容與媒介對閱聽人的影響（鄭瑞城，1983）。

另一個常被引用的傳播模式是由Shannon 與Weaver所提出的「數學傳播理論」（Mathematical Theory of Communication）。它是以資訊通過電路的原理運用在人與人之間的傳播，並提出一個新因素「噪音」（noise），表示訊息在傳播過程中受阻的情形。雖然Heinich、Molenda和Russell等學者（1993）認為此模式最適合讓教師分析教學傳播歷程中的關鍵要素，但由於他們的模式需應用數量觀念，

圖 2-1 拉斯威爾（Lasswell）的傳播模式

因此並不是很「流行」的模式（鄭瑞城，1983）。因此在其最新著作《教學媒體與學習科技》第七版裡已不再探討此模式了。

　　另一個更廣為被人採用的是Berlo的傳播模式（鄭瑞城，1983；Seels & Richey, 1994）。Berlo（1960）歸納前人的傳播模式而發展出簡單明瞭且易於沿用的模式。它包含了來源（source）、訊息（message）、通道（channel）與接受者（receiver），一般稱之為SMCR傳播模式（見圖2-2）。

　　Berlo的傳播模式運用在教學傳播歷程上的運作過程如下：教師（來源，source）將教學內容〔訊息，message（訊息可以是語言、文字或是圖像等）〕，經由傳播通道〔channel（傳播通道可以是人、教材、廣播、電視、電腦，或網際網路等媒介）〕傳遞給學生（接受者，receiver），如圖2-2。在此傳播模式中，各階段由左至右依序排列，即表示傳播行為由開始至結束的順序，同時以箭頭表示方向及元素間之關聯性，由此可顯示傳播的過程。

　　運用Berlo的SMCR傳播模式於教學情境中，我們可以進一步探究影響教學效果的傳播要素如下（國立編譯館，1981；張霄亭，1991）：

　　（一）來源：是指教師將資訊傳播出去時，受到教師傳播技術如口語表達、說話技巧、口齒清晰度、手勢、表情，以及專業知識技能、態度、教學信念、思想的縝密度與邏輯性等因素的影響。

　　（二）訊息：就是表達傳播內容的具體符號。訊息是否經過組織？訊息呈現的順序是否適當？視覺版面設計、圖文編排如何？這

圖 2-2　Berlo 的 SMCR 傳播模式

些都是影響傳播效果的重要因素。

　　（三）通道：是指傳播各種訊息的媒體或工具。訊息與通道之間關係很密切，透過哪個媒體來傳遞？所使用的媒體是否適當？是否適合以某種媒體來傳遞？戴爾（Dale）的「經驗的金字塔」（Cone of Experience）以簡單的模式呈現出教學媒體所能提供學習經驗的具體程度，可供教師選擇媒體的參考。「經驗的金字塔」共分十層（見圖2-3），最低層的經驗最具體，學習效果最佳，記憶保留較持久，逐級而上至最上層，則愈為抽象，學習效果不佳，學後記憶保留較差。Dale以此說明教師應多採用讓學習者有實際操作實物，或實際經驗某事物的教學方式，盡量減少僅使用抽象的視覺符號與口述符

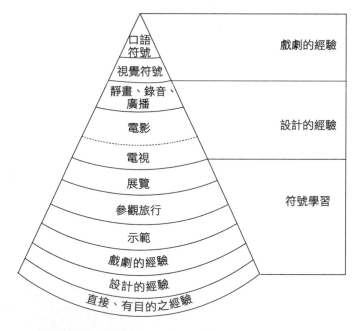

圖 2-3　戴爾（Dale）的「經驗的金字塔」

（資料來源：Heinich, Molenda, Russell, & Samaldino, 1999, p. 14）

號的單一學習管道。

由於多媒體能呈現多重感官刺激，並且能讓使用者實際操作與控制學習速度、內容與順序，有助於提昇學習效果與記憶保留，因而也最為教師與學生樂於使用。

（四）接受者：資訊由教師製成訊息，藉由通道表達，而接受者藉由感覺器官接收，對訊息的理解與詮釋也受到學習者的先備知識、技能、經驗與態度等的影響。

傳播理論對於運用科技來學習的歷程有很重要的影響，尤其是今日對數位科技如多媒體電腦簡報設計與網頁的畫面設計、版面設計、圖像設計、視覺設計、人機介面設計（human computer interface design）等的研究，對設計者更有其重要影響（Seels & Richey, 1994）。對於數位學習教材設計者而言，知覺的原則與吸引注意力的原則，包括內容的組織、色彩的應用、美學設計（構圖、易讀、單純、強調、平衡與統一）與知覺設計的原則也非常重要（Heinich, Molenda, Russell, & Smaldino, 1999; Kemp & Smellie, 1994; Winn, 1993）。

另外，在教學傳播歷程中有一個關鍵要素是回饋（feedback），回饋係指接受者對於訊息的回應與說明。只有藉由回饋，才能使得傳播變成雙向互動。回饋不僅只是測驗而已，還有很多種方法讓教師了解學生是否有達到學習目標，例如：上課時，注意學生臉部的表情、肢體語言（body language）、參與討論與回答、家庭作業、與學生的座談（student conferences），以及每天的小考，都是不同的回饋形式（Heinich, Molenda, Russell, & Smaldino, 1999）。回饋的功能不僅僅只是檢核學生學習的情形而已，還可作為教師省思教材內容、教學方法、教學媒體與評量方式是否適當（沈中偉，2001）之依據。

第四節　學習理論

　　學習理論對於教師而言應都耳熟能詳，但對於從事數位教材設計開發，或負責教育訓練課程的非師資背景人士就非常重要。綜觀科技融入教學的學習理論基礎包括：行為取向學習理論、認知取向學習理論、建構主義、情境認知理論（situated cognition），以及維高斯基（Vygotsky）的認知發展理論等，都為科技促進學習提供了堅實的理論基礎，茲分述如下：

一、行為取向學習理論

（一）學習原理

　　行為取向學習理論（Behaviorism）主張將個體學習到的行為解釋為刺激、反應與增強之間新關係的連結。行為取向學習理論有下列缺失，而受到強烈的質疑與批判：1.強調可觀察的與外顯的行為，忽視學習者本身的認知能力以及與學習有關的文化與情境因素，僅企圖分析與解釋個體的行為「為什麼」會如此，忽略了個體的行為是「如何」發生。2.複雜的人類行為分析不完整，有些學生必須在目標和步驟皆明確的高度結構環境下才學得好。但有些學生卻可以在不需外來指引下，透過自我探索的歷程而獲得增強。因此，增強原則之個別差異仍須進一步探究。3.在教學中以反應頻率（response frequency）作為評鑑學習的指標，只能適用於簡單的行為，然而複雜的行為，如診斷疾病、維修汽車等，則無法以反應頻率作為評量學

習的指標（Gredler, 2001）。雖然行為取向學習理論有上述缺失而受到批判，但對於某些低層次的認知與技能目標，仍是相當有用。因此，對於低成就與低年級學生，只要教師給予適當的課程設計與教材，並且多給予他們時間練習、鼓勵、獎賞、回饋與正增強，則沒有學不會的知識與技能。毫無疑問地，反覆練習、立即回饋、鼓勵等都是影響學習效果的重要因素（沈中偉，1995a；Gagne, 1985; Lefrancois, 1997; Woolfolk, 2001）。

受到史金納（Skinner）學習理論與其倡導使用科技來學習的影響，歐美的教育界後來興起了「編序式教學運動」（programmed instruction movement），其後因電腦的發展，使得電腦輔助教學（Computer-Assisted Instruction）也應運而生。電腦作為教學工具，教師所關心的是電腦如何以更有效率的方式幫助學生達到教學目標？電腦輔助教學是否比使用其他的教學法更有成效？利用電腦輔助教學能否增進精熟學習與自動化？因此，身為教師必須先了解：學生要學的是什麼？學生的程度如何？學習目標為何？然後再根據他們的需要選擇或製作適用的教學軟體。

（二）行為取向學習理論在教學設計上的應用

根據Skinner操作制約及增強作用的理念，有效的學習取決於謹慎安排刺激、反應與增強的合宜處置，包括對預期行為的預先設定、增強方式的選擇、學習可能產生的反應的分析，以及如何安排增強的頻率等，以逐步形塑行為。在此理念下，行為取向的學習理論主張將教學的內容分成很易掌握的細小單元，依序學習，以便於學生在學習完每一個小單元後給予適當的增強。綜上所述，行為取向學習理論在教學上之啟示與應用如下（沈中偉，1995a；Gredler, 2001）：

1.在設計前，應先確定學習目標、學習者的特性與學習某一特定內容前學習者應具備之先備知識與技能等。

2.從事工作分析，將每個大單元分成數個小單元，每次只教導一個小單元，以利學習。

3.學習內容安排由易而難呈現。

4.回饋或增強之呈現方式應適合學習者的年齡、程度與需求。回饋是指告知學習者的表現或回答是否正確的訊息；而增強是指個體在某種反應後，獲得滿意的結果，而增加了個體以後在同樣情境下，重複表現該反應的機率。

5.對於正確的回答應給予正增強，而且所給予之增強應讓學習者無法預測或不固定，以維持學習動機，而且必須避免過度的讚賞，而忽略了學習內容。

6.對於錯誤的回答應給予訊息性的回饋（informative feedback）或改正性的回饋（corrective feedback），提示為何回答是錯誤的，鼓勵學習者更深入地思考。

7.配合教材與學習者的特性，給予集中式練習（massed practice）或分散式練習（distributed practice）。反覆練習能夠使學習者精熟教學內容與促進學後保留。

雖然今日盛行認知取向學習理論，但我們不能全盤否定行為取向學習理論，因為對於較低層次的認知與技能目標，如兩位數加法、辨別顏色、桌球發球技巧等，其理論還是很適用。此外，當前九年一貫課程雖重視學生基本能力的養成，但是各領域的課程能力指標的敘寫方式卻又類似行為目標，可見Skinner的行為目標仍是實用的。

二、認知取向學習理論

（一）學習原理

　　自一九六〇年代末期起，心理學者逐漸發現，雖然學習者的內在認知結構與建構知識的過程不易觀察，但它們才是有效學習的關鍵。因此，學習理論的主流思潮才由行為取向學習理論移轉到認知取向學習理論。

　　認知取向學習理論主要是探討知識的習得與使用，這牽涉到兩個層面：一是知識在我們的記憶中是如何儲存，亦即知識與記憶的心智結構；一是知識是如何被使用或處理的心智運作歷程。因此，認知取向學習理論者將認知取向學習理論定義為：為了解人類行為，而對人類的心智結構與心智運作歷程所做的科學分析（Anderson, 1990; Mayer, 1981）。

　　廣義而言，認知取向學習理論者重視學習者的心智活動與認知的歷程，包括探究人類的記憶、知覺、語言、理解、推理、思考、問題解決和學習等主題（張春興，1989；鄭麗玉，1993；Anderson, 1990; Ormrod, 1990）。狹義而言，認知取向學習理論的主要架構理論是訊息處理模式，探討人類頭腦這個「黑盒子」，在處理訊息時，是如何經由感官注意、編碼（encoding）、儲存（storage）、提取（retrieve）與運用的歷程（朱湘吉，1993；張春興，1989；鄭麗玉，1993；Gagne, 1985; Ormrod, 1990）。因此，訊息處理理論視學習為處理訊息的一連串的注意、選擇、接收、處理、編碼與提取的歷程，主張個體的認知學習主要是選擇外界的資訊，同時利用個體舊有的知識基模（schema），將外界的訊息加以編碼，然後儲存至

長期記憶體中。

　　相對於行為取向的學習理論，將學習者視為被動接受刺激產生反應的觀點，認知取向的學習理論主張學習者是將外界的刺激經由感官接收後，會從我們的記憶中擷取相關的經驗，對此刺激予以處理，然後再產生反應。對認知取向的學者而言，所謂學習，是能將既有的「認知結構」（cognitive structure）予以重新組織，學習者的內在動機才是學習的真正趨力，要比外在的處罰或增強的方式更為有效，而理解更比盲目的背誦與練習更為重要。因此，認知取向學習理論旨在探討人類大腦這個「黑箱子」如何藉由感覺器官來注意、知覺、記憶、儲存、組織、提取、思考、推理的運作訊息的歷程，而不再只是說明刺激與反應之間如何連結。認知取向學習理論也強調知識不只是被堆積在倉庫那樣簡單的比喻而已，它還有很多自動化的歷程在運轉，也有很多後設認知（metacognition）的歷程在運作，例如：規畫、執行、督導、經驗的組合與再組合以解決問題（曾志朗，1990）。因此，大腦並不是被動的訊息接受者。我們認知系統中的記憶和訊息處理策略與外在環境的訊息互動，經由選擇性注意的訊息與記憶相連結，並且主動建構其意義。

　　此外，記憶概分為短期與長期記憶，在學習上我們比較注重短期記憶轉換至長期記憶的過程及長期記憶中訊息的提取。短期記憶約為七個單位，透過「意元集組」（chunking）的概念，我們可以擴大短期記憶的容量。而進入長期記憶後，我們便能透過意義的連結或是系統的組織，將相關的資訊加以組織，以提昇其存取速度。

　　綜觀上述所言，教師在教學時應注意增加短期記憶的訊息進入量與停留時間，並且要注意短期記憶進入長期記憶後，協助學生編碼與組織資訊，以賦予意義成為知識。教師應明瞭這些觀點，對於其教學必定有所助益。

（二）認知取向學習理論在教學設計上的應用

　　依據訊息處理論的觀點，學習新知識的基本歷程包括：吸引注意力、編碼、儲存與提取。因此，教師在從事教學設計時應思考相對應的教學因素包括：組織學習架構（structuring the learning framework）、引導學生的注意力、促進學生的知覺與編碼，及教導學生建構意義的策略（Gredler, 2001）。

1. 組織學習架構

　　教師可提供前導組織（advance organizer），前導組織有兩種，一種為說明式組織（expository organizers），另一種為比較式組織（comparative organizers）。前者為新教材提供邏輯關係的架構，而後者則提供新舊知識間的連結（Mayer, 1987）。良好的前導組織包括具體的示範、類推比喻、實例、高層次的規則和以熟悉的術語來討論主要議題（Mayer, 1987）。以學生既有的先備知識為基礎，使其與新知識相連結，並將新知識組織成一個簡明的學習架構，以有助於學生內化，並將其儲存在長期記憶中。

2. 引導學生的注意力

　　由於人類短期記憶的容量有限，若非刻意反覆練習，訊息很快地會被遺忘。依據Miller（1956）的研究發現，一般人的記憶廣度（memory span）是「七加減二」個意元（chunk）。因此在教學時，教師可提出重要問題以引導學生注意，並要注意講話速度不要太快，以增加資訊停留在學生短期記憶中的時間。在使用PowerPoint電腦多媒體簡報時，也應避免一次提供太多資訊，可在同一張簡報畫面上，逐條呈現重要的概念，不要全部同時呈現。若有重點需要吸引學生注意力時，也可加上音效與動畫，以利學生處理訊息。

3. 促進學生的知覺與編碼

在學習時，編碼的功能在促使新的訊息能從短期記憶儲存到長期記憶裡。訊息進入長期記憶後，個體必須思考編碼與組織。由於編碼仍然受舊經驗的影響，所以教師應拓展學習者的經驗，以便學習者可將新教材與舊經驗相連結，讓學習者能做有意義的學習，如此方可有效提取與回憶。如果學習者只有很少舊經驗可連結，則學習者必須創造有意義的連結，例如類似的聲音、形狀、意象、感官經驗等。此外，教師可指導學習者使用多元記憶策略以促進編碼，例如：意元集組（chunking）、複習策略、字鉤法（peg-word method）等，讓新習得的知識得以進入長期記憶並與其他既存的知識形成記憶網絡，以有助於提昇學習效果（余佩芬、沈中偉，2003；張春興，1994；Ormrod, 1990）。

4. 教導學生建構意義的策略

常用的建構意義策略有下列兩項：做摘要（summarizing）與自我提問（self-questioning）。教師應要求學生在閱讀完某篇文章後做摘要，將文章的重點與心得整理出來。此外，也可自我提問、自我評量，以培養自我調整學習（self-regulated learning）能力。

由於訊息處理理論僅強調訊息處理的過程，而忽視了人類主動建構意義的本質，因而建構主義思潮興起。

三、建構主義

（一）建構主義的意涵

建構主義思潮興起的主要原因是對十九世紀至二十世紀實證主義（Positivism）的反動。實證主義主張以自然科學研究典範（paradigm）的實驗研究方法與歸納法來產生知識與驗證知識，認為唯有透過實驗研究方法，所獲得的知識才是真實的知識。而此種典範在知識論上所發展的科學主義與方法論上的客觀主義（Objectivism）的論點，否定了以人為認知主體的認知方法，以及忽視人類的主觀意識與價值判斷。此外，也受到胡塞爾（Husserl）的現象學（Phenomenology）與後現代主義的海德格（Martin Heidegger）的存在哲學、高達美（Hans-Georg Gadamer）的詮釋學（Hermeneutics）與哈伯瑪斯（Jürgen Habermas）的批判理論（Critical Theory）的質疑與批判。上述哲學思潮的重心在於認知的主體是「人」，強調認知個體在認知過程中的主動性、參與性與建構性，個人才是知識論的主體（王雅玄，1998；朱則剛，1994，1996；沈中偉，2003a；黃光國，2001；Butler, 1998; Perkins, 1991; Phillips, 1995; von Glaserfeld, 1989）。因此，對建構主義論者而言，知識並不是一種客觀的實在，而是在認知過程中，受到個體意向的影響，對所經驗的世界主動做合理化、意義化的組織與整理，從而由學習者主動建構其意義。由此觀點而言，教師在課堂上所教授的內容，亦會因學生各有其不同的舊有經驗、家庭背景、生活經驗，而使得每個學生的學習與理解深受個別的經驗影響（Duffy & Jonassen, 1992）。

　　不同於行為取向學習理論的觀點，建構主義提出知識是由學習者所自行主動建構的，而非被動的由外界所灌輸；知識是師生和同儕間互動溝通與建構的歷程；並強調學生先前或先備知識的重要性，主張學習者在學習時應統整新知識與舊有的或先前的知識（朱則剛，1996；吳俊憲，2000；郭重吉，1996；張靜嚳，1996；顏秉璵、沈中偉，1992；Tobin & Tippins, 1993）。換言之，學習就是學習者經由與環境的互動，以及教師引導、同儕間的溝通、討論、辯證、澄清，而不斷地在檢驗自己所具有的先前知識，並能反省個體的基模

（schema）與新知識間的差距，並予以同化、調適與重構新知識。因此，在學習過程中學生是主角，而教師也要由過去傳授者的角色，改變成促進者、引導者、教練與設計適當情境的角色；而學習者的角色也必須由被動的資訊接受者，轉變為主動而積極地參與學習歷程，並自行統整與建構個人有意義的解釋（沈中偉，1995a，2001）。因此，建構主義是一種知識論，也是一種教育思潮、理念、觀念與想法，在應用至各學習領域時，也各有其不同的教學方法與策略。

建構主義者認為知識的發生，主要是來自於學習者對其學習經驗賦予意義時的主動建構。因而，學習者並非等待注入的空瓶，而是像杯子裡的冰塊（具先備知識）與倒進杯子裡的水（新教材）融入在一起，是主動尋求意義的有機體（Driscoll, 2000）。在建構主義的信念中，認為學生應由思考產生學習，思考自己的學習歷程，學習源於思考，而思考也影響學習（Jonassen, Peck, & Wilson, 1999）。

科技的功能則在於提供學生豐富的與彈性的學習工具，讓學生表現其所知與所學。例如：在學習後，可要求學生以熟悉的與簡易的多媒體整合工具，如PowerPoint電腦簡報軟體或FrontPage網頁製作軟體來組織、設計與呈現其學習成果。

許多研究結果顯示，電腦或其他科技在教學上並不會比教師更加有效。但是如果我們運用科技來學習（learn with technology）而非從科技中學習（learn from technology），學生學習的本質將會改變（Jonassen, Peck, & Wilson, 1999）。所以，應將科技當作學習工具與智能伙伴來幫助學生思考，科技就具有產生學習與支援學習的功能。而教師在教學歷程中需要扮演的角色是多樣化情境的提供者及學習的輔導者。

建構主義的學習理念適合教師提供豐富的學習環境，讓學習者能在自我導向探索與自我調整學習歷程中，能與同儕互動、澄清、

討論與建構新知識。現今建構主義的教學理念已蔚為教育哲學的主流思想，廣為學界所認同與接受。科技融入教學的教學設計與教學策略，自當以建構主義為基礎，以發揮相輔相成之效。

　　建構主義的另一派別是維高斯基（Vygotsky）所倡導的「社會建構主義」（social constructivism），強調個人建構知識是在社會文化的環境之下以及交互作用所建構的，因此著重的是人類認知與知識形成的社會性基礎。而建構主義所強調的則是作為認知主體的人，在認知過程的主動性與建構性。二者的差異在於前者以群體的社會為重心，採行較鉅觀的觀點，後者則以個體為重心，採行較微觀的角度（朱則剛，1994）。雖然社會建構主義所建構之知識的意義是相當主觀，但也不是隨意的任意建構，而是需要與別人磋商和釐清來不斷地加以調整和修正，而且會受到當時文化、情境與社會的影響。近幾年所盛行的情境教學法與合作學習法即是緣起於社會建構主義的思潮，對於科技融入教學方法有很大的啟示。

（二）建構主義學習觀的特點

　　將建構主義應用在學習上時，可知教師的「教」不等於學習者的「學」。因此，教學活動不應該為「教」而設計，而是應該為「學」而設計。建構主義學習觀的特點如下（沈中偉，2001；顏秉璵、沈中偉，1992；Driscoll, 2001）：

　　1.主體性：學生是學習的主角，學習者是學習活動的主體。

　　2.主動性：學習者是主動積極的學習，而非被動的接受。學習者以自己的先備知識與環境互動，主動去理解與感知經驗的意義，從而建構新知識。

　　3.互動性：知識的建構有賴於社會情境的互動。

　　4.情境化：知識的建構是在情境脈絡下產生的。因此，教師應設

計情境讓學生學習，使學習者將學到的新知識與現實環境相關聯，使學習具有意義。很多研究指出，將學習任務置於有意義的真實世界情境或置於模擬的問題導向環境中，不僅能讓學生更易於了解，也能讓其更具連貫性地遷移至新情境當中。所以，我們必須教導在真實生活中可用的知識與技能，並提供新的情境脈絡給學生練習與應用。如此，不但能使學生解決簡單問題，也要使其能解決複雜、結構不完整的問題與發展高層次的思考（沈中偉，2003a；Jonassen, 1997）。

5.教師的角色：複雜的學習仍需倚賴教師的輔導方能完成。教師並非知識的灌輸者，亦不是知識的權威，教師的角色應是環境布置者，引導學生學習的輔導者。

6.強調合作學習：合作學習需要參與成員間的充分對話、溝通、討論以達成學習目標。

7.強調有意義的學習：要促進新知識的學習，首先要增強學生已有的認知結構與新知識的連結，Ausubel（1968）指出影響學習的最主要因素是學生的先備知識，教師應先了解學生的已具有之舊知識與經驗，因材施教。建構主義學者主張教師在進行教學時必須留意學生的先備知識，教師應多與學生討論，降低因缺乏先備知識，而影響學習新的知識。建構主義亦提到：進行教學時，教師不應從成人的角度看學生的觀點，應嘗試了解學生為何對問題有這樣的看法和理解，藉以改變適合的教學策略。

8.自我調整學習（self-regulated learning）：自我調整學習係指個體能夠根據自己的能力訂定目標，選擇適當的策略，並在執行過程中，發揮後設認知，監控、修正自己的策略，並根據策略進行自我評量。在自我調整學習過程中，個體逐漸提昇「自我效能」與進一步激發自我動機，以達成學習目標。

　　總而言之，運用建構主義的理念於教學時，教師須多提問，引發學生思考與討論。提問技巧是建構式教學策略成敗的決定因素。提問可促使學生反思，激發學生探究新的知識。因此，教師應適時提出新觀念，刺激學生思考，也應提供新資料，以改變學生原有的錯誤概念，引導學生提出邏輯性的答案，並使其能建構新知識。

（三）建構主義在數學教育上面臨的困境

　　筆者曾多次帶領師院生去參觀建構式數學教學演示，認為建構式數學教學可能不適用於低年級的數學，如基本的加減運算、九九乘法等，但是卻適合複雜的數學問題教學上。依據鄔瑞香和林文生（1997）提出的建構式數學教學的主要步驟和流程有下列幾點：

1.佈題

　　教師的首要工作就是透過佈題的方式，導引整個學習的脈動。佈題很重要，需注意：(1)配合學生的舊經驗；(2)切合日常生活上會遭遇之數學情境問題；(3)難易度要適當，範圍要符合目前的學習課程；(4)也可考慮提出稍具挑戰性的問題，以期使學童得以享受思考的樂趣。

2.合作解題

　　教師發給每組一個小白板或投影片，作為學生討論解題過程的記錄板。

3.發表討論

　　學生討論之後，教師要求學生上台發表給全班聽，並加以討論。

4.質疑與辯證

　　聽的同學有問題時，可對發表人的意見進行「質疑」，直到全班取得共識為止。若沒有同學提出問題，則教師可適時提出，或在解說不清楚時，加以輔助說明。學生上台發表解題過程時，還可培

養學生的自信心、口語表達能力、傾聽他人報告的態度以及獨立思考判斷的能力。

5.歸納與共識

教師將提出的各種解題方式中，找出一個全班的共識，它可能是計算較快的方式、或較易推理思考、或大家較容易接受的。

6.完成學習單

教師指定回家作業，以增加其解題的熟練度，教師批改後不一定要逐題討論。

雖然建構主義是現代教育主流思潮，但在國內推行起來卻遭遇許多問題，筆者省思建構主義在數學教育上面臨的挑戰有下列幾點：

1.教師沒有掌握建構主義的內涵與精神

建構主義是一種知識論、教育思潮與學習理論。它強調知識必須由學習者自行主動建構，而非被動的由教師或外界所灌輸，它並主張知識是師生和同儕間互動溝通與社會建構的歷程。因此，建構主義非常重視學生「自發性的想法」與「最原始的想法」，希望學生從經驗中自行建構解題方法。在上課時，教師可時常問學生：「說說看你怎麼做的？」「說說看你怎麼知道的？」就可發現學生有很多各種不同的解題方法，這些方法不是教師所告知的，而是學生自行建構解題方法，此即建構主義內涵與精神。

2.建構主義較適合複雜的數學概念問題

建構主義強調要求學生逐步地推衍出解決問題的過程，以九九乘法為例，採用建構主義的教學方法教導完九九乘法的概念之後，學生在練習乘法問題時，則可直接使用此工具，否則將會導致演算過程越趨複雜，反而不如傳統的直接教學法，這也是建構主義教學常被批評的地方。對於複雜的數學概念問題，重在概念思考與解題過程，計算速度反而不是那麼重要，因此建構主義較適合複雜的數

學概念問題。

3. 教學時間與進度難於控制

建構主義教學法比傳統教學法需要更多的時間讓學生討論，在師生互動、澄清、回應、辯證的歷程中，往往一節課只能討論一題數學題目，教師較難掌握教學時間與教學進度。

4. 實施建構主義教學法需要全校行政配合

實施建構主義教學法時，課程需要整體規畫，若只有某個年級老師採用建構主義教學法，學生升上較高年級時，因課程或教法不一致，將會導致學生無所適從。

5. 不需獨尊建構式數學教學法

各種教學法都有其優缺點，也各有其適用時機，教師應全都了解與熟悉，再視學生的程度與教材內容，選擇適合的數學教學方法。不必要只使用建構式數學教學法，同一個教學單元，也可整合使用多種教學法。

總而言之，建構主義的教學主要是以學生為主體，採取小組合作學習的方式來進行，教師是佈題者、輔導者、促進溝通討論者，以及諮商協助者，而不再是解題者或是知識傳授者的角色。

（四）建構主義在教學設計上的應用

綜合學者的意見，建構主義在教學設計上的應用原則如下（王美芬、熊召弟，1995；朱則剛，1996；沈中偉，1995a，2001；Duffy & Jonassen, 1992; Jonassen, Peck, & Wilson, 1999）：

1. 將建構主義應用在學習上時，教學活動不應該為「教」而設計，而是應該為「學」而設計。

2. 學生是學習的主體，教師是學習的促進者、輔導者。

3. 學生應主動而積極地參與學習歷程與建構知識，而非被動吸收

知識。

4.教師設計豐富的學習環境，以真實世界的問題培養學生獨立思考、問題解決與口語表達能力。

5.教師發展良好的合作關係，經由師生與同儕間的互動、討論、分享、澄清，促使學生消除迷失概念，建立知識體系。

6.建立良好的師生互動關係，製造快樂而溫馨的學習環境，使學生內在的認知結構和外在的學習環境，產生交互作用，進而引導學生認知同化與調適。

7.將科技當作學習工具與智能伙伴來幫助學生思考，科技就具有產生學習與支援學習的功能。

上述的應用原則與九年一貫課程中十大基本能力中的「表達、溝通與分享」、「尊重、關懷與團隊合作」、「主動探索與研究」、「獨立思考與解決問題」等相符應，可作為教學設計時的參考。

四、情境認知理論

（一）學習原理

「情境認知」理論（Situated Cognition）係由 Brown、Collins 和 Dugid（1989）等人所提出。他們主張學習是處於它所被建構的情境脈絡（context）之中，或在真實的情境（authentic situations）之中才有意義，學習者也才能真正應用知識。他們舉出學習語言的例子來說明真實活動與真實情境的意義與重要性。人們在學習母語時，總是身處其境，很自然地就學得流利的母語。但國人在學習外國語時，卻是經由單字、片語、文法的練習，而忽視了聽與說的能力，使得很多人學了多年的英語之後，碰到外國人卻聽不懂也不敢開口。因

此，學習與知識在本質上是個體與環境交互作用下的產物。

　　情境認知理論與行為取向學習理論不同之處在於情境學習認為學習者在知識獲得過程中，是主動的、積極的，並非只是被動的接受外在的刺激，他們要與周遭環境交互作用。情境認知理論也有別於認知取向學習理論，認知取向學習理論強調記憶結構與心智運作過程，而情境認知理論則強調學習是處於（situated）它所被建構的情境脈絡之中，知識只有在它所產生及應用的活動與情境中去解釋，才能產生意義，學習者也才能真正應用知識，而有助於理解與記憶。因此，情境學習的精義在於知識的意義是在情境脈絡中，無法從情境脈絡中隔離出來。當我們進行學習的時候，我們是與整個脈絡環境互動，如果將知識從情境脈絡中抽離出來，則我們就無法了解知識的意義（沈中偉，2003b；陳品華，1997；張霄亭、沈中偉、楊美雪、楊家興、計惠卿，1996；楊家興，1998a；鄭晉昌，1993；鍾邦友，1994；Brown, Collins, & Duguid, 1989; Young, 1993）。

　　然而，在實際的教學環境中，學校沒有足夠的資源實施情境教學理念。因此，近年來盛行運用「情境學習」理論來設計與發展多媒體與超媒體學習環境的教材。為了要使知識與問題情境能夠「錨定」（anchor）在一個鉅觀的（macro）且真實的（authentic）學習情境中，美國范德比大學的認知與科技小組（Cognition and Technology Group at Vanderbilt，簡稱 CTGV）開發十二個 The Jasper Woodbury 教學系列的互動式影碟系統（Interactive Videodisc System），每張影碟中設計一個問題情境，並在其中內建所要呈現的內容、概念與問題，以讓學生在此互動式影碟系統中發現問題、分析問題、蒐集資訊、形成假設、驗證假設與解決問題，並要求學生分組合作討論與整合運用自然科學、社會科學、數學等的學科知識，以培養國小高年級學生獨立思考、問題解決以及獲得知識的技能

（沈中偉，1995a，2003b；徐新逸，1995c；楊家興，1998a，1998b；Cognition and Technology Group at Vanderbilt, 1990, 1992, 1997; Park & Hannafin, 1993; Young, 1993）。近年來，情境學習理念在國內多媒體學習環境的實徵性研究上，均有顯著的效果（沈中偉，2003b；徐新逸，1995c；鍾邦友，1994）。

此外，基於情境學習理念，Collins、Brown 和 Newman（1989）引用傳統技藝學徒的學習方式，倡導「認知學徒制」（cognitive apprenticeship）的教學模式。在傳統的師徒制下，學徒在工作場所（真實的社會情境與生活在這個行業的文化脈絡中），藉由觀察、模仿、實際參與真實活動（authentic activity），以及師傅不斷地指導與給予回饋，而終於習得一項技能。因此，他們強調「活動、概念與文化是相互依賴的，三者中如缺少任一項，都無法了解其他兩者之意義」（p. 33）。

認知學徒制的基本假定是：學習者如能在真實情境或類似真實情況中，經由親身參與以及對教師活動的觀察與模仿，學習者可以建構自己的知識與技能，而且在真實情境中所建構的知識記憶保留與實際運用當更有效果。例如：師資培育機構的學生在正式擔任教職前，都須至國民小學實習，就是進行認知學徒制的情境學習。實習教師在資深教師或有經驗的教師帶領下，透過觀察、觀摩、溝通、討論與參與實際問題解決的歷程中，讓實習教師有機會觀摩與學習資深教師在教學方法、班級經營、輔導知能、人際關係、行政運作、家長溝通等方面的知能，而獲得教育專業的成長。而資深教師或有經驗的教師扮演協助者、激勵動機、發展專長、給予回饋與對話互動的學習伙伴（Collins, Brown, & Newman, 1989; Rogoff, 1990）。質言之，知識的學習應建構在真實的環境裡，無法脫離學習活動所處的文化。學習者藉由與情境間的互動過程以建構知識與技能，而在

社會互動（social interaction）的歷程中，了解知識的意義和建立個別的認知歷程，將有助於學習者對知識的遷移與應用（Brown, Collins, & Duguid, 1989），也較能激發學習者的興趣與動機。因為他們知道所吸收的知識不是抽象的知識，而是能夠實際應用到周遭的環境上，以解決問題與滿足需求。

（二）情境認知理論在教學設計上的應用

根據情境認知理論的主要論點，筆者歸納其在教學設計上的應用原則有八項：1.強調學習活動的真實性；2.強調主動探究與操作；3.重視認知學徒制的教學模式；4.合法周邊性參與（Legitimate Peripheral Participation）的學習過程；5.錨定式教學法；6.真實評量；7.社會互動；8.教師的角色。茲探討如下（陳品華，1997；陳慧娟，1998；張霄亭、沈中偉、楊美雪、楊家興、計惠卿，1996；楊家興，1998b；鍾邦友，1994；Brown, Collins, & Duguid, 1989; Lave & Wenger, 1991; McLellan, 1993; Young, 1993）：

1. 強調學習活動的真實性

情境認知理論批判目前學校中的教學活動常將知識從脈絡環境抽離，知識被轉換成一種抽象的及支離破碎的訊息。此種簡化的問題與解答的學習，使得學生只學習到膚淺的與零碎的知識，它無法遷移、運用與解決在真實生活中多樣的、複雜的問題情境。

情境認知理論強調在真實活動、真實情境或模擬情境中「身歷其境」的學習。一個有意義的知識，必須要從真實的工作中來習得，情境認知理論認為「真實性的工作」就是我們日常的生活文化（ordinary practice of the culture）。質言之，學習關注的重心，不再僅是學習者個人，而是必須加上學習環境，包括學習資源、學習活動以及同儕等在內。因此，教師的職責之一就是要布置真實活動、真實

情境或模擬情境中「身歷其境」的學習環境。

2. 強調主動探究與操作

　　情境認知理論強調主動探索與操作，源自於杜威的「從做中學」。然而，Lave（1988）認為情境學習所包含的意涵更廣，除了要從做中學之外，更要「在行動中認知」、「在行動中理解」、「在行動中省思」。此外，Harley（1993）指出情境式的教學媒體設計應給予使用者主控權，使得學習者能主動探究與建構知識。

3. 重視認知學徒制的教學模式

　　認知學徒制教學模式包括下列要素（鄭晉昌，1994；Collins, Brown, & Newman, 1989）：

(1)教學內容：

①特定學科領域的知識（domain knowledge）：應著重特定專業領域的知識與思維能力的培養，而捨棄傳授一般性的原理原則。

②捷思法（heuristic strategies）：捷思法是指特定學科領域內解決問題的方法，而非傳授一般性問題解決的原則。

③監控策略（control strategies）：教導在特定學科領域內，個體對自己認知過程與解決問題方法及策略的自我調整。

④學習策略（learning strategies）：熟悉學習策略，可以幫助學習者有效的吸收新知識。

(2)教學方法：

①示範（modeling）：專家或教師逐步地示範與解說，讓學習者觀察與模仿。

②教導（coaching）：教師如同教練般，了解學習者困難所在，並在適當時機提供協助。

③鷹架支持與淡出（scaffolding and fading）：在學習過程中，

學習者碰到問題無法解決時，教師或專家會適時地給予提示與支持。在學習開始時，此種協助可能較多，但為培養學習者獨立思考與解決問題的能力，教師或專家必須淡出，減少協助的次數，以免學習者養成依賴的心理。此方法源自Vygotsky「潛在發展區」的理念。

④闡明（articulation）：給予學習者表達個人的看法，經由表達過程中，可以了解他人不同的觀點，並釐清個人的觀念。

⑤省思（reflection）：學習者可以和同儕或教師比較問題解決的過程，以了解個人表現的問題，而適時予以補救。

⑥探索（exploration）：學習者有機會面對各種新情境問題的挑戰，經由探索的方式，學習者可以學習自訂問題、形成與驗證假設，而獲得自我學習的成就感。

(3)教材安排：

①逐次增加複雜性（increasing complexity）：教材安排應由簡而繁，並逐漸增加其複雜性，學習之初，如有問題，教師或專家應適時地給予協助與提示。

②逐次增加多樣化（increasing diversity）：提供多樣化與整合性的學習情境，使得學習者習得各種不同的技巧與策略，以解決各種不同的問題。

③先著重整體架構再了解局部技能（global before local skills）：此概念與Reigeluth之精緻教學理論（Elaboration Theory of Instruction）有異曲同工之妙。質言之，先注意整體架構，再逐漸聚焦或拉近（zoom in）細節概念，使得學生深入了解，之後，再拉遠（zoom out）以了解細節概念與整體架構間之關係，以免有見樹不見林之譏。

(4)社會學：

①情境學習（situated learning）：學習應該在一個特定學科領域的情境中進行，如此才能使學習者與環境產生互動，也才能有較好的學習效果。

②專家知識的文化（culture of expert practice）：設計一個學習環境，使得學習者能主動參與學習某特定學科專業領域的知識，並與專家產生互動，以幫助學習者內化概念模式，教導學習者以專家的方式來思考問題與解決問題。

③內在動機（intrinsic motivation）：建立一個學習環境，使得學習者發自個人的內在動機來學習，而不是受外在動機（extrinsic motivation）影響，如為了父母或討好教師以獲得好成績。

④設計合作（exploiting cooperation）：設計合作學習環境（cooperation learning environment），使學習者能與同儕集思廣益解決問題。

⑤設計競爭（exploiting competition）：給予學習者相同工作，設計競爭學習活動，以誘發學習者的動機。然而，無庸置疑，競爭的學習環境有些缺點，如促使同儕間情緒或關係的緊張，以及傷害到某些學習者的自尊心（self-esteem）等。因此，在實施時，需特別注意，可以只比較解決問題的創意性與過程而非其結果。

4. 合法周邊性參與的學習過程

「合法周邊性參與」不是教學模式或教學方法，而是一種了解學習本質的觀點（鍾邦友，1994；Lave & Wenger, 1991）。「合法周邊性參與」強調學習應該從參與實際活動的過程中學習知識，但是學習歷程應是由周邊開始，再不斷地向核心推進。例如：學徒跟隨

裁縫師傅學習做一套禮服，一開始是學習洗衣服、穿針引線、燙衣服等，學徒有很多的機會可以仔細地觀察師傅製作禮服的全部流程，之後，學徒們又學縫扣子、袖子、口袋等，然後給予機會獨自完成一套禮服。

5. 錨定式教學法（anchored instruction）

在情境學習教學理念裡，教師可提供有意義的問題解決的情境。如果為了節省經費、時間來製作錨定式教學法的教材，教師可以使用重定目的式（repurposed）影片。重定目的式是指為了某種目的，而變更原來的目的。譬如有很多電影或電視，原來是為了娛樂之用，但由於其中有很多內容允許教師利用來創造豐富的學習環境，以促進教學效果。因此近年來有很多教師利用現成而合乎教學內容與需要的電影於教學上，例如：《浩劫重生》（*Cast Away*）、《1997勢不兩立》（*The Edge*）及推理之后——阿嘉莎·克莉絲蒂（Agatha Christie）多部的暢銷小說被改拍成電影，如《東方快車謀殺案》、《尼羅河謀殺案》等都是膾炙人口的電影（雖然片名是謀殺案，但卻很少血腥暴力的場景，適合學生觀賞）。也可使用《危機總動員》（*Outbreak*）來討論與教導防範與應變SARS病毒的能力。此種「重定目的式」的影片有下列優點：(1)使用現成影片，不需自行製作；(2)影片品質很高；(3)電影足以吸引學生注意力，提高學習動機；(4)電影情節中自然產生的問題，可刺激學生思考與問題解決能力（沈中偉，1992b）。每部電影都提供很多問題情境供學生分析、討論，在觀賞影片時，要注意的是，影片只是教學的素材，而不是教學的全部。重要的是教師所使用的教學方法與教學策略，是否能培養學生觀察、分析、判斷、獨立思考、推理邏輯思維與解決問題的能力。

6. 真實評量（authentic assessment）

情境認知理論主張採用「真實評量」的方式來評量學習成就。

真實性評量可以包括：教師觀察、實際操作、展示、表演、作品集、問題解決、問卷、訪談、人際互動記錄、核對清單（checklist）、專題研究以及團體合作計畫等。也可實施檔案評量（portfolio assessment），學生將平時的作品、作業、省思，集結成個人檔案，從這些資訊或作品中，教師可以知道在學習過程中，學生所投注的心力、學習的情形與達成多少教學目標（張美玉，1996；張基成、童宜慧，2000a；張麗麗，1997）。也可要求學生分組進行專題研究報告，培養學生互助合作的精神及建立良好人際關係的能力。完成專題研究報告之後，各組上台報告分享心得，藉此也可培養口語表達的能力（沈中偉，2001）。

7. 社會互動（social interaction）

社會互動愈來愈被認為是認知發展過程中相當重要的部分，這樣的理念深受維高斯基（Vygotsky）的認知發展理論所影響。Lave和Wenger（1991）提出「分享實務」（shared practice）的概念，強調情境學習重視小組成員間的溝通互動、知識分享、協助達成理解與共同參與建構知識。

8. 教師的角色

情境認知理論強調教師應扮演輔助者、引導者、教練、諮商者的角色，在學生遭遇到問題時，適時介入，並以鷹架支持的方式來支持學生的學習，當學生愈來愈趨熟練時，或者能獨立自行學習獲致解決問題時，教師就逐步的淡出（沈中偉，1994）。

由於情境認知係針對傳統教學的流弊所發展出來的理論，此理念非常適合資訊科技融入教學，值得各級教師注意與運用。

五、維高斯基的認知發展理論

（一）學習原理

　　維高斯基（Lev Vygotsky, 1896-1934）是俄國的心理學家，他被公認為是二十世紀傑出的認知發展理論學者。他的思想受到馬克斯社會理論——亦即歷史物質主義（historical materialism）與恩格斯辯證方法論的影響很大（Vygotsky, 1978）。依據馬克斯理論，社會與物質生活方面的歷史改變，會導致人性（知覺與行為）上的改變。他採取「文化歷史法」（cultural-historical approach）或有人稱作「社會文化法」（sociocultural approach）的觀點來探討人類的認知發展。他認為人類高層次的心理功能，諸如：知覺、注意、語言與認知等是源起於外在的社會互動的過程，而終至個體的內化作用。Bruner（1962, 1987）認為維高斯基的發展理論不僅是教育理論，同時也是文化傳承的理論，不僅重視個體的認知發展與潛能發展，而且也注重人類的歷史與文化的發展。因此學者大都稱維高斯基的理論為「社會歷史心理學」（sociohistorical psychology）（Hedegaard, 1990; Kozulin, 1990; Moll, 1990）。

　　維高斯基的主要理論有下列三點（沈中偉，1994）：

1. 強調文化的重要性

　　維高斯基區別基本的與高層次的心智功能，基本的心智功能是指自然的能力，例如注意與知覺。在心智發展的過程當中，基本的心智能力逐漸地轉變成高層次的心智能力，例如問題解決與決策能力等，此種能力深受文化與社會環境的影響。

2. 強調語言的重要性

維高斯基認為由於人類使用語言傳播思想,而且引導我們的思考與行為。他特別強調語言是社會與文化的現象並且深深地影響我們高層次思考能力的發展。

3. 潛在發展區理論

潛在發展區(zone of proximal development)是維高斯基認知發展理論的中心思想(Bruner, 1987; Moll, 1990),主要在探討個體高層次心理功能的發展,以分析「學習」與「發展」之間的關係。潛在發展區是指「個體獨立解決問題之實際發展層次,與在成人的指導下或與能力較好之同儕合作下而解決問題之潛在發展層次之間的差距」。(It is the distance between the actual developmental level as determined by independent problem solving and the level of potential development as determined through problem solving under adult guidance or in collaboration with more capable peers.)(沈中偉,1994;Vygotsky, 1978, p. 86)此理論之主要概念在了解個體過去的發展狀況以及未來的潛在能力,以決定目前的發展方向。因此,想要真正的了解個體學習能力的發展,必須考慮實際發展層次(the actual development level)與潛在發展層次(the potential development level)。

從教學的觀點而言,「潛在發展區」是個體認知發展的核心地區。它是師生、親子與同儕間交互作用的區域,是學生或兒童真正學習的區域,也是教學的基礎(Hedegaard, 1990)。因此,他鼓勵父母、教師、或程度較高之同儕,多與學習者互動。經由師生、同儕、父母的互動過程中,不斷進行溝通和協商,幫助學習者由實際的發展層次,進而達到潛在發展的層次。這些互動往往可以藉由教學活動的安排而激發,故教師應設計互動之學習情境,讓學習者能建構知識及能力。當學生能自行解決問題時,教師也應逐漸地淡出,

降低對學生的協助。因此，「潛在發展區」也有學者稱作「責任之遷移」（transfer of responsibility）（Rogoff & Gardner, 1984）。

　　維高斯基（Vygotsky, 1978）指出智能測驗只能評量兒童或學生現在或實際的程度，或是他們自己能單獨完成的事。如果問他們更深入的問題或給予鼓勵，他們也時常會展現出更多的能力。其實，兒童接受別人的協助比他們自己能獨力完成某些工作更能顯示他們真正的能力。因此，他強調我們無法真正了解兒童的發展，除非我們考慮他們實際發展的層次與潛在發展的層次。

（二）維高斯基的認知發展理論在教學設計上的應用

　　根據維高斯基的「潛在發展區」的理論，而衍生出來的教學策略有鷹架理論、交互教學法（reciprocal teaching）與合作學習（co-operative learning），茲分述如下：

1.鷹架理論

　　「鷹架」一詞是由Wood、Bruner以及Ross於1976年所提出的，是兒童內在的心智成長有賴成人或能力較強的同儕協助的隱喻說法（沈中偉，1994）。因此，鷹架被比喻是暫時性的支架或是以一種支持的形式來協助學生，直到學生能自行操作或學習，也是完美的教師所應扮演的角色（Greenfield, 1984）。

　　在教學的過程中，教師或程度較好的學生提供鷹架，以協助學生達到預定的教學目標。鷹架可能是任何工具或教學策略，其特色在於其互動（interaction）的功能（Palincsar, 1986）。例如師生或親子之間的對話（dialogue）、交談、共讀故事書、觀賞卡通或教學錄影節目、遊戲等。

　　Wood、Bruner和Ross（1976）等人曾提出六種在學習上所能提供的鷹架支持：(1)引發學童參與；(2)指出所欲學習事物的關鍵；(3)

示範；(4)減輕學習時的負擔；(5)進行學習活動的管理；以及(6)掌控學習過程的挫折。這些由成人或專家所提供的學習支援，可以幫助學童增進學習的能力，進而使學童最後終能自行完成學習的工作（Wood, Bruner, & Ross, 1976）。此外，Greenfield（1984）認為運用鷹架理念於教學上時，有下列六個主要原則：

(1)在實際教學活動中，由專家（教師）充當學習者能力發展的鷹架。

(2)支持的程度依學習者目前的程度而調整。

(3)學習者的能力增進時，支持的數量隨之遞減。

(4)支持的多少與工作難度成正比。

(5)支持以逐步漸進與隨時校正的方式進行。

(6)支持以導向內在化為目標，逐漸使學習者能夠獨立自主。

鷹架的功能就是幫助學習者由實際發展層次跨越潛在發展區，進而達到潛在的發展層次。該理論主張學習的過程是由教師提供一個暫時性的支持來協助學生發展學習能力，這個暫時性的支持（鷹架）可能是一種教學策略或教學工具，隨著學習者能力的提升，便逐漸將學習責任轉移至學生的身上，最後讓學生能主導學習，並經由學習建構出屬於自己的知識。所以，潛在發展區在學習過程中也被視為是一種「責任之遷移」（沈中偉，1994；Rogoff & Gardner, 1984）。

換言之，教師要扮演促進者、引導者的角色。在學習過程中，俟學生有問題時，教師提供「鷹架支援」從旁引導，不直接告知答案，讓其自行思考或與同儕合作，等到能夠自行解決問題後，再逐漸淡出。讓學童從社會支持過渡到自我支持的歷程，最後學會獨立思考與解決問題。可見維高斯基主張知識是社會化的建構與經驗分享的產物，強調師生互動、學生同儕間之互動、溝通、討論、小組

合作等教學方式，以達成教學目標。

2. 交互教學法

維高斯基認為藉由語言以及在社會的脈絡（social context）中發展高層次思考能力很重要。在學校情境中，經由教師「引導式參與」（guided participation）、師生的對話（dialogue）、同儕合作（peer collaboration），可激發學習者的內在動機與興趣（沈中偉，1994，1995；李咏吟，1998；Klinger & Vaughn, 1996; Palincsar & Brown, 1984; Rogoff, 1990; Rosenshine & Meister, 1994）。因此，Palincsar和Brown（1984）根據維高斯基的「潛在發展區」與「鷹架」理論的觀點發展「交互教學法」，以增進學生閱讀理解能力的閱讀教學法。

交互教學法運用下列四種閱讀策略（沈中偉，1994；張玉梅，2003）：

(1)摘要大意（summarizing）：默讀或朗讀完一段文章後，說出主要的概念和大意。

(2)自問自答（questioning）：自己提問與自行回答重要的問題。

(3)澄清疑慮（clarifying）：閱讀時遇到不了解的地方，會採取什麼策略解決。

(4)預測結果（predicting）：閱讀下一段文章之前，先行預測此段文章會談什麼內容及其結果。

實施時，首先由教師鼓勵學生運用他們對此主題有關的背景知識與預測會學到什麼概念，之後，教師與學生默讀一段文章，然後教師示範與教導如何以對話方式進行摘要大意、問重點、澄清疑慮與預測結果等四個策略，直到學生熟悉此種教學活動後，每位學生輪流讀一段文章，並擔任小教師的角色，逐漸地將老師的責任轉移給學生，直到學生能獨立進行閱讀理解與策略的教學活動。

教學是師生互動的歷程，然而國內的教學卻仍然偏重在「教師

「講學生聽」的教學上，忽略了學生主動積極參與思考與學習的活動。故欲匡正學生只背誦而不思考的惡習，教師有責任教導學生學習與運用認知策略。教師可使用鷹架教學法以及「潛在發展區」的觀念，來教導學生學習認知策略。程度好的學生協助程度較低的學生，創造雙贏的局面。讓程度好的學生由於又操作一遍與講解一次，使得他更加精熟所學習的教材。

3. 合作學習

　維高斯基倡導社會建構教學法（Social Constructivist Approach）認為學習應建基在社群內，教師、家長和同學都是學習伙伴。他強調學生應透過討論互動，表達個人的看法，以及對別人的意見作出回應，以建立新知識。因此，現在教師都喜歡使用合作學習策略。

　合作學習適用於各年級與各學科領域，其目的旨在建立一個增進學生互動的學習環境，培養學生主動學習的習慣，並且在合作學習過程中發展學生的人際關係與溝通表達能力，從而養成團隊精神與社會責任感，以提高學生的學業成就、增進人際關係與溝通能力，並培養自尊心與自信心（張春興，1994；Gillies, 2004; Slavin, 1990）。在合作學習之教學情境裡，學生根據不同的程度、能力與性別，被分配至一個異質小組中，每組為四至六人不等，小組成員一起合作學習老師所指定的教材，鼓勵他們互助合作學習，以提高個人學習成效並共同努力完成小組的團體目標。在經由成員之間不斷的溝通互動、互相支持之下，所有成員共同努力朝向小組的學習目標邁進，只有小組內每一位成員都達到學習目標，才算完成，否則該小組仍需努力（Slavin, 1990）。

　合作學習自一九七〇年代開始，就陸續地發展出很多教學模式。例如學生團隊成就小組（Student Teams-Achievement Divisions，簡稱STAD）、小組遊戲競賽（Teams-Games-Tournament，簡稱TGT）、

拼圖法（Jigsaw）、團體探究法（Group-Investigation），協同合作法（Co-op Co-op）、共同學習法（Learning Together）、小組輔助個別化學習（Team Assisted Individualization，簡稱TAI）、合作統整式閱讀與寫作（Cooperative Integrated Reading and Composition，簡稱CIRC）等。雖然合作學習有很多種模式，但是每個模式都有其特色，也各有其目的與應用情境，教師可依據學習者、學科領域選擇適當的合作學習模式。在各種方法或策略中以「學生團隊成就小組」（STAD）最容易實施，應用也最廣（林佩璇，1992；Johnson & Johnson, 1999; Slavin, 1990）。其特色在於建立學習小組成員的正向相互依靠關係（positive interdependence）、面對面的互動（face-to-face interaction）、個人績效（individual accountability），以及組員社會技巧（social skills）等。學生團隊成就小組包括下列四個要項：

(1)合作學習以小組方式進行，因此教師需依不同能力將學生分成每組四至六人為原則（學習小組的分組應慎重考量學生的興趣與能力，以維繫學生的學習動機和積極參與，也才可以達到互相學習的效果）。

(2)教師評估各小組每一學生的表現。

(3)教師記錄每一位學生的進步情形。

(4)教師獎勵一週來表現最好的個人以及小組。

教師可以使用電腦多媒體簡報、網路資源、錄影帶、投影機等教學媒體，以及使用講解、討論方式，呈現學習內容。在分組活動中，學生依據教師發給的學習單進行學習。學生可以採用討論、溝通、互動等方式共同學習。在分組學習之後，教師實施小考，評估每組中每位學生的學習表現，而每一組的整體學習表現是以該組所有學生的學習表現計算。當學生在另一次的小考有進步的情形時，整組的表現也隨之加分。最後，每週宣布本單元學習中表現最好的

小組，以及小組中表現最好的學生（吳清山、林天祐，1996；Slavin, 1990）。

很多研究結果發現，合作學習對學習有正面的效果。Slavin（1991）所做的綜合分析報告指出，合作學習有下列五種成效：

(1)學習成就的提昇，不論是程度較佳、普通、或較差的學生，經過合作學習教學法，不論在語文、數學、社會、科學等學科的成績均有顯著的進步。

(2)學生的邏輯思考、判斷推理，以及問題解決能力等都大為增強。

(3)人際關係的能力。

(4)研究探索的能力。

(5)正確的學習態度與方法，學生比較知道如何學習。

教育部現在大力提倡教學正常化，其結果乃是同一班級學生的異質性很高，可以想見的是，教師在教學時將會因學生程度之參差不齊而影響教學。為了解決此問題，合作學習是一種值得推廣的教學策略。

第三章
教學設計理論與系統化教學設計

　　本書強調科技是學習的輔助工具，教學設計才是學習成效的關鍵因素。其中如何運用科技與媒體是整個教學設計的一部分。因此，本章將從教學設計理論、系統化教學設計的涵義、系統化教學設計的模式與步驟等三個面向來討論，最後並提出一個實例以資參考。

第一節　教學設計理論

　　教學設計理論的主要目的是要提供教師或教育訓練者如何讓教學處方（prescriptions）更具多元化、吸引力與更有成效。它可作為實施系統化教學設計模式裡的教學內容分析、發展教學方法與策略以及實施教學的參考依據。本節探討常用的科技融入教學之教學設計理論基礎有：凱勒（Keller）的動機理論、蓋聶（Gagne）的教學理論與瑞格魯斯（Reigeluth）的精緻教學理論等，茲分述如下。

一、凱勒的動機理論

　　「動機」（motivation）是指引起學習者活動，維持學習者已引起的活動，並促使該活動朝向某一目標積極參與學習的內在動力，

它是影響學習效果的關鍵因素之一。教師在教學時，首要任務即是
要激發學習者的學習動機。對於個人所重視的價值、興趣與挑戰，
學習者會投入心力，並期待從努力的過程中獲致滿足感，因此充分
的了解和掌握提昇學習動機的策略，在教學設計中是非常重要的議
題。一般常用的激發動機策略有：告知教學目標、提出切身的且具
挑戰性的問題、說故事、給予獎勵、給予訊息性的回饋、給予符合
學習者需求與興趣的事物、設計多樣化的教學活動、運用圖片、影
片等科技媒體融入教學等。另外，筆者曾參考美國一些自然科學教
科書的編排，在相關的重要概念上註明以後要從事什麼工作者所必
須具備的知識與技能，此種方式也會引發學生的學習動機。

　　本節所介紹的ARCS動機模式是由美國佛羅里達州立大學凱勒
（John Keller）教授所創。ARCS的每個英文字母是代表激發與維持
學習者動機的四個教學策略的簡稱。A 表示Attention（引起注意），
R 表示Relevance（切身相關），C表示Confidence（建立信心），S
表示Satisfaction（感到滿足）（Keller, 1983）。ARCS動機模式整合
了許多我們已知的學習動機理論，諸如：歸因理論、增強理論、成
就理論、期望－價值理論、社會學習理論等。依據ARCS動機設計模
式，無論是教師或多媒體設計者，為了激發學習者或使用者的學習
興趣與動機，可以應用ARCS教學策略，其過程如下：首先引起學習
者對新教材的注意、興趣與感到迫切的需要，再讓他發現新教材跟
他有切身的關係，然後他又覺得只要他努力，就有能力與信心達到
教學目標，最後學習者得到了完成後的成就感與滿足感（李文瑞，
1990）。

　　傳統的教學設計模式係植基於行為學派所發展出來的，動機設
計偏重於增強理論的運用，但是面對現在開放、自由、多元且重視
個體的教育思潮，動機設計已逐漸走向個人內在價值的判斷。Small

和Gluck（1994）也認為ARCS動機理論可以強化系統化教學設計，確實使教學設計更能鼓勵學習者參與和互動，並提供了理論基礎與實務應用，而其理論基礎除了行為主義觀點之外，也包含了重視個體認知、期望與價值，符合當前開放、自由且重視個人價值的教育思潮。茲簡述ARCS模式教學策略如下：

Attention（引起注意）：就是要吸引學生的興趣和刺激學生的好奇心。在運用科技融入教學時，可以提出學生有興趣的問題、告知學習目標、利用多媒體簡報或網路資源，也可使用圖片、音效、動畫、視覺特效等，以引發其注意力與好奇心。

Relevance（切身相關）：讓學生了解新教材與學生需求及過去經驗有切身關係。若是課程對學生沒什麼好處，那麼即使已經被引起的動機也會很快消失。因此教師在從事教學設計時，要與學習者的需求、興趣、價值觀以及他的學習風格相連結，才能滿足學生個人的需要，使他產生積極的學習態度。例如在運用科技融入教學時，可告知科技對個人日常生活的便利性，或者是讓學生蒐集與其個人自身有關與有趣的資訊。

Confidence（建立信心）：引發對成功的期望與正面態度，能幫助學生建立自信心。例如在運用科技融入教學時，提供資深教師有效運用科技的成功實例，建立其自信心，以利創新推廣。

Satisfaction（感到滿足）：提供學習者對學習經驗產生正向的情感，增進自我效能。例如在運用科技融入教學時，讓學生能運用所學去解決問題，獲得內在的滿足感與成就感。

Keller除了提出ARCS四大要素之外，還為每一項要素，各提出三項激發學習動機的可行策略（李文瑞，1990；林思伶，1993；林麗娟，1994；Keller & Kopp, 1987）。茲歸納整理如表3-1所示。

表 3-1　ARCS 動機要素與教學策略

要素與策略	教學過程中思考的問題	動機策略
A.引起注意 1.喚起知覺 2.喚起探究的好奇心 3.多樣性	如何捕捉學生的注意和興趣？ 如何激發學生探究的態度？ 如何維持學生的注意和興趣？	用新奇、非預期的方式捕捉學生的注意。 用奇特的問題維持其好奇心。 變化教學方式。
R.切身相關 1.熟悉性 2.目標導向 3.配合學習者的動機	我如何連結教學與學生的舊經驗？ 如何讓學生了解課程能滿足其需求？ 如何設計教學活動，使學習者覺得學習活動與自身需求有關？	結合學生的先前經驗，提高課程熟悉度。 藉著陳述教學與個人目標的相關性，以產生實用的知覺。 提供符合學生動機與價值學習機會，如自我學習或合作學習等。
C.建立信心 1.成功的期望 2.挑戰的情境 3.歸因的塑造	如何讓學生增強對成功的期待？ 如何讓學生知道哪些學習活動和經驗可協助其提高學習能力？ 教師如何提供適時的回饋？	讓學習者知道表現的要求與評量的規準。 提供多元的成就水準，讓學生設定成功標準，讓他們有機會體驗成功。 提供回饋來支持學生的能力與努力。
S.感到滿足 1.自然的結果 2.正面的結果 3.維持公正	如何提供機會讓學生應用新學習的技能？ 我能提供哪些增強鼓勵學生的成就？ 如何協助學生對成功創造正向積極的感覺？	提供情境讓學生一展所長。 提供正面的結果，諸如：口頭讚美、獎勵。 對於成功維持一致的標準與結果，學習的最後結果與起始設定的目標與期望一致。

（資料來源：Keller & Kopp, 1987）

（一）引起注意

1.喚起知覺（perceptual arousal）：利用新奇的、不尋常的呈現方式，使學習者的感官受到刺激而吸引其注意力。例如運用科技融入教學時，可利用音效、動畫、圖片、視覺特效等，來吸引學習者的注意力。

2.喚起探究的好奇心（inquiry arousal）：提出一些具有適度挑戰性的問題，使學習者產生好奇而願意去研究。例如像「The Jasper Series」的情境學習軟體中，提供各種不同的問題情境讓學生思考、探索與討論如何解決問題。

3.多樣性（variability）：藉由多樣化呈現教學內容來維持學習者的注意力。例如在科技融入教學時，不要一成不變的只使用某種教學方式，應靈活運用適合的教學方法與設計多種的教學活動。

（二）切身相關

1.熟悉性（familiarity）：使用學習者過去已經學過的概念與原則，並使用學生熟悉的例子，使得學習者感到教材的親切性，而有相關與熟悉的感覺。

2.目標導向（goal orientation）：明確告知學習目標，並敘述此學習目標與將來所要從事的工作有關，以增強學生的學習動機。

3.配合學習者的動機（motive matching）：運用教學策略所設計的教學活動，使學習者覺得該學習活動與自身需求有關，因而增加其學習動機。

（三）建立信心

1.對成功的期望（expectancy of success）：成功的期待（expectancy for success）類似自我應驗預言（self-fulfilling prophecy）。研究結果顯示，學習者自認為愚笨者，或經教師評定為程度較差者，其學業成績將益趨低落，因為自我期望將直接影響其動機，間接影響其努力，自然不會有好成績。因此，在學習歷程中，教師應讓學習者知道表現的要求（performance requirements）與評量的規準（evaluative criteria），以讓學習者了解只要努力就能達到要求與評量的規準，因而投注更多的心力，也增加其學習動機。

2.挑戰的情境（challenge setting）：教師可提供多元的成就水準，讓學生設定個人的成功標準，讓他們有機會體驗成功，則學習者將會更有信心。

3.歸因的塑造（attribution molding）：提供適合的回饋來支持學生的能力與努力，讓學生知覺成功是由於個人努力的結果，失敗是因為努力不夠，以激發其更努力的動機。

（四）感到滿足

1.自然的結果（natural consequences）：提供實際或虛擬的情境，讓學習者在完成學習之後，有機會應用所學得的新知識與技能，而自然地產生滿足感。如果教師已使學習者覺得新知識或技能與其有切身關係，而且能將所學的新知識或技能應用出來，則不僅印證了先前建立的相關性，而且也會增進其成就感。

2.正面的結果（positive consequences）：教師可利用正面的回饋與增強來獎勵學習者，以維持對學習新知識與技能的滿足感。例如：在師生互動討論時，可拋出問題給學習者思考，答對時，應給予動機性回饋（motivational feedback），如「答對了」或「很棒」等，來鼓勵學習者。然而，有時也應避免過多不必要的獎勵，因為有些問題很簡單，學習者認為沒有挑戰性，因此回饋或增強就沒有達到

預定的效果了。

3.維持公正（equity）：對於學生的學業成就或學習表現之評量標準與獎勵，教師應注意維持其一致性與公正性。

總之，ARCS學習動機策略的運用考慮到學生的特性及其需求，並根據學生的需求，建立激發學習動機的教學目標，進而針對目標選擇適合的動機策略，隨時修正及評估，以期學生會產生並維持學習動機（Keller & Koop, 1987），進而影響學習者之學習成效（Small & Gluck, 1994; Visser & Keller, 1990）。ARCS學習動機策略非常實用，在任何學習領域的教學時，均可加以參考運用。

二、蓋聶的教學設計理論

美國著名的心理學家與教育科技大師蓋聶（Robert Gagne）認為學習並非單一歷程，因此任何一種學習理論均無法解釋所有的學習本質，例如學習外國語言以及學習閱讀，就不是單一的學習理論可涵蓋的。因此，他以人類學習的複雜性與多變性為始，然後發展一個理論來分析與解釋其中的多元性（Gredler, 2001）。因而，他融合行為主義與認知心理學的理論，以涵蓋人類學習的多樣性，並將教學活動與個體的訊息處理學習歷程相連結，而建立其教學理論。

Gagne 在第二次世界大戰期間參與空軍心理研究計畫，致力於發展航空人員動作與知覺的測驗工具，由於有軍事訓練的研究經驗，使得他於第二次世界大戰後，將軍事訓練的分析程序應用到學校教育上，於是便從事數學問題解決的研究。他發現某些學生之所以無法解決數學問題，是因為缺乏某些程序知識的結果。而從對教學目標所做的分析，他發展出學習階層（learning hierarchy）的概念。

對於學習目標，Gagne則將Bloom等人所主張的認知、情意、技

能目標，更進一步地細分成五種學習結果（learning outcomes），包括：心智技能（intellectual skills）、認知策略（cognitive strateg-ies）、語文資訊（verbal information）、動作技能（motor skills）與態度（attitude）等。

此外，他也指出每種學習結果的內外在學習條件（learning con-ditions）不同。「內在條件」是指必要之先備知識與技能以及學習所需要之九個認知學習階段，而「外在條件」是指支持學習者認知歷程的教學活動（instructional events）的設計。他使用訊息處理模式來探討學習的歷程，強調教師的教學應與學習者的內在條件與外在條件密切配合。

歸納 Gagne 教學理論的要點包括：（一）學習階層；（二）學習條件；（三）九項教學事件（Nine Events of Instruction）等非常適合運用在科技融入教學中，茲分述如下（沈中偉，1992a；Gagne, 1985; Gagne, Briggs, & Wager, 1988）。

（一）學習階層

Gagne 認為學習活動應先學會簡單的教材，才能學習較複雜的教材。因此，前一學習是後一學習的先備知識（prerequisites）。例如要正確唸出某個英文單字，必須先具有辨識英文字母之先備知識；要會說英語，必須先具有聽懂英語之先備知識；要會算數運算的除法，必須先會乘法；要會游泳，必須先學會換氣。Gagne 認為學習者之所以無法學習某教材，可能是因為他尚未具備學習此教材的先備知識或技能。因此，他主張在從事教學設計時，應先確定教學目標，也就是先決定完成某課程單元學習後會做什麼，然後再分析要達到教學目標所應具備之先備知識或技能是什麼，此方法稱之為「工作分析」（task analysis）。

　　教師在實施教學設計時，也應從事工作分析或教材內容分析。如何進行工作分析呢？首先，在確定教學目標之後，教學設計者可自問：「學習者能成功地達到此目標，必須先具備什麼先備知識或技能？」利用此步驟，由上往下一直分析下去，至學習者的起點行為，便可以得到一個學習階層。其主要目的就是要詳細的列出某教學目標的最低層次之先備知識，教師的教學順序就是要由下往上教起，從最簡單的事實、定義、概念等開始，以期達到教學目標。

　　在美國有很多學習階層的實證性研究結果顯示，在海軍技能學習與數學科的電腦輔助教學上有其學習成效（Gagne, 1985; Kee & White, 1979; White, 1973, 1974）。國內則有鍾靜蓉（2002）以商業職業學校經濟學中「需求與供給」單元為實例，進行詮釋結構模式（Interpretive Structure Modeling, ISM）及構造化學習的實證研究，並利用電腦軟體應用程式輔助數學運算過程，以減輕教師負擔，重新分析學習項目的編排順序，建立起更科學化的「學習地圖」（learning map）與「學習路徑」（learning path），使教材設計更富彈性與精確，一方面使教師確認本身的知識體系是否正確，使教學進行時更具邏輯性與合理性，另一方面亦可幫助學習者了解整體知識架構，以便快速獲取新知識。

（二）學習條件

　　Gagne 認為每一種「學習結果」都需要不同的學習條件。這些學習條件如果是存在於學習者的內部，則稱之為「內在條件」（internal conditions）。如果是存在於學習者的外部，則稱之為「外在條件」（external conditions）。

　　學習的「內在條件」是指學習者在學習某個新教材之前，學習者已擁有的先備知識與技能。例如：想要運用畢氏定理來計算直角

三角形的面積，要學習「$a^2 + b^2 = c^2$」的「斜邊的平方等於另外兩邊的平方之和」的畢氏定理（Pythagoras' Theorem），則學生必須先學會「直角三角形」、「斜邊」、「股」、「平方和」等的概念。這些先備知識便是學習畢氏定理的內在條件。而學習的「外在條件」是指發生在學習者外部，可以影響學習效果的教學步驟與教學活動，而這些教學活動是教師可以安排或組織的，因此 Gagne 提出九項教學事件以支持學習者的內在學習歷程。

（三）九項教學事件

　　Gagne（1985）將「教學」定義為：「安排外在事件以支持學習者的內在學習歷程」。他認為學習過程有不同的發展階段，為達到最好的教學效果，教學過程就必須依照學生的內在學習歷程，而設計不同的教學事件，使其與內在的學習歷程相配合（沈中偉，1992a）。此外，Gagne 也強調針對不同的「學習結果」，不但其「內在條件」不同，其「外在條件」也不同。質言之，不同類型的學習結果不但需要不同的先備知識與技能，而且也需要不同的教學活動設計。

　　根據 Gagne 的教學理論，教師的教學活動設計旨在促進學習者內在學習歷程的運作。他將學習者的內在學習歷程分為下列九個階段：1.注意力警覺（Attention Alertness）、2.期望（Expectancy）、3.檢索至工作記憶（Retrieval to Working Memory）、4.選擇性知覺（Selective Perception）、5.語意編碼（Semantic Encoding）、6.反應（Responding）、7.增強（Reinforcement）、8.線索恢復（Cueing Retrieval）、9.類化（Generalization）。表3-2為「學」與「教」的互動關係，亦即內在學習歷程（internal learning process）與其相對應的九項外在教學事件，並舉出其活動實例（沈中偉，1992a；Ga-

表 3-2　內在學習歷程與其相對應的外在教學活動

內在學習歷程	外在教學事件	活動實例
1.注意力警覺	引起注意	使用突然的刺激（如問問題、使用媒體）
2.期望	告知學生學習目標	告知學生在學習後能做什麼
3.檢索至工作記憶	喚起舊知識	要學生回想過去所學的知識與技能
4.選擇性知覺	呈現學習教材	顯示具有明顯特徵的內容
5.語意編碼	提供學習輔導	提出有意義的組織架構
6.反應	引發行為表現	要求學生參與討論
7.增強	提供回饋	給予訊息性回饋
8.線索恢復	評量行為表現	評量學生表現
9.類化	加強學習保留與遷移	設計類似情境做練習或複習本單元

gne, 1985; Gagne, Briggs, & Wager, 1992），茲說明如後：

1. 引起注意（Gaining Attention）

依據認知學習理論，沒有注意就沒有學習。因此，不論針對哪一種學習結果，教師在開始教學時，可提出問題、提高聲調或透過手勢面部表情的變化，以及使用科技媒體等方式，藉以吸引學習者的注意力。例如：上安全駕駛課時，可先讓學習者看一段車禍事件的錄影帶，以吸引學生的注意力。

2. 告知學生學習目標（Informing Learner of the Objectives）

在教學前，應清楚告知學習者，在完成某單元學習之後，應該會做什麼。學習目標的告知應與學習者的學習動機相配合，告知學習目標的目的在於幫助學習者產生期望，並且導引其選擇性知覺與語意編碼的過程。學習者的期望不但會強烈影響注意力，也會影響其所投注的心力。

3. 喚起舊知識（Stimulating Recall of Prior Knowledge）

所有的學習均建立在舊有的知識與經驗上。因此，在學習新的教材之前，教師應協助學習者回憶過去所學，以作為理解與學習新教材的基礎，此舉亦會促使學習者期待準備學習。

4. 呈現學習教材（Presenting the Stimulus Material）

在呈現學習內容時，應依據工作分析的結果，由易至難呈現教材。而在運用教學媒體時，也應將重點部分加以凸顯與強調，以有助於引起注意與儲存至短期記憶內。

5. 提供學習輔導（Providing Learning Guidance）

提供學習輔導的功能，在於告知學習者如何有效使用認知策略與編碼的方式，使得學習者將接受到的訊息，轉換成有意義的資訊；由於是有意義的學習，才容易儲存在長期記憶內與提取。

6. 引發行為表現（Eliciting the Performance）

為了確定學習者是否已經學會，可要求學習者展示可觀察的行為表現。就概念或原則學習而言，教師可要求學習者舉例說明與如何應用。就認知策略而言，教師可提供新的問題情境，讓學習者思索所學的策略去解決問題。就語文資訊而言，教師可要求學習者說出剛學過的教材內容。就動作技能而言，教師可要求學習者展示整個過程。就態度而言，教師可提供一個新的選擇情境，要求學習者說出會採取什麼行動，並且觀察日後是否會這樣做，例如學生說會

遵守交通規則，則在放學時，可觀察是否真會這樣做。

7. 提供回饋（Providing Feedback）

當學習者展現其行為表現後，教師應立即告知其行為表現是否正確，如果回答錯誤，給予提示或分析討論其錯誤所在，以培養學習者思考判斷的能力。這些訊息就是在提供學習者回饋，進而增強其正確行為或指出錯誤所在。

8. 評量行為表現（Assessing Performance）

評量行為表現是否達到所預定的教學目標，以作為補救教學的依據。評量的方式不僅限於傳統的紙筆測驗而已，還可包括參與討論、作品、專題研究、上台報告、學習歷程檔案（learning portfolio）等。

9. 加強學習保留與遷移（Enhancing Retention and Transfer）

為了有助於學習結果的長久保留，教師應多提供練習機會以增強所學。此外，為了使學習結果能遷移到新的情境，教學時所提供的情境與練習必須多樣化。

Gagne的教學理論與策略，對於教育科技、教學設計、電腦輔助教學課程軟體的研發等均影響深遠，也可作為科技融入教學設計的參考。

三、瑞格魯斯的精緻教學理論

精緻教學理論（Elaboration Theory of Instruction）是由美國瑞格魯斯（Reigeluth）教授所提出的一個整合性的教學理論，中國大陸學者譯為「精細加工論」（盛群力、李志強，2003）。它以宏觀的角度提出選擇（selecting）、排序（sequencing）、綜合（synthesizing）與總結（summarizing）教學內容的精緻排序策略。

　　精緻教學理論緣起於質疑蓋聶的學習階層論由部分到整體（parts-to-whole）的學習或教學順序，而提出了由整體到部分，再由部分到整體的「伸縮鏡頭」（zoom lens）的隱喻作為類比。

　　有關教學內容的工作分析與排序策略已有不少學者提出來，例如在本章所提及蓋聶的「階層式工作分析」。其主要目的是將較複雜的教學內容分解成一個概念，然後再逐步細分成更簡單的概念，一直分解至學習者已具備的起點行為為止，即可以得到一個學習階層，以作為教材呈現的順序。教學順序則從最簡單的事實、定義、概念等開始教起，再逐漸教導複雜的概念。

　　奧蘇貝爾（Ausubel）也提出漸進分化的順序（subsumptive sequence）。他認為教學內容的排序，除了需考慮學生已知道什麼之外，也應從「類屬」（subsumes）的一般簡單的知識開始，再逐漸地呈現更複雜與更廣泛的教材內容。

　　而精緻教學理論則是以「伸縮鏡頭」為比喻來學習教學內容。當我們在使用伸縮鏡頭的數位攝錄影機取景拍攝時，首先使用廣角鏡頭來拍攝整體畫面，使得觀賞者能了解整個畫面的主體環境與周邊各部分之間的關係，此時並不注意畫面的細節部分。然後，為了讓觀賞者能更清楚的審視細節部分，攝影者使用伸縮鏡頭，將焦點聚焦在細節上。之後，有可能再將鏡頭移至廣角位置，以了解細節與整體之間的關係。只要攝影者不斷地變換焦距，則可以讓觀賞者深入了解整體與細節的關係，以及細節和細節之間的關係，此設計能促進學生的理解與學習。

　　因此，精緻教學理論強調在教材安排與教學活動設計上，需採取符合認知精緻的歷程，同時必須運用多重的精緻策略，來催化學習者的內在學習歷程。精緻的歷程是對教材的概覽（overview）安排

一種由簡單到複雜的（simple-to-complex）教學流程，以概覽的呈現方式，來協助學習者建立認知結構。之後，將教學內容對焦（focus）至某一個最簡單與最基礎的概念上作為焦點，使得教學內容呈現在有意義、有銜接連貫與邏輯關係的脈絡中。然後再逐步加入對此組織教材內容的相關細節，或進一步增加其複雜度的知識，以形成新的、擴大的架構，直到達到教學目標所預定的深度與廣度為止。因而，精緻教學理論指出下列七種策略（Reigeluth, 1987; Reigeluth & Stein, 1983），茲說明如下：

1.精緻的順序（Elaborative Sequence）

　　精緻教學理論整合了Gagne的「學習先備條件」（learning pre-requisite）、Ausubel 的「漸進分化順序」（subsumptive sequence）、Bruner 的「螺旋順序」（spiral sequence）、Norman 的「網絡順序」（web sequence），以及Paul Merrill與Scandura的「最短路徑分析」（shortest path analysis）等的教學內容排序策略。精緻教學理論則主張以變換「伸縮鏡頭」的調焦方式從整體至細節，再從細節至細節或至整體的聚焦方式，呈現從簡單至複雜的教學內容排列順序。此外，精緻教學理論強調對單一教學內容「做摘要」（epitomize）。做摘要是指對某個教學內容，提出最基本、最具體的概念，然後再增加其細部說明或次要的概念，予以精緻化其內容。

2.學習先備條件的順序（Learning-prerequisite Sequence）

　　學習先備條件的順序是建立在教材內容分析的學習階層上。學習階層主要是在表徵，在學習某個概念之前，學習者應先具備哪些先備知識與技能。

3.總結（Summarizers）

　　總結是有系統地複習已學過知識的策略，它包括：(1)對已經教過的每個概念提出簡要的說明；(2)舉出一個典型的與容易記憶的例

子；(3)每個概念的診斷性與自我測驗的練習題。

4.綜合（Synthesizers）

綜合是將已經學過的概念與細節部分相整合起來。其目的是：(1)提供學生有價值的知識；(2)有助於對某個觀念更深層的理解；(3)增進有意義的學習；(4)增進學後保留。

5.類推（Analogies）

類推是一個重要的教學策略，它將新知識與既有的或熟悉的知識相連結，使得新內容具有意義，而易於理解與學習。例如精緻教學理論的策略以「伸縮鏡頭」做比喻、人腦與電腦做類比等。

6.認知策略催化者（Cognitive-strategy Activator）

認知策略係指學生能運用他以前所習得的知識與經驗去思維、分析、歸納而獲得新的知識的所有方法。教學時，教師應激發或教導學生運用認知策略以促進學習。常用的認知策略包括：增進記憶的策略（包括：複誦策略、意元集組策略、關鍵字法、心像、位置法等）、組織知識的策略（包括：做摘要、畫概念構圖、用自己的話敘述重點等）、自我調整策略（包括：後設認知策略之計畫策略、監控策略、調整策略等）。

7.學習者控制（Learner Control）

學習者控制在個別化教學與互動式學習系統中是一個相當重要的特質，因為學習者控制能讓學習者依據其需要，自主地選擇和控制他們所要學習的內容、速度、順序和學習策略等，因而有較高的學習動機。

經由理論分析發現，精緻教學理論在教學設計上，有三點啟示：一為教材安排與教學活動設計需符合人類認知的精緻歷程；二為教學必須採用多重的精緻策略來催化學習者的主動內在認知架構；三為教師應教導學生使用精緻學習策略，以促進學習（李孟文，1991；

Reigeluth & Stein, 1983）。

　　總而言之，精緻教學理論主張學習應該先有一個整體的概念，再逐一注意細節知識，亦即是由上而下（top-down）的方式安排教學順序；而蓋聶的學習階層論卻又剛好相反，主張完成簡單的、部分的再學習複雜的、整體的，亦即是由下而上（bottom-up）的方式安排教學順序。到底學習應該是先有一個整體概念再逐一注意細節知識，亦即是由部分到整體（行為取向學習理論、蓋聶）？還是由整體到部分（認知取向學習理論、瑞格魯斯）？筆者個人認為，兩者應該是相輔相成的，事實上也無定論，而是需要視教學對象、教材內容、教學目標、教學時間以及其他條件的不同而定。

　　正如學習外國語言也有同樣的爭議。有些學者仍然支持使用傳統的「由下而上」的模式，由較小的語言單位，依次進展到較大單位的學習，亦即對於言語（speech）訊息的處理從個別語音開始，進而單字、片語、句子、段落、文本（text）、語法、語意，逐一提高層次。六、七○年代盛行一時的聽講法（audiolingualism）即主張採用此一模式來編纂教材與進行教學。相反地，也有學者主張「由上而下」模式，主張學習者必須具備如先備知識、主題之基模、先前經驗等，再佐以上下文（context）以為輔助，以達到全面性的了解。他們注重教導學習者進行意義的探求，把語言訊息和既有的心智架構、基模等產生關聯，而非侷限於逐字逐句的解譯。

　　兩種論點各有其特色，也各有其學習理論基礎。其實，學習者必須善於把「由下而上」及「由上而下」兩種模式加以調和，並求其最大效益。一方面，學習者也必須依靠較低層次的由下而上模式，這是一種由形式驅動（form driven）的處理方式，學習者企圖對所接觸到的語音、字彙、片語等進行解譯（decoding），並賦予意義。此一模式的訓練要求的是學習者必須能夠留意細節、重視語言形式、

講求精確的表達方式，適合初學者與英語為外語（English as a foreign language）的學習者。另一方面仰賴「由上而下」模式，試圖去預測、了解某一主題。這是一種較高層次、由意義驅動（meaning driven）的訊息處理方式，它要求的是全面性的理解，旨在訓練學習者能夠掌握要旨、大意、主題、情境，適合已有外語基礎者（沈中偉，2000）。這兩種模式具有互動及互補的關係，某一方面缺乏時必須仰賴另一方面以為奧援，才能促進學習效果。

第二節　系統化教學設計的涵義

　　系統化方法是一種科學方法，將系統的理念運用到教育上以解決學習問題即是系統化教學設計。系統化教學設計（systematic design of instruction）的理念緣起於第二次世界大戰時，美國軍方為了在最短的時間之內，能有效地訓練優秀的軍人上戰場，而邀請多位著名的教育心理學家，如後來成為教學設計大師的Robert Gagne、Leslies Briggs、John Flanagan等，針對訓練上的問題與需求，而研發出很多的訓練教材。在一九四五年德國戰敗投降後，德國參謀總長說：「我們精準計算出了美國所有的戰備情形，唯獨沒有預料到美國能夠在這麼短的時間之內能教育訓練出優良的軍人。」（Olsen & Bass, 1982）由於實施成效良好，因此在第二次世界大戰之後，這些開發訓練教材所根據的學習理論、教學原理、系統化教學設計模式、步驟、測驗與評量方法，也被運用到工商企業界的人力培訓與學校教育上，藉以提高學習效果（Reiser, 2007）。

　　誠如第二章所述，系統化教學設計係以學習理論與系統理論為基礎，再加以考慮學習與教學過程中所有的因素，諸如：教師、學

生、課程、教學方法、教材、環境、媒體與評量等。各因素之間環環相扣，相互影響學習成效。因此，在實施教學設計時，要將所有影響學習效果的因素做整體性的考量。而系統化教學設計便是一套能因地制宜，且使教師可以確實了解與掌握教學歷程中的所有相關要素的架構與流程，以期能達到教學目標與有效地提昇學習效果。

最常見的系統化教學設計模式為線性的ADDIE通用模式，它係依據教學設計的邏輯順序，將系統化教學設計模式分為分析（Analysis）、設計（Design）、發展（Develop）、實施（Implementation）與評量（Evaluation）等五個階段，每個階段都包含某些步驟。質言之，教師在教學前應有系統地確定教學目標、分析學習者特性與起點行為、分析教學內容、設計教學策略與活動、發展教材與製作教學媒體、實施教學、實施形成性評量與修正教學歷程，以期達到預定的教學目標與獲得理想的教學效果。

系統化教學設計模式是一套進行教學設計時可依循的流程，較無教學經驗的初任教師若能依據系統化教學設計的原理、方法與步驟來規畫單元教學活動設計，才較有可能有效地達到教學目標。等到有經驗之後，就可靈活運用系統化教學設計的原理、方法與步驟，而達到教學是藝術的境界。因此，教學是技術也是藝術。

此外，很多學者根據其需求與任務特性，改變ADDIE模式中之步驟，而創造出新的系統化教學設計模式，可用來開發電腦輔助教學軟體系統、數位學習系統等（如：徐新逸，1995a；張霄亭、沈中偉、楊美雪、楊家興、計惠卿，1996；楊家興，1998b）。

第三節　系統化教學設計模式

　　系統化教學設計有多個著名模式，如 Dick 與 Carey 模式（1996）、Dick 與 Reiser 模式（1989）、Kemp 模式（1985）、Newby 等學者（2000）之 PIE 模式，其中 P 是計畫（Plan），I 是實施（Implementation），E 是評量（Evaluation）。上述模式因設計理念或目的不同，而略有差異，但每個模式中之教學步驟大同小異。本節探討最著名也最為企業界與教育界所採用的 Dick 與 Carey（1996）模式（如圖 3-1），以及較簡易的 ROPES 模式，並探討如何評鑑單元教學活動設計。

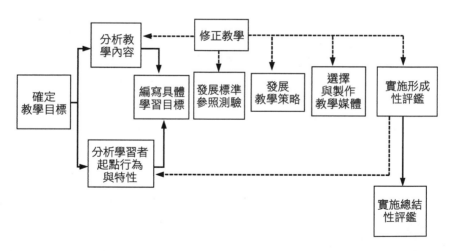

圖 3-1　Dick 與 Carey 的系統化教學設計模式

一、Dick 與 Carey 系統化教學設計模式的實施階段與步驟

茲詳述探討 Dick 與 Carey 系統化教學設計的實施階段及其詳細步驟如下（如圖3-2）：

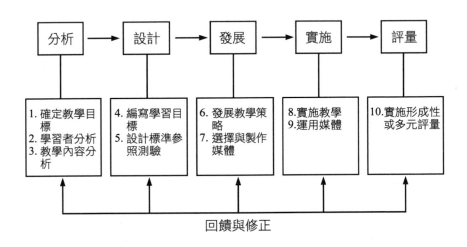

圖 3-2　系統化教學設計模式及其步驟

（一）分析階段

分析階段包括確定教學目標、分析學習者的起點行為（entry be-haviors）、特性、學習風格，以及分析教材內容，茲分述如下：

1. 確定教學目標

教學目標為教學的核心，整個教學設計必須依據教學目標來設計，教師也應在開始上課時，明確地告知學生在學習完後應學會什麼。當學習結束後，教學目標亦為評定學習者是否獲得學習的依據，因此教學目標的訂定非常重要。至於應如何訂定教學目標呢？教師應自問當學習者學習完本單元後，學習者應獲得哪些知識、情意、技能目標？學習者能夠達到所擬定的教學目標嗎？等問題。布魯姆（Bloom）將教學目標分為認知、情意與技能目標等三大領域。

「認知目標」關注於知識、思考、和其他知能方面的學習目標。布魯姆進一步的將「認知目標」分為下列六個層次：知識、理解、應用、分析、綜合與評鑑等。其中知識、理解的層次被認為是較低的層次，而應用、分析、綜合、評鑑則屬於較高層次的認知活動。教師在設計與撰寫教學目標時，應包括全部的層次，避免只偏重在較低的層次上，這也是評量教學目標是否良好的一個重要的規準。

「情意目標」關注於興趣、態度、價值觀、品德、情感、欣賞等方面的學習目標。它影響個體對人、事、物的反應、價值、態度、原則或約束等，並將其變成決定自己行為或價值判斷的標準（黃光雄，1988）。Krathwohl、Bloom 和Masia（1964）認為情意目標包括興趣、態度、價值、欣賞與適應等五項，並且進一步將其分為五個層次：接受（receiving）、反應（responding）、價值評定（valuing）、價值組織（organization），與形成品格（characterization）。情意目標較難用可觀察及可評量的「行為動詞」來撰寫，例如：「學習者能欣賞古典音樂之美」，此撰寫方式是很難用具體的方式加以評鑑，可改寫為「學習者能親近、決定或選擇欣賞古典音樂之美」。常見的評量方式是以觀察、問卷或是檢核表的方式為之，不僅評量行為的結果，也重視評量行為的過程。

「技能目標」適用於音樂、美勞、體育等藝能學習領域，強調如何運用肢體動作（肌肉、手眼協調）以及操作技巧的動作。例如：彈奏鋼琴、游泳、打高爾夫球、路邊停車、打字等。顯而易見的是，上述複雜的技能需要建基於認知領域目標層次的心智能力，而不只是機械式地模仿操作而已。技能目標領域也分為六個層次，依序為：知覺、準備狀態、模仿、機械、複雜反應、創造等，描述動作技能學習從簡單至創造的學習歷程，可作為技能目標領域教學設計的參考。

2.學習者分析

學生是教學歷程中的主角，因此教學必須以學習者為中心。奧蘇貝爾（Ausubel）曾強調了解學生起點行為之重要性。因此，在上課前，教師應先多了解學習者的特性，例如：需求、年齡、動機、興趣、背景、身心發展、次級文化、起點行為、先前知識（prior knowledge）、先備知識（prerequisite）、認知風格（cognitive styles）、經驗、態度、期望、價值觀等與學習成效有關的因素，如此所設計出來的教學活動才能更符合學習者的需要，也才能夠使學習者達到所擬定的教學目標。教師唯有多了解學習者的特性，才能預知哪些學生需要較多的例子解釋、較多的時間學習，以及需要多少時間練習。

要了解學生的起點行為或是否擁有先備知識之方法如下：

- 實施預試（pretest）。
- 訪談學生已學過哪些教材。
- 實施問卷調查、標準評量工具或量表，以了解學生的興趣、動機、態度、認知風格等。例如：「團體藏圖測驗」（Group Embedded Figures Test）常被用來評量個人場地獨立或場地依賴的認知型態，此項測驗可以讓教師了解學生在學習方法及

社會互動上之特性。

● 請教曾經教過他們的老師。

● 參考學習歷程檔案：如作品、評量結果、省思心得、專題報告等。

3. 教學內容分析

　　教學內容分析影響教學目標能否達成，以及與教學品質的良窳有密切的關係，因此非常重要。其目的在於：(1)確定學習者需要學習哪些課程內容，其範圍、深度與廣度為何？亦即分析要「教什麼」；(2)顯示學習內容中各項知識與技能的相互關係，以及內容呈現與教學順序為何？亦即要分析「如何教」（張祖忻、朱純、胡頌華，1995）。然而如何進行教材內容分析呢？可使用Gagne所提倡的階層式工作分析（hierarchical task analysis）或 Reigeluth的精緻教學理論來做內容分析。

　　階層式工作分析是將較複雜的教學內容分解成一個一個的概念、原則、步驟，再將每個概念、原則、步驟再細分成更簡單的概念、原則、步驟，一直分解至學習者已具備的起點行為為止（Dick & Carey, 1996; Gagne, 1985）。實際的作法是：在確定教學目的之後，教學設計者可自問「學習者要成功地達到此目標，必須先具備什麼先備知識或技能？」，利用此步驟，由上往下一直分析下去，至學習者的起點行為，便可以得到一個學習階層，其主要目的就是要詳細的列出某教學目標的最低層次之先備知識。教師在教學時或教學設計者在設計多媒體電腦輔助教學課程軟體時，則要由下往上，從最簡單的事實、定義、概念等開始教起，以期達到教學目標。

　　而 Reigeluth和Stein（1983）的精緻教學理論則是以「伸縮鏡頭」（zoom lens）為比喻來呈現教學內容。教材首先呈現一個單元的主要概念或整體架構，之後，教材的內容對焦（focus）至某一個

概念上，並提供更詳細的說明。由於精緻教學理論首先需呈現教材內容的整體架構，因此教師在做內容分析時，就需先統整教材結構，並由淺入深逐漸呈現教材內容，如此學習者較容易建立其認知結構。

（二）設計階段

設計階段包括訂定單元學習目標、發展標準參照測驗、確定教學方法與策略等，茲分別說明如下。

1.撰寫具體的單元學習目標

雖然現今盛行認知心理學與建構主義，但是在編寫教學目標時，還是都使用行為主義所主張的可以觀察或測量的具體行為動詞，來描述教學目標，例如：指出、說出、找出、擬定、分析、比較、定義、列舉、操作等。

完整的行為目標包括了四個構成要素，構成了ABCD模式：(1)學習者（Audience）：是指教學的對象；(2)行為（Behavior）：是表示達到行為目標的具體行為動作，例如：說出、寫出、算出、指出等；(3)條件（Condition）：是界定學習者達到目標行為的條件；(4)標準（Degree）：是指評量行為結果的規準。例如：國小四年級學生（學習者）計算十題分數計算題（行為），在三十分鐘之內，不能參考教科書或使用計算機（條件），答對七題以上才算及格（標準）。理想之目標撰寫格式應包括ABCD四要素，然而在實際上，大都只撰寫教學活動後，教師期望學生能做什麼的具體行為動詞與結果。例如：能算出十題分數計算題、能說出生字的部首、能積極參與討論等。

2.設計標準參照測驗

依照測驗的目的與解釋分數的用途，測驗可分為常模參照測驗（norm-referenced test）與標準參照測驗（criterion-referenced test）。

常模參照測驗是指在評量後對每位學生所得之分數，參照團體分數的常模予以解釋，從而獲得每位學生在團體中所居的相對位置（或名次），藉以了解每位學生成績的高低。例如：某生在國中基本學力測驗之英文分數得六十六分，經與百分位數常模對照，如發現該生得到的百分等級是「80」，表示該生勝過其他百分之八十的學生。由於常模參照測驗只能確定學生名次的高低，而不能了解學生學習困難之所在，為彌補此缺點，標準參照測驗乃應運而生。

標準參照測驗是教師根據教學目標所發展出來的測驗，用以評量學生是否達到教學目標，其目的是要評量學生對於測驗內容的精熟程度為何，或是對於測驗內容了解的多寡程度，以檢驗教學的成效如何。標準參照測驗不需建立常模，測驗結果不按常模來解釋個人的得分，只看個人成績是否達到所預訂的標準，而不考慮個人在團體中的相對地位。教師自編測驗用來評定學生是否及格，即屬標準參照測驗。標準參照測驗是在施測之前即已訂定標準，施測後根據分數來判定是否達到預訂標準，例如事先預定的標準為七十分，只要受測者的分數達到七十分，即認為通過標準，測驗合格。

測驗是提供評量學生的一種客觀工具。評量結果是否正確，需視測驗之品質優良與否而定，如果測驗的品質良好，則評量結果當然正確可靠，反之，則適得其反。測驗的功能，除了可確定學生的起點行為與是否達到教學目標之外，也可作為教師改進教學方法的參考。因此如何編擬良好的測驗，是每位教師應具備的能力之一。

（三）發展階段

在發展階段裡，主要的工作是根據教學目標、學生的特性與教學內容來確定教學方法，以及選擇或製作教學媒體。

1.發展教學方法與策略

　　教學方法或教學策略只有適用與否，而無好壞之別。選擇教學方法、教學策略與設計教學活動應考慮學科性質、學生程度、教學目標、教材內容、教學媒體等要素。例如：教師在運用主題探究教學法時，在上課前，教師應根據某個主題上網蒐集與整合適合的教材。上課時，教師需安排多樣化與生動活潑的教學活動（如：角色扮演、小組討論、問題解決、上台報告等），以激發學習動機與興趣，營造快樂學習的情境與氣氛，鼓勵學生互動與積極參與討論，並適時地提供回饋與獎勵等。下課後，要求學生組成小組實施專題研究，除上台報告外，也可將研究結果建置於班級網頁上，以供學生與家長觀摩。此外，鼓勵下課後利用電子郵件（E-Mail）、線上討論區、BBS，與教師、專家、網友進行對話與討論。教師也應時常上網來觀察與追蹤學習者的學習情形，從而進行學習診斷與輔導。其他常用的教學方法與策略將在下一章有深入的探討。

2.發展、選擇與製作教學媒體

　　教學媒體有很多種，如投影片、幻燈片、錄影帶、數位影音光碟、電腦多媒體、網際網路等。現今由於電腦功能強大，可整合影音資訊，而且網路資源豐富，因此很多教師都使用電腦科技來呈現教學內容。不過各種教學媒體都有其功能與限制，沒有任何一種媒體適合所有的教學情境與學習者，因此教師應慎選適合的教學媒體，若找尋不到適合的媒體教材，則自行製作。

（四）實施階段

1.實施教學

　　執行階段就是在課堂上實施教學，應考量教學內容的難易程度、邏輯順序、教材單元的多寡等。教師可依據學習階層，「由下而上」

教起，亦即從最簡單的事實、定義、概念等開始教起，再逐漸至複雜的概念，以期達到教學目標；或是「由上而下」教起，亦即首先呈現教材內容的整體架構，之後，再對焦（focus）至某一個概念上，並提供更詳細的說明，再對焦至其他相關概念或整體架構，使得學習者了解整體架構與概念間之關係，從而易於學習。

2. 運用媒體

教師可使用系統化運用教學媒體的ASSURE模式來運用媒體。在上課前，應預先安裝與測試資訊科技設備與教學媒體。例如：若是使用影片（或錄影帶），則需事先預覽，並擬定好可供事後討論的重要問題；若是需要使用網路，則應事先蒐集列出要瀏覽的網址與準備好講義、學習單等，詳細的方法請參考第六章。

（五）評鑑階段與修正

評鑑階段包括實施形成性評鑑（formative evaluation）、總結性評鑑（summative evaluation）或多元評量。形成性評鑑在課程實施中進行，例如在學期中所實施之小考與段考，以發現學生學習困難之處，作為補救教學之依據。總結性評鑑則在課程結束之後進行，用來評估整個教學歷程的成效。而多元評量則是除了紙筆測驗之外，也可以實施檔案評量、實作評量等，詳細的步驟與方法請參考第十一章。

評鑑的目的不只是評量學生的學習成效與學習歷程，也評量教師所設計和使用的教材、教學計畫、教學方法、教學媒體與教學評量是否適當。實施結束後，評量結果作為回饋之用，可與班群教師討論，也可作為自我省思教學過程，作為改進教學的參考依據。

上述為最常見的Dick與Carey系統化教學設計模式，它雖是線性邏輯式的教學設計流程，但我們並不一定需受限於此流程，可隨時

根據教學目標、教材內容、學生的特性和經驗，給予更多的開放性、變通性和彈性，使教學活動的歷程能夠適時、適當的根據回饋加以修改，甚至創造新的系統化教學設計模式。

二、系統化教學設計示例

　　本節改寫筆者的學生——林福基老師，從網路上選取的「法定度量衡單位學習網」，並說明如何整合與運用教學設計理論與系統化教學設計模式，於國小數學學習領域的實例，以資參考。

學習領域：數學領域
單元名稱：長度知多少
適用年級：三年級
數位學習網站：「法定度量衡單位學習網」http://units.bsmi.gov.tw
（一）分析階段
　1. 確定教學目標
　　(1)能說明長度單位：公分（厘米，cm）、公尺（米，m）及其關係。
　　(2)能畫出兩點間的線段，並測量其長度。
　2. 學習者分析
　　(1)一般特徵：平均年齡八歲、二年級、百分之九十為客家人。
　　(2)起點能力：①知道長度的意義。②知道「1000」以內的數。③會做一位數乘以二位數的乘法。
　　(3)學習風格：具體序列型、喜歡動態視覺型的刺激。

3. 教學內容分析

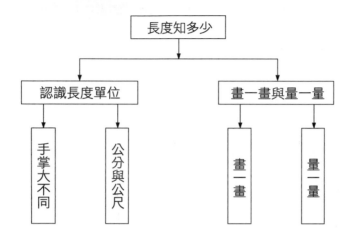

（二）設計階段

1. 撰寫具體的單元學習目標

(1) 1-1　能理解用不同個別單位測量同一長度時，其數值不同，並能說明原因。

(2) 1-2　能認識長度單位「公分」、「公尺」及其關係，並能作相關的實測、估測與同單位的計算。

(3) 2-1　能使用直尺畫出指定長度的線段。

(4) 2-2　能畫出兩點間的線段，並測量其長度。

2. 設計標準參照測驗

評量的標準為七十分及格。

（三）發展階段

1. 發展教學方法與策略

Gagne的九項教學事件：（例舉第一單元「認識長度單位」）

(1)引起注意：觀看網站動畫——單位與生活

(2)告知學習目標：告知學生這個單元完成後，不僅要認識公分

與公尺，也要能夠使用直尺畫出線段並測量其長度。

(3)喚起舊知識：我們有介紹過長度，你還記得長度是用來做什麼的嗎？什麼時候我們會用到長度？

(4)呈現學習教材：觀看網站動畫——長度知多少

(5)提供學習輔導：書桌的長度大約是你手掌的幾倍呢？你的手掌有多長呢？把它寫下來。

(6)引發行為表現：比比看，同組的同學誰的手掌最長？

(7)提供回饋：提供立即的口頭回饋。

(8)評量行為表現：能用直尺實際測量周遭的事物。

(9)增強學習保留與促進遷移：老師歸納統整本單元的學習目標，並請學生回家用直尺測量十件物品的長度。

2. 選擇與製作教學媒體

本單元使用之教學媒體有：具上網功能的筆記型電腦、單槍投影機及螢幕。教師於教學前事先利用網站資源，統合教學內容並做成簡報，在教室利用單槍投影機配合筆記型電腦，作為此單元教學之輔助媒體。

（四）實施階段

1. 實施教學

依據教材分析與教學策略正式實施教學。

2. 運用媒體

運用筆記型電腦展示網站動畫與電腦簡報進行教學活動。

（五）評鑑階段與修正

實施實作評量：

(1)請學生測量數種物品，並回答出它們的長度是多少。

(2)請學生使用直尺畫出一公分、十公分及一公尺的線。

(3)請學生畫出並測量任意兩點之間的線及其長度。

三、ROPES：教學設計模式

本節將介紹較簡易的ROPES教學設計模式。ROPES模式是於一九八四年由Robert Carkhuff和Sharon Fisher所發展的（Ittner & Douds, 2004）。ROPES（代表五個步驟的字母簡稱）模式：複習（Review）、概觀（Overview）、呈現（Presentation）、練習（Exercise）、摘要（Summary）。

1.複習

複習學習者學過的相關知識和技能。此步驟強調新教材的學習是建基於舊有的經驗上，能以學生既有的先備知識與技能為基礎，使其與新知識相連結，將有助於學生學習。

2.概觀

此步驟要具體指出學生完成此課程單元後應達到的學習目標、告知學習內容的重要性、實施的學習活動、說明學生應先具備之先備知識與技能，以激發學習者的學習動機。

3.呈現

研究結果顯示在上課前的幾十分鐘之內學習記憶保留（retention）最高，之後緩慢下滑，至課堂快結束前，才又緩慢上升。因此，教師在設計教案時，應盡可能將重點置於學生學習保留與注意力較佳的學習階段，以幫助學生記憶長久。此外，也應以邏輯順序、由簡而繁呈現學習內容，並指出所使用之教學策略。

4.練習

讓學生練習新知識與技巧是很重要的，教師應提供很多的練習活動，讓學生運用或熟練他們新學的知識與技巧。但更重要的是，教師應隨時提供學習表現「回饋」，供學習者改進之用。

5. 摘要

在完成某課程單元學習後，教師應請學生整合與摘要所學習到的重要概念，並回答或澄清學生所提的問題，以及說明與下一個單元主題間的關係。

對於國中小教師來說，單元教學活動設計是老生常談的議題，教師非常忙碌，無暇每個單元都要撰寫單元教學活動設計，筆者建議可與班群教師合作撰寫「簡案」，因為事先規畫教學活動設計，才較有可能達到有效的教學。此外，國小都有「彈性課程」時間，教師也需要親自動手規畫課程設計、教學活動設計、教學評量等，如此也才能凸顯教學專業知能。

四、如何評鑑單元教學活動設計（教案）

單元教學活動設計是教師針對學習者、教學目標、教學方法與評量，進行有效的規畫。因此單元教學活動設計是教師們教學時的藍圖，更是教師教學專業知能的表徵。一份良好的單元教學活動設計好不好用？除了直接問第一線的教育工作者或有經驗的學科領域專家之外，並可使用系統化方法來思考單元教學活動設計的架構是否完整。

在「準備活動」中，學生及老師需預先準備什麼？有無事先統整相關網路資源，並提供網址？單元教學活動設計是為誰設計的？具體的教學目標為何？有沒有了解學生的先備知識與特性來設計？有無分析教材內容？深度及廣度為何？是否有統整課程？

在「教學活動」中，如何激發學生的學習動機？教學方法與教學媒體的運用是否適當？有無注重師生互動與學生參與的活動？

在「綜合活動」中，評量方式是否適當？有無學習歷程評量？

有無提供學生練習機會與進一步深入探討的學習活動？

　　另外，比較嚴謹的方式，是可從事行動研究（action research）。教學實務知識是教師在實際教學經驗中所形成的專業知識，教師透過個人在教學實踐中持續不斷地「行動前的反思與計畫」（reflection-for-action）、「行動中的反思」（reflection-in-action）與「行動後的反思」（reflection-on-action）不斷地檢驗與修正，並在學校的「學習型組織」中與教師專業社群人員之間相互支持、分享、探究、批判、反省、辯證與實踐教學活動設計，如此必可建立具體可行的單元教學活動設計，以及建構個人教育專業知能。

　　此外，筆者在擔任教育部資訊科技融入教學訪視委員時，建議可將資訊科技融入教學的過程拍下來，這樣能使其他老師也看到教學設計是如何實施，因為只看到教案，無法完全了解教師的教學歷程。

第四章
科技融入教學方法探討

　　科技是學習的輔助工具，影響學習成效的最重要因素是教學方法與教學策略。有效的教學方法有很多種，教師必須加以臨機應變，靈活運用。教學方法源自於教育思想，教師若想要提昇教學效果，並且想要創新與發展新的教學方法，必須要有教育思想的基礎。如果只是通曉一些適合某些學科的教學方法與教學策略，卻不了解之所以採用此種方法的精神與意涵，則可能時過境遷，某些教學方法已不合時宜，如果仍然抱守某些教學方法與策略，而不知加以變通，結果方法使用久了，因為墨守成規，千篇一律，教學變成僵化、形式化與機械化，如欲提昇教學品質，可說是緣木求魚（林玉体，1990）。

　　有鑒於此，筆者建議教師應探討教育哲學家或教育思想家的思想和理論，只要了解他們所主張的教育理論、觀念及其衍生出之教學方法，並擷取各家的優點，觸類旁通，則也可推陳出新，研發一套適合自己班級的教學方法。如此，就可靈活運用各種教學方法與教學策略了。

　　以下僅探討常用的科技融入教學的方法：一、直接教學法（Directed Instruction），二、發現學習法（Discovery Learning），三、建構式網路教學模式，四、網頁主題探究教學法（WebQuest），五、資源本位學習（Resource-Based Learning）等，茲分述如下。

第一節　直接教學法

　　直接教學法（Directed Instruction）是以教師為中心的教學法，又稱作講述教學法（expository teaching）、教導教學法（didactic teaching）（Borich, 1996; Lefrancois, 1997），或稱作明確教學法（explicit teaching）（Rosenshine & Stevens, 1986）。基本上，直接教學法係指教師直接闡述所知道的知識與技能，然後提問、討論、質疑、澄清、應用與練習。奧蘇貝爾（Ausubel, 1968）指出有效的講述教學法能讓學生迅速獲得知識，然後討論如何運用此知識來解決問題。因此，重要的問題不是「我們應不應該使用講述教學法？」，而是「我們應該何時使用講述教學法？」（Good & Brophy, 1995）。

　　多位教育學者認為直接教學法能促進學生學業成就（Brophy & Good, 1986; Gersten & Keating, 1987; Rosenshine, 1979），而且方便、省時、經濟、有彈性，因此為大家所樂於採用（周愚文，1996；Eby, 1997; Roblyer, 2003）。很多研究結果顯示直接教學法對於國小學童的英語拼字、寫作（Gettinger, 1993）、閱讀理解（Schug, Tarver, & Western, 2001）、四則運算數學（Gersten & Keating, 1987）、資訊教育課程（沈中偉，2001）均有顯著的學習成效。

　　多位學者認為直接教學法適用於下列教學情境（Borich, 1996; Gage & Berliner, 1992）：

一、當有必要激發學生對某主題的興趣時；

二、當教學目標就是要講授知識時；

三、當學生缺乏先備知識和技能時；

四、當教學內容結構嚴謹時；

五、當教學內容需要詳述時；

六、當教導有明確步驟技能的學習時；

七、當教師欲提供其他觀點，或是想澄清某些問題時；

八、當討論或探究（inquiry）之後，需要做總結時；

九、當教師欲說明學生在自學時可能會碰到的問題時；

十、便於教師立即評量和給予立即回饋（immediate feedback）與改正。

自古以來，由於直接教學法方便、省時、有彈性，且能有系統地將教學內容教給學生，不論在大班級或小班級中，如果教師的組織能力與表達能力很好，且能搭配其他教學方法，以鼓勵學習者主動參與學習討論，則不失為一種便利的選擇。因此，直接教學法或講述教學法至今仍然是最常被使用的教學方法（李咏吟、單文經，1985；周愚文，1988；Good & Brophy, 1995; Lefrancois, 1997）。筆者在師資培育機構擔任教育實習與資訊教育實習課程時，經常帶領師院學生至很多學校參觀教學觀摩或教學演示，也常看到大部分教師仍然使用直接教學法或講述教學法。由於資訊教育課程單元結構嚴謹，步驟明確，因此非常適合使用直接教學法。

然而，直接教學法也有下列缺點，而受到強烈批判：一、不易長久維持學生注意力；二、僅適合低層次的教學目標，不適用於學生創作、解決複雜問題之類的教學目標；三、偏重知識的灌輸、難以培養學生自主學習的習慣等（朱敬先，1997；周愚文，1988；徐南號，1996）。改進的方法是：一、應搭配學習領域的教學方法；二、縮短講述時間，多安排學生分組討論與上台報告；三、統整講述綱要或以概念構圖方式呈現整體知識架構；四、使用多媒體簡報或教學媒體，吸引注意力，但也需安排多樣化的活動，以維持學生的注意力，並使學生易於理解與有助於學後記憶保留。

Rosenshine和Stevens（1986）根據有效的教學功能，提出直接教學法的基本模式：

一、複習並檢查前一天的作業（Review and check the previous day's work），倘若學生不了解則應重教。

二、呈現新教材（Present new material），告知教學目標，進度適宜，多提供正面與反面實例。

三、提供引導式練習（Provide guided practice），提問和了解學生的迷失概念，必要時重教，繼續指導練習，直到學生答對百分之八十的問題。

四、根據學生的回答給予回饋與修正（Give feedback and correctives based on student answers）。當學生回答錯誤時，給予提示或立即回饋，以便讓學生思考與自行改進。

五、提供單獨練習（Provide independent practice），提供作業，讓學生多練習與應用至其他情境。

六、每週與每月複習以鞏固學習（Review weekly and monthly to consolidate learning），經常複習與評量，以增進學習效果。

筆者在國民小學進行「臨床教學」，講授資訊課程時，曾使用直接教學法，採用下列六項教學流程（沈中偉，2001）：

一、告知教學目標

使用PowerPoint多媒體簡報，告訴學習者在本單元學習後，應該學會做什麼，以及使用概念構圖呈現整體單元知識架構，並告知與日常生活的相關性、重要性及其應用，以吸引學生的注意力與興趣。

二、複習舊知識與喚起舊經驗

　　先複習與練習過去已學過的知識與技能，以便有利於學習新教材。

三、呈現新教材與示範教學

　　實施步驟如下：

　　（一）使用PowerPoint多媒體簡報或網頁，並使用廣播系統，詳述教學內容、示範教學與小步驟教學。

　　（二）使用國小兒童容易懂的語言與舉例。

　　（三）時常使用逐步質問（elaborative interrogation）的技巧（Menke & Pressley, 1994）問學生問題，亦即問「為什麼」與「如何」的問題，讓學生思考，增加對話、互動與深入討論。

　　（四）檢核學生的理解狀況。

四、指導練習、提供回饋與修正

　　（一）給予較多的練習時間。

　　（二）給予指導。

　　（三）當學生的答案是錯誤時，則給予提示或回饋，以便讓學生思考與自行改進。

　　（四）必要時，則重新教學。

五、提供作品欣賞，並給予練習

（一）如發現優良的作品，則請學生說明如何獲得此作品的過程。

（二）提供學生過度練習（overlearning）的機會，以達到精熟學習的程度或自動化。

（三）主動巡察檢視學生學習情況，有時也使用廣播系統監看與記錄學習情形。

（四）將完成之作品儲存在學校的網路伺服器上，供其他學生觀摩與討論。

六、綜述要點

（一）請學生歸納要點或由教師歸納重點。

（二）教師提問重點，以檢核學習成效。

直接教學法植基於行為取向學習理論，雖然受到強烈批評，然而，它仍然使用了幾項影響學習效果的重要因素，包括了解學習者的起點行為、先備知能、引發學習動機、發問技巧、思考、練習、回饋等，因此仍為國內外教師所樂於採用的一種教學方法。

第二節 發現學習法

一、發現學習法的理念

　　認知取向學習理論學者主張學習是學習者主動將新的資訊與先備知識產生有意義連結的歷程，因此，學習是人們不斷地建構有意義知識的過程。布魯納（Bruner, 1966）也強調有意義的學習是要依賴個體由於好奇心的驅使而主動探索、處理訊息並加以組織與建構發展出來的。在此歷程中，學習者並非被動的接受者，而是主動探究者。因此，布魯納倡導發現學習法，強調學生的自主學習，主張讓學生在學習環境中主動探索、操弄事物，進而建構新的知識與解決問題。教師的職責是提供更多擴展其知識的機會，讓學生發展與檢驗假設，而不僅僅只是閱讀或聆聽教師的講課而已。因此，發現學習是指學習者在學習情境中，經由自己的探索尋找，從而獲得知識的學習方式（張春興，1994；Lefrancois, 1997）。布魯納認為最有意義的學習是經由各種發現所建構出來的知識，這些知識是因在好奇心的驅使下，而激發其探索的歷程中所發現與建構的。

　　Mayer（1987）指出發現式教學法可分為下列三種教學法：

　　（一）純發現式（Pure Discovery）：學生在解決問題時，只獲得教師最少的引導。

　　（二）引導式發現（Guided Discovery）：學生在解決問題時，教師提供暗示和有關如何解題的指導語，使學生的問題解決保持在教師的注意範圍內。

（三）說明式（Expository）：教師告知最後的答案或原則給學生，學生不需花太多時間學習，缺點是學生不會分析與思考。

　　布魯納倡導引導式發現學習法，希望學生不僅僅只是閱讀或專心傾聽老師的講課或記憶一些由老師呈現的原則而已，而是鼓勵學生去發現問題、蒐集資訊、探索、提出假設、驗證假設、分析、歸納與演繹，以擴展他們的知識與經驗。根據布魯納的說法，原則的發現造成較好的學習效果，因為學習者已將這些教材組織成有用的形式，原則的發現也使學生成為較好的學習者和問題解決者。研究結果顯示，接受引導式發現學習比傳統教學法有顯著的學習效果（鄭靜瑜，2002；鐘樹椽，1993；Leutner, 1993）。

二、發現學習法在科技融入教學上的應用

　　發現學習理論適合於科技融入教學環境中，因為：（一）學習者被賦予較多的自主性與學習責任，學習者可依據個人的需求來決定學習的順序，進而自行發現與組織概念和知識，有助於記憶更長久。（二）學習者從主動發現過程中獲得成就感，不需要外在的獎勵去吸引與維持其興趣與動機。（三）若教學目標是要培育學生分析、綜合、評鑑、問題解決與創造力時，則發現學習法是很適當的教學方法。採用科技融入教學時，教師需設計有趣的、高層次的思考問題，讓學生自己上網自行探索學習。

　　筆者曾在臨床教學時，在講解完如何使用網際網路的搜尋引擎後，便配合自然科學習領域課程，要求學生分組上網查詢他們現在上課的主題如「哈雷彗星」、「獅子座流星雨」等，並要求以「專題研究」方式撰寫報告，並要求每組上台報告討論與分享知識。此外，研究者也統整英語學習，詢問學生「哈雷彗星」、「獅子座流

星雨」的英語為何？研究者認為要提高國小學生英語能力，不能只是每週上一、兩節英語課而已，而是其他教師在上其他課程時，也應統整學習英語才有效果。

筆者觀察到學生在使用網際網路搜尋引擎，查詢到有興趣的資訊時，都興趣盎然地忙於討論與操作。一旦發現到有趣的資料，總會引起一陣譁然，呼朋引伴地與同學分享。發現有問題無法解決時，筆者才介入與學生互動討論，並提供如何解題的提示，引導學生解決所發現的問題。

從教學的觀點來看，發現學習是很好的學習策略。因此，發現學習很適合運用在科技融入教學上，它有下列優點：是以兒童為中心的學習、能夠跨越學科界限、能引起學生的自學興趣、能有效地引導學生積極參與學習活動、能培養學生自主學習、從做中學習、自行建構知識、能學習如何有效地運用資訊科技、能增進學生高層次的思考能力、與培養良好的學習態度和習慣等（沈中偉，2001）。

雖然發現學習法符合人類的認知學習方式，然而在教學實踐上，卻因教學進度緩慢、無法配合進度、大班教學、學生的個別差異很大以及學生需具備先備知識等因素的限制，使得發現學習法無法全面實施在課堂教學裡。然而，藉由電腦與網路科技所提供之互動式多媒體學習環境裡，可呈現富趣味性與建立在學習者的舊經驗上的問題情境，以激發學生好奇心、主動探索及發現問題、分析與整合資訊，因而也可培養學生邏輯思考、推理能力與問題解決能力。

第三節　建構式網路教學模式

建構主義是一種理念，沒有固定的、標準的模式，只要能符合

建構教學的理念與精神，並達成課程與教學目標的教學方式，都是
可以應用的。筆者在國民小學進行「臨床教學」時，依據認知心理
學與建構主義理論發展建構式網路教學模式（如圖4-1）。此模式包
括四個階段，每個階段皆考慮兒童的起點行為與特性，同時每個階
段也各有其由易而難的教學策略，茲分述如下（沈中偉，2003a）：

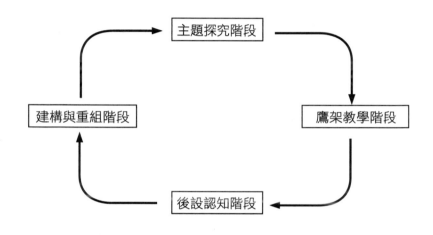

圖 4-1　建構式網路教學模式

一、主題探究階段（Thematic Exploration Stage）

　　探究是人類思考的方式，也是尋找資料與了解事物的過程（張
靜嚳，1996）。主題探究階段包括四種教學策略：（一）辨認問題；
（二）闡釋問題；（三）聯想與轉化；（四）執行選擇。學生經由
探究的過程，可發現、辨認與闡釋問題，同時思考解決問題的方法。
　　筆者為營造主動參與的學習環境，特別在「網路資源搜尋」單
元時，設計主題探究學習單或尋寶單，要求兒童就某個主題或個人

有興趣的問題上網搜尋資料。例如主題探索名稱為「螢火蟲」，筆者會在學習單上設計很多問題，例如螢火蟲的生態、特性、保育等，學生就可依其熟悉的搜尋引擎去搜尋資訊。另外，筆者也會配合其他課程設計一些有趣的綜合性問題，例如：台灣有多少人口？男生幾個？女生幾個？台灣烏龍茶起源於何處？何謂「石滬」？等。

如果所欲查詢的問題較為籠統，則引導學生運用聯想與轉化策略，將問題加以轉化成可搜尋的問題。例如：要查詢「綠蠵龜」的生態與保育，如果輸入「綠蠵龜」查不到任何資料，則需將其轉化成「稀少性動物」或「保育動物」，就可能搜尋到所要的資訊。

二、鷹架教學階段（Scaffolding Instruction Stage）

鷹架教學階段包括下列四種教學策略：（一）提問；（二）討論；（三）澄清；（四）引導。在教學過程中，介紹完幾個重要的概念與功能後，會提問題供學生討論。之後，要求學生分組「合作學習」，共同訂定某個有興趣的專題進行研究，然後討論使用何種方法找尋資料。在學習過程中，俟學生有問題時，筆者提供「鷹架」與引導，不直接告知答案，僅提供提示，讓其自行思考與解決問題，再逐漸淡出，讓國小學童養成自我學習，體驗在學習過程中自己建構知識的滿足感與成就感。

潘世尊（2002）進一步指出教師在教學時，以「提出問題」及「引導學生解決問題」為核心，建議採用如下的鷹架教學策略作為架構，就可搭建一個能幫助學生發展出「可能發展出來的最大或最高層能力」的鷹架。第一，機動調降期望學生發展出來的解題能力層次；第二，由抽象到具體、由少到多的提供解題線索及提示。如果不行，最後再用講解及示範的方式教學；第三，學生真的需要時

才提供協助。在此架構之下，當提供某個解題線索或提示，而學生仍無法成功解決問題時，不需急著提供更多及更具體明確的提示，以免剝奪了學生思考的機會。可試著運用如下的策略協助學生：（一）推論及臆測學生的想法；（二）激發學生產生困擾的感受；（三）提供學生反思的機會。這樣做了以後，若學生仍無法解題，再回到大架構，並提供更多更具體明確的解題線索及提示。

三、後設認知階段（Metacognition Stage）

後設認知階段包括兩種教學策略：（一）評判其適切性；（二）保留或捨棄。當學生搜尋到很多網站或網頁後，筆者教導他們如何判斷資訊的正確性。例如：很多醫療保健網站，是否由醫師或醫療專業機構所架設；或可查看資訊提供者是否有留下電子郵件帳號，以示負責，就可據以判斷其正確性。

四、建構與重組階段（Construct and Reconstruct Stage）

建構與重組階段包括下列三種教學策略：（一）組織與統整資訊；（二）互動討論；（三）繪製概念構圖（concept mapping）。筆者要求學生組織所獲得之資料，並以概念構圖方式統整資訊。藉由概念圖以促使學生了解概念間的關係，並統整與建構自己的知識體系以獲得有意義的學習。概念圖能夠協助發現學生的迷失概念，也可作為評量的工具。

在臨床教學中，筆者實施建構式網路教學模式在專題導向學習之學習情形。專題導向學習是很好的學習策略，是以兒童為中心的

學習，能讓學生自行統整與規畫自己或小組的學習，引發學生的自學興趣，從做中學習，使他們積極參與有意義的學習活動與增加學生解決問題的能力。

　　筆者觀察同儕間之小組合作、互動、討論、釐清、發表意見等的學習情形。筆者側重於觀察學童如何共同合作訂定研究主題、推測問題答案、分工合作蒐集相關資料、轉換資料型態（透過Excel軟體的操作，將所蒐集到之資料轉化為圖表資料，以利於分析）、討論及整理研究資料、撰寫研究報告與呈現等六個步驟，作為專題導向學習活動成果。在專題導向學習的情境裡，學童在不斷地互動歷程中，逐漸理解與認知不同的概念，進而互相質疑、澄清、歸納，而獲致更完整的概念。此觀察中可印證同儕間在互動時，學童會思考矛盾之處，並加以講述、說明不同的觀點。

　　筆者在建構式網路教學活動中扮演發問者、引導者及諮商者的角色。當小組成員進行討論時，筆者並不介入，等小組有了結論時，筆者再依其小組所討論的結果加以發問，一方面讓小組成員對探討的主題能更加了解，一方面也檢視小組成員間互動溝通的情形。筆者觀察到學童在社會化的建構學習情境中，同儕間會以互動、討論、小組合作、發表意見、論辯、釐清等方式達成共識。此觀察可印證皮亞傑的認知發展理論與維高斯基的社會建構論。

　　建構式網路教學模式不但有助於學生建構知識領域，還可以培養良好的學習態度和習慣。傳統教學中知識的獲得，備受重視，而態度和習慣的培養，則往往被人忽略。學生在進行學習時可培養好學的精神及樂於解決問題的態度，學會尊重證據、願意改變個人意見和客觀、存疑、求證、小心謹慎、做事有耐性、喜歡新事物的態度。此外，學生透過參與群體工作和互助互諒的工作關係，培養熱誠的待人態度，養成自尊、自重的精神和自治的能力，增強學生解

決學習上困難的自信心，此與美國教育部於1996的研究報告相一致
（U.S. Department of Education, 1996）。

另外，學童在互動歷程中，可留意他們所使用之言語、語句、
語意與內容，以便使用「言談分析」（discourse analysis）的方法來
探討。例如：國小高年級學生，喜歡用「車子」來形容其厭惡程度。
若有人說：你很「機車」！（將機車當作形容詞，表示討厭的人。）
若是「火車」，則表示是個厭惡至極的人。又如「爐主」，則是指
「最後一名」、「顧爐」則是指「倒數第二名」、「扛爐」則是「倒
數第三名」等（沈中偉，2001；省思札記，1999-4-7）。了解新新人
類e世代之新名詞，上網時，才可了解另類文化與言語所代表之涵
義，有助於拉近與學童間的關係與有效溝通。

第四節　網頁主題探究教學法　　　（WebQuest）

隨著科技的日新月異，網路科技在教育上的應用也愈來愈普遍，
很多教育學者都在嘗試發展有效的網路教學策略。網頁主題探究
（WebQuest）是一種探究取向的學習活動（inquiry-oriented activ-
ity）的教學策略，於1995年，由聖地牙哥州立大學教育科技研究所
教授Bernie Dodge與Tom March所創。他們強調在學習活動中所使用
的資訊主要來自網際網路，在上課前，教師或學生依據特定的教學
目標，先上網搜尋與篩選有用的網路資源，以節省學生搜尋時間和
避免進入不當網站。為了促進學習成效，WebQuest更關注如何運用
資訊，以幫助學習者做分析、綜合和評鑑等高階層的思維能力，而
不只是蒐集資訊而已（Dodge, 1995; Jonassen, Howland, Moore, &

Marra, 2003; March, 1998）。

　　Dodge（1995）將網頁主題探究教學法分成兩個層面：短期網頁主題探究教學活動（Short Term WebQuests）與長期網頁主題探究教學活動（Long Term WebQuests）。顧名思義，短期網頁主題探究教學活動約為期一至三節課，其教學目標是知識的獲得與整合，學習結束之後，學習者應處理很多新資訊並建構成為有用的知識。而長期網頁主題探究教學活動約為期一週至一個月，其教學目標是知識的擴展與精鍊。學習結束後，學習者應深入的分析、統整知識，並能以某種方式呈現組織過的知識。

一、網頁主題探究教學法的理念

　　March（2003）認為WebQuest是在營造一個讓學習者產生互動與主動建構的學習環境，也是一種鷹架式導引的結構，用來連結網際網路上有用的資源和真實的任務。它運用網際網路上有用的資源，並安排真實的任務，以激發學生探究開放式問題的動機，並透過分組討論，將新獲得的資訊轉化為更高層次的理解，提昇個人的知識與技能。

　　綜合而言，網頁主題探究教學法是以建構主義、鷹架理論及合作學習的理論為基礎（呂小翠，2005；Dodge, 1995），其最終目標是要培養學生主動學習、創新思考、批判思考、合作學習與問題解決的能力，它具有下列信念：

（一）自主學習

　　透過WebQuest的教學活動設計、問題的呈現、學生分組與角色分配的方式，就是要培養學生發現問題、獨立思考、批判思考及創

造性地解決問題的能力。小組成員藉由師生與同儕間的對話與討論，經由多元觀點，彼此溝通、分享、澄清與批判思考，最後達成共識以解決問題，這種由學生共同參與研究來建構知識的過程，可以促進互助合作學習與主動學習的態度。

（二）合作探究

在WebQuest的學習中要達到合作學習的目的，同樣必須注意合作學習的幾項特質：異質分組、積極互賴、面對面的助長式互動、個人績效責任、社會技巧及團體歷程等，才能獲得最佳成效。因此，教師在教學前應先進行異質分組，讓學生在團體合作互動下督促小組成員共同討論、互相學習、建立良好的人際關係、分享知識與經驗，以解決問題。

（三）建構學習

透過主題探究與精心設計的教學活動，使學生能做中學、跨學科的統整學習與有意義的學習，以引導學生建構個人的知識體系。

（四）鷹架學習

WebQuest是一種鷹架式導引的設計結構，從簡介、任務、資訊來源、過程、評量到最後的結論，即是一步一步的在導引學生的學習，尤其是在過程中的部分，更是詳盡的說明學生在從事教師給予的任務所必須進行的工作及步驟，並透過所列出的資源清單讓學生順利的找尋相關資料並加以分析，如此的安排都是要讓學生有所依循，明確的知道下一步該往何處去。此外，教師在實施網頁主題探究教學法時，應擺脫以往講授者的角色，而轉為扮演教材整合者、引導者與諮詢者的角色，適時提供協助學生理解、分析、綜合、評

鑑所找到的資料。

二、網頁主題探究教學法的要素

不論是短期或長期的網頁主題探究教學法，都特意地要善用學習者的時間。為了有效地達到此目標，網頁主題探究教學法包括下列六個要素（梁曉勁，2003；Dodge, 1995; March, 2003），可協助學生以系統化的方式進行網路學習活動：

（一）簡介（Introduction）

介紹活動的背景，讓學生了解主題的情境。包含下列兩個目的：1.讓學習者明確了解學習目標；2.透過各種方式提高學習者的學習動機。

（二）任務（Task）

任務是整個WebQuest的核心部分，這個部分說明了學習者在完成WebQuest時要達到什麼樣的結果，可以使用PowerPoint上台報告，或者是使用書面報告，來描述自己的發現。最重要的是，要訂定學生能力所及與有趣的任務。網頁主題探究教學法不適合「事實性」的問題，例如：九九乘法表、大陸各省的省會為何？最好是「定義不良」的主題，且是能夠激發創造力與問題解決的開放式問題。例如：如何保護墾丁的珊瑚礁？如何促進空氣的品質？如何落實交通安全？如何防止土石流？等。

（三）資源 （Resources）

教師可利用網路上的資源幫助學生完成任務，大部分是教師依

主題需要而列出的相關網站的超連結，以供學生快速的查詢。各項的資源應有清晰的指示與連結，以避免學生在浩瀚無垠的網路上迷失，影響學習進度。與傳統的網路學習相比較，網頁主題探究教學策略讓學生能投注更多時間與心力於資料分析上，而不要浪費很多時間於資料蒐集上。除了網路上的資源外，非網路資源，如教科書、數位光碟（VCD、DVD）、訪談報告等，都是可加以利用的資源。

（四）過程（Process）

具體描述學習者完成任務所需的作業程序或步驟，讓學習者能循序漸進地完成目標任務。作業程序通常分為兩個階段：第一階段，進行學生分組與角色分配，各自完成自己的課業；第二階段，各組學生把個人所完成的工作合併成最後完整的課業。

（五）評量（Evaluation）

WebQuest的評量方法是採用評量表。教師應讓學生清楚了解最後的成果將如何被評量以及評量規準，對不同的表現及等第，應具體描述其要求及條件。評量的人員可以是老師，也可以是同學。

（六）結論（Conclusion）

學習者總結從整個活動中所學到的知識、技能與思考方法等，並對整個學習過程進行反思。教師也應鼓勵學生將所學運用到其他問題上，以及能繼續探究與思考。

教師與學生都可依據上述網頁主題探究教學法的要素來自行創造他們的WebQuest網站，也可使用在網路上現有的優良WebQuest網站資源，有興趣的讀者可自行連上搜尋引擎，輸入「WebQuest」關鍵字，即可找到為數相當可觀的資訊，例如：歷年香港大學教育學

院學生所設計的中文科 WebQuest，全都與香港中文科的課程與教學有關，值得參考，網址是：http://web.hku.hk/~jwilam/PCEd_FT_2003_IT/webquest_chiedu.htm。又如國內的「拯救小豆仔」，其網址是：http://www.dwhs.tnc.edu.tw/~flower/webquest/svaefish/index.htm。

三、設計優良 WebQuest 的五種「焦點」原則

Dodge（2001）指出雖然實施 WebQuest 是依照上述的六個步驟，但他建議可使用下列五個原則來規畫 WebQuest。此五個原則是以英文的頭字語「FOCUS」（焦點）所組合而成。茲說明如下：

F：Find great sites。使用搜尋引擎，發現很棒的網站，其網路資源與教學目標相吻合，可直接加以運用。

O：Orchestrate learners and resources。將學生與學習資源組織起來。學生需異質性分組，並分配擔任的角色；而組織學習資源就好像把學習資源編成一首完整的交響樂章，並做好連結，以利於瀏覽。

C：Challenge your learners to think。優良 WebQuest 的關鍵要素是要訂定良好的任務或主題，以便能夠激發創造力、培養批判思考與問題解決能力，以挑戰與激發學生的潛能。

U：Use the medium。除了應用網際網路超媒體環境之外，也可以善用專業人員、圖書與社區資源。

S：Scaffold high expectations。提供鷹架支持，讓學生試圖去完成從沒有被期望可自行完成的工作，並創造出新作品。

綜上所述，網頁主題探究教學法就是鼓勵學生從周遭的環境中尋找主題，利用生動活潑的方法及活動對有趣的主題進行探討，教師只是站在引導者與協助者的角度上促進學生學習。這種以學生為中心的學習方式，對於提昇學生的學習興趣、動機、態度，以及培

養學生主動積極、互動合作、歸納統整的能力，有很大的助益。此
外，學習者也可以在學習過程中，運用先前已經學會的知能與技術，
參與學習活動的設計、進行、整理與報告，因此學生也可學習自我
管理與控制，承擔活動的成敗責任。

第五節　資源本位學習

　　身處知識爆炸的時代，學生在學校所學的知識很快地就會過時。
傳統的課程、教材與教學模式已不能滿足資訊社會的需求。因此，
未來教學的重點，應是如何培養學生時時學習、處處學習的自主學
習與終身學習的習慣。學校教學的內容也勢必不能只學習教科書上
有限的內容，而是要求學生培養資訊蒐集、選擇、整合與應用的知
能，進而發展建構知識、問題解決、批判思考、價值判斷的能力。
因此，資源本位學習（resource-based learning）理念乃應運而生，而
成為教學創新的重要課題（林菁，1999；Cull, 1991; Hambleton et al.,
1992; Hambleton & Wilkin, 1994）。

一、資源本位學習的定義、理念與種類

　　Hambleton等學者（1992）為「資源本位學習」所下的定義是：
資源本位學習是一個精心策畫的教育計畫，它能促使學生主動而有
效地使用廣泛的資源，包括印刷、非印刷與人力資源（Resource-bas-
ed learning is defined as a planned educational program that actively in-
volves students in the effective use of a wide range of print, nonprint, and
human resources.）。資源本位學習的理念是以學生為中心的教學策

略，最主要的目的是提供機會讓學生發展獨立學習技能，鼓勵學生以不同的方式去搜尋、分析、整合、評估、運用其所擷取的資訊，以增進資訊素養、培養自主學習、問題解決與終身學習的能力。而教師或圖書館員在此學習過程中，扮演促進者（facilitator）與激發動機者（motivator）的角色，指導學生利用各種資源，並設計各種不同的學習活動，讓學習者在資源本位的學習環境中，養成自主學習、主動學習與獨立思考的能力（林菁，1999；Burnheim & Floyd, 1992; Hambleton et al., 1992; Laverty, 2001）。

　　香港大學教育學院依據教學的用途，將「資源本位學習」分類成三種形式：（一）庫存式，（二）導向式，（三）變異式。庫存式重其收藏；導向式重其導覽；變異式重其彈性學習與變通學習。三者雖然均用以保存資源，以供瀏覽者學習之用，但各自的目的卻不完全相同（參見香港大學網址 http://web.hku.hk/~jwilam/PCEd_FT_2003_IT/resources.htm）。在此三種資源整合的方式中，以庫存式和導向式最為常見，庫存式資源整合的網站，旨在盡量搜羅與主題有關的網址，並整理出最詳盡的資源，供學者自行瀏覽。這類整合方式，就好像是網上的圖書館，內容愈多、愈精、愈相關便愈好，有如上述之網頁主題探究教學法（WebQuest）。導向式資源整合的網站可自行編製網路上的相關資源，同時，要求學習者按順序閱覽，藉以引領學習者逐步把握要學習的內容。這類整合方式，藉由網站內各網頁的超連結組織起來，就像是在教室上課，教師不斷地擴展與深化教學內容。變異式資源整合的網站是根據「認知彈性理論」（Cognitive Flexibility Theory）發展出來的學習資源組織方式，這類網站一方面搜羅網上資源，一方面又可引領學者自習，但引領原則與導向式不同。

　　認知彈性理論是相當新的認知理論，它是指隨機重組個人知識

的能力，對於超媒體的網際網路之學習與教學有特別的啟發與涵義。由於大部分的文獻不是探討基本知識與技能，就是探討在良好的知識架構下如何習得專業知識，很少研究探討在不完備的知識架構下，生手如何變成專家（Spiro & Jehng, 1990; Spiro et al., 1991）。認知彈性理論的目的是要協助學習者習得進階的知識（advanced knowledge），以作為學習複雜且結構不完整的知識領域（ill-structured knowledge domain）（Jonassen et al., 1997）。此外，認知彈性論者也強調情境脈絡的重要性。他們認為在真實情境脈絡中的知識較容易記憶保留，所習得的知識較有生產性、有意義，也較有助於知識的遷移與靈活運用。

在「資源本位學習」的過程中，學生需確定某個主題、想學習什麼、從何處尋找資訊、如何紀錄資訊、如何評鑑資訊，以及如何評鑑在蒐集資訊過程中是否成功？因此，教師應鼓勵學生「上窮碧落下黃泉，動手動腳找資料」，使用各種方法主動積極地針對有興趣的主題尋找各種資源。除了上網之外，還有廣大的資源等待我們去挖掘，例如專書、期刊、報紙、多媒體、技術報告、博碩士論文、社區資源、網路社群，或請教學者專家、圖書館員、書店的店員等，只有多面向的蒐集與訪談，才能得到豐碩的成果，並且經由資料的研讀、分析、組織與統整，才能建構有意義的學習。

二、資源本位學習的特色與優點

Laverty（2001）認為資源本位學習具有下列特色，值得各級教師參考：

（一）學生能主動參與學習。

（二）根據教學目標來設計教學活動。

（三）學習策略與技能是在相關且有意義的教學單元的情境脈絡之下學習。

（四）使用各種不同的資源。

（五）學習場所可經常改變。

（六）教師會使用多種不同的教學技巧。

（七）教師是學習的促進者，並持續不斷地引導、監督與評量學生的學習情形。

（八）教師跨年級與跨學習領域，協同合作實施資源本位學習。

Laverty（2001）更進一步歸納資源本位學習具有下列優點：

（一）給予學習者時間蒐集資訊與省思，而有助於深層學習。

（二）鼓勵學生以多角度方式審視某個主題（Kuhlthau, 1985）。

（三）鼓勵學生專注於某個主題，以激勵學生尋求更多的相關資訊與產出較高品質的成果（Kuhlthau, 1993）。

（四）藉由主動參與進行研究專題，得以建構知識（Kuhlthau, 1993）。

（五）藉由資訊處理與獨立研究而提昇問題解決、推理與批判思考能力（Resnick, 1987; Todd & McNicholas, 1994, 1995）。

（六）在持續資訊蒐集過程中，鼓勵學生建構知識（Moore, 1995）。

（七）促進學生對於圖書館、圖書館員和閱讀有正面的態度（Schon, Hopkins, Everett, & Hopkins, 1984）。

（八）討論搜尋策略因而促進未來問題解決的能力。

（九）在某特定的情境與心智模式之下，讓學生省思與自我評量而主動建構個人的了解（Stripling, 1995）。

（十）藉由自我導向學習（self-directed learning）與省思而促進

學生資訊能力的發展（Irving, 1985）。

　　由上述所歸納的資源本位學習的特色與優點，可知資源本位學習可用於任何學科，非常適合各級教師採用。

三、大六技能策略

　　大六技能（Big Six Skills Approach）是資源本位學習的教學策略。利用大六技能除了可幫助學習者獲得資訊素養之外，還可培養學生批判思考與問題解決能力。Eisenberg 和 Berkowitz（1990, 1992）主張大六技能包括下列六個元素：（一）定義問題（Task Definition）：包括需要解決什麼困難或問題？需要縮小研究範圍嗎？需要什麼資訊？需要多少資訊？當我完成該項問題時，應如何呈現？（二）查詢資訊策略（Information Seeking Strategies）：包括可能用到什麼資訊？除了搜尋網頁、電子期刊外，還可找到哪些資源，如圖書、期刊、錄影帶等？（三）找到與取得資訊（Location and Access）：包括如何搜尋與取得資訊？哪裡可以搜尋到最需要的資源？圖書館員可以協助我找到所需之資料嗎？要如何找到？如果需使用電子資料庫，我應該用什麼關鍵字來查詢呢？（四）利用資訊（Use of Information）：包括哪些資訊是適切的？如何判斷資訊是正確的？如何記錄資訊？（五）整合資訊（Synthesis）：包括如何從複雜的資源中組織資訊？能刪除那些不能回答問題的資訊嗎？如何呈現研究結果？結論是什麼？（六）評估資訊（Evaluation）：包括省思有完成作業的需求嗎？有條理的組織嗎？有仔細的校對嗎？下一次做作業時，將如何改進？（賴苑玲，2001；Eisenberg & Berkowitz, 1990, 1992）

　　學校在實施資源本位學習時，也應充分利用社區資源，例如：

國立自然科學博物館，國立科學工藝博物館，以及國立海洋生物博物館等，這些博物館每年均會舉辦各種系列活動，例如：位於屏東的國立海洋生物博物館（http://www.nmmba.gov.tw/index.aspx）提供各種海洋生物教學和學習資源的場所，經常舉辦與學校教育相結合的資源本位學習活動，例如：探索海洋之美、探索無形資產闖關活動、海洋生態保育趣味擂台賽等。學校可配合課程單元，善用該館豐富的資源，並可利用該館提供的平板電腦（tablet PC）在館內教學。教師也可與該館合作設計活動單、學習單、闖關活動或尋寶遊戲等，以增進資源本位學習的學習效果。

　　以上僅探討常用的科技融入教學的方法：直接教學法、發現學習法、合作學習法、建構式網路教學模式、網頁主題探究教學法（WebQuest），以及資源本位學習法等。當然，有效的科技融入教學方法有很多種，不止上述六種而已。其實，每種教學法都有其優缺點與適用的教學情境與時機，教師應全都了解與熟悉，再根據教學目標、學生的先備知識、特性與教材內容，選擇適合的教學方法。近年來，由於建構式數學教學法引起很大的爭議，可能是因為教師對於建構式數學教學的理念與實施方式不甚了解，再加上獨尊建構式數學教學法，使得學生的數學能力深受影響。因此，教師不需要只使用某種教學法，只要有其成效，同一個教學單元，也可整合與靈活使用多種教學方法或混合式教學法（blended instruction）和策略。例如：給國小學生上電腦網路課程，可能會混合使用直接教學法、討論教學法、合作學習法、建構式網路教學方法與下一章要探討的問題導向學習策略等。

第五章
問題導向學習的教學設計

　　很多學者專家認為傳統的教學最為人所詬病的問題之一，就是傳統教學法大都只是灌輸事實性的知識給學生，而不注重培養學生獨立思考與問題解決能力。學生只是一味地「背多分」，只停留在認知目標裡最低層次的事實性知識，而沒有進一步提昇至應用、分析、綜合、評鑑的學習目標，造成學生只能複製而不會靈活運用的惰性知識（inert knowledge），遇到問題就束手無策，誠如作家龍應台在《野火集》中所描述的「幼稚園大學」情形，大學生遭遇到問題時不知所措的窘境（沈中偉，1994）。由於教師多以抽象的文字敘述問題情境，因此本章旨在探討教師如何善用電腦多媒體或網際網路資源，營造一個問題導向學習情境，將學習者置於有意義的問題解決情境中，以培養學習者批判思考、問題解決能力。

第一節　問題導向學習的涵義及其成效

　　問題導向學習（Problem-Based Learning）開始於一九六八年加拿大McMaster大學醫學教育，直至今日，已逐漸地被商業界、法律界、工程界、社會工作領域以及教育界所廣泛採用。問題導向學習是一種旨在使用真實的問題、設想可能發生的情況（scenario）與情境（situations）為核心，藉由學生的腦力激盪與小組討論後提出一

些想法與論點，導出一系列學習目標，然後學生去圖書館、上網路、
訪談相關專家，蒐集訊息，然後在下一次上課時，每一小組成員對
所蒐集的資訊相互分享，並做深入的探討與評估。教師的職責不在
傳授知識，而在於討論的過程中加以指導，以培養學生主動學習、
自我導向學習、批判思考與問題解決能力的教學方法（Delisle, 1997;
Lambros, 2002; Savery & Duffy, 1995）。

問題導向學習具有下列優點（吳清山，2001）：

一、激發學生學習動機：學生實際參與解決真實情境問題活動，
具有務實感與成就感。

二、培養高層次思考能力：從「定義不良」（ill-defined）的問
題中，透過小組討論，可激發學生批判思考和創造思考。

三、強化學生後設認知能力：學生從確認問題、界定問題、擬
定解決計畫、蒐集與探索資訊、建立假設、分析資料與評估結果的
歷程中，可以不斷地監控、調整、評估自己的學習情形，以及意識
到困難時能採取何種補救策略，才能有效的學習。

四、促進學習遷移：學生從真實學習情境中所習得之知識與技
能，有助於未來實際遷移應用至相關或類似的問題上。

五、培養學生主動學習能力：問題導向學習除了能讓學生獲得
必要的知識之外，將來在面對新的問題時，也能培養學生主動學習、
自我導向學習及終身學習的習慣。

雖然九年一貫課程強調科際整合，各學習領域教學也強調問題
取向的觀點，所提的問題也愈來愈生活化與真實性，然而，教師仍
多以文字陳述問題，而評量方式也大多是以觀察與紙筆測驗為主。
值此數位學習時代，教師可善用電腦多媒體與網路科技，營造一個
問題導向學習情境，將學習者置於有意義的問題解決情境中，允許
學習者蒐集資訊、操弄變項與情境，以解決真實情境的問題。教師

只要提供解決問題的必要資源，並扮演輔導者的角色，給予適度的指引與探索的機會，就可以使學習者在問題解決的歷程中建構知識和培養問題解決的能力。在問題導向學習情境中，教師通常會將學習者以異質性分組，並以小組討論方式實施。藉由大膽假設、小心求證各種解決方案的歷程，除了能建構新知識與避免產生惰性知識外，同時也符合建構理論以學習者為中心之理念，更能有效培養學習者後設認知、歸納推理與問題解決的技能，現已成為各學習領域所廣泛運用的教學方法與策略（陳明溥、顏榮泉，2001；Aspy, Aspy, & Quimby, 1993; Cognition and Technology Group at Vanderbilt, 1993, 1997; Harland, 2003; Savery & Duffy, 1995）。

目前國外有幾個著名的網路化問題導向學習方案，例如：ESRI公司的「全球資訊系統：思考者工具」（Global Information System: Thinker's Tool），提供全球環境變遷的問題解決學習環境；「兒童是全球科學家」（Kids as Global Scientists）網站（參見http://www.let-us.org/kidsglobalscientists.htm），提供學生即時上網查詢衛星影像、地圖、實驗資料，以深入探討當地的天氣變化情形。該網站並有氣象學家參與線上討論，協助學生探討氣候的相關問題；Edelson及O'Neill的CoVis；加州大學柏克萊分校Lynn教授的「知識整合環境」（Knowledge Integration Environment, KIE）等，都嘗試努力把教育理念、電腦技術，以及知識結構的認知系統結合在一起，以期透過網路去創造一個模擬科學研究過程的學習環境。

國內外有關問題導向學習的研究結果顯示，問題導向學習對於大學生以上的程度無顯著效果，例如：Miller（2003）對研究所學生實施藥物學的問題導向學習的實驗研究，結果顯示問題導向學習與傳統講述教學法，在學業成就上並無顯著差異。可能的原因是，研究所學生都已具備相當的先備知識、自我導向學習與後設認知能力，

因而不論使用什麼教學策略都沒有顯著效果。而對於中小學生，則問題導向學習策略能有效提昇低成就學生的學業成就與問題解決能力（陳明溥、顏榮泉，2001；Cognition and Technology Group at Vanderbilt, 1997; Geban, Asker, & Ozkan, 1992）。

第二節　問題解決的歷程與策略

什麼是「問題」？問題係指擬定的「目標」與「實際現況」之間的落差（gap），意即代表無法達到原先所預期的結果，此即問題發生之所在。在確定問題之後，即可針對落差（問題）提出解決方案、策略或步驟。

最早嘗試探究問題解決步驟的是Wallas（1926）（引自鄭麗玉，1993），他將問題解決歷程分成四個步驟：

一、準備期（Preparation）：確定問題、蒐集資料與採取初步行動。

二、醞釀期（Incubation）：若初步行動無法解決，就將注意力轉移至其他活動（如娛樂或運動上）。

三、豁朗期（Illumination）：問題解決者靈光一閃，忽然「頓悟」而得到答案。最著名的例子是阿基米德在洗澡時發現「阿基米德定理」。

四、驗證期（Verification）：問題解決者驗證答案是否正確。

之後，多位學者各自提出問題解決的階段與具體步驟，諸如：Hayes（1980）將問題解決歷程分為：確認問題、擬定解決計畫、蒐集與探索資訊、實際行動與評估結果等五個問題解決階段。Bransford和Stein（1984）則提出IDEAL模式，包括確認問題（Identify）、定

義問題（Define）、探究問題（Explore）、採取行動（Act）、回顧問題（Look back）等五個問題解決步驟（陳明溥、顏榮泉，2001）。

Solso（1991）也提出一個問題解決模式如下：一、確認問題（Identifying the Problem）；二、問題表徵（Representation of the Problem）；三、計畫解決的方案（Planning the Solution）；四、執行計畫（Executing the Plan）；五、評估計畫（Evaluating the Plan）；六、評估解決的方案（Evaluating the Solution）等六個問題解決步驟。我們如果回想曾經解決過的問題歷程中，或許會發現曾經歷上述步驟，只是這些歷程都是在無意識中進行，不會刻意去注意我們現在是在哪個步驟上。這些步驟都很重要，但其中「問題表徵」最重要。問題表徵是指問題的呈現有多種方式，而其表徵方式常影響問題解決的難易度（鄭麗玉，1993）。例如：很多人習慣使用畫圖的方式來表徵數學問題或一般性的問題，此舉有助於對問題的理解，進而易於解決問題。

此外，張春興（1994）也參考國外多位學者的意見，將問題解決歷程與策略歸納為：

一、「發覺問題」：為培養學生思維與問題解決能力，教師應多引發學生的好奇心與加強觀察力，因而養成學生主動發覺問題的習慣。

二、「了解問題」：了解問題的性質是「定義良好」（well-defined）（如數學問題）或「定義不良」（ill-defined）（如生活上的問題）？是否有足夠的知識與經驗去解決問題？應採用何種問題解決策略？

三、「蒐集資訊」：思考是否具備解決問題的所有資訊？若資訊不足，應蒐集哪些資訊與如何蒐集？

四、「實際行動」：若是「定義良好的問題」，除了需熟悉原理原則之外，應熟練例題或類似的問題；若是「定義不良的問題」，則試著縮小範圍嘗試解決。定義不良問題的答案不在對錯，而在藉著對問題之分析以訓練學生的高層次思考能力。

五、「評估結果」：若是「定義良好的問題」，則標準答案是作為檢討的依據，對於答錯的問題應更進一步探究答錯的原因，才能促進學生問題解決能力。若是「定義不良的問題」，則不必重視結果的對錯，只要讓學生習得問題解決的經驗與歸納思考能力。

在問題解決策略的運用上，Andre（1986）認為IDEAL這類一般性問題解決模式在問題不明顯的情況下，以及在解決不熟悉領域的問題時最為有效。一般性問題解決策略包括：方法─目的分析（Means-End Analysis）、類比推理（Analogical Reasoning）及腦力激盪（Brainstorming）、假設─驗證策略（Generate-and-Test Strategy）等（鄭麗玉，1993；Schunk, 1996）。Schunk（1996）也強調在熟悉的知識領域中，領域特定策略（domain-specific strategies）會比一般性問題解決策略更為有效。

在實際上課時，教師可根據需求，提供各種類似的特定的問題解決情境或一般性領域的問題解決情境，供學生練習，則可以有效促進學生問題解決的能力。

第三節　問題導向學習的教學策略

隨著問題導向學習模式在許多領域的有效應用，使得問題導向學習的教學模式逐漸受人重視，而逐漸地發展出不同類型的教學策略來實施問題導向學習，例如專題導向學習（Project-Based

Learning）、錨定式情境教學（Anchored Instruction）、案例式推理
（Case-Based Reasoning）（陳明溥，2003；陳明溥、顏榮泉，
2001；Duffy, Lowyck, & Jonassen, 1993; Savery & Duffy, 1995）。茲
分別簡介如下：

一、專題導向學習

　　專題導向學習是植基於建構主義、情境學習與課程統整的理論
基礎上，所發展出來的一種教學方法。其理念是強調以學生為中心、
自主學習、有意義學習、統整學習、合作學習、問題解決、提昇口
語表達能力等（Blumenfeld et al., 1991; Solomon, 2003）。

　　專題導向學習是學生在教師或家長的輔助下，以個人或小組分
工合作的方式，選擇統整的課程，且具有真實性、挑戰性的問題，
進而藉由發問、預測結果、蒐集資訊、實驗、分析、整理、歸納、
形成結論及呈現研究結果等以追求問題的解決。

　　在專題導向學習過程中，學生還需要運用各種基本技能，如做
文字紀錄的語文技能、計算和統計的數學技能、製作圖表的資訊技
能，以及上台簡報的口語溝通表達能力等。在整個學習過程中，教
師不是直接教導，而是扮演引導、指導與諮商的角色。專題導向學
習具有下列六項教育功能（Blumenfeld et al., 1991）：

1. 自主學習

　　專題導向學習是培養學生自主學習的有效策略。面對終身學習
的來臨，每個人必須不斷學習以因應社會變遷與知識快速增加。學
校教育必須培養學生自主學習的能力，進而培養學生自我導向學習
（self-directed learning）與自我調整學習（self-regulated learning）的
終身學習能力。

2. 發現學習

　　傳統的教學往往限於上課的時間，教師都會迫不及待地直接告訴學生問題的答案，而沒有讓學生有機會自行發現、探索、探究問題的答案。專題導向學習就可讓學生依據自己的興趣去作專題研究。專題導向學習是依據布魯納（Bruner）的發現學習理論（Discovery Learning Theory）所建構的教學策略，讓學生針對某個有興趣的主題或問題進行探究，以找出研究的結果或問題的答案。

3. 有意義的學習

　　專題導向學習強調所探討的主題需與日常生活中所遭遇之真實情境的問題相關，可激發學生學習興趣與動機，因此對學生來說是有意義的學習。

4. 統整學習

　　專題導向學習可幫助學生進行統整學習，因為一個專題通常需要跨學科與整合幾個領域的知識才較完整。統整教學係指各學習領域與科際知識間的整合，亦即將資訊科技融入各學習領域中，並注意各學習領域間橫向的統整。例如上自然科時，可上網搜尋臭氧層的資訊，並配合社會科的南極地理位置以及道德與健康科課程，了解由於臭氧層被人類所製造的「氟氯碳化物」所破壞，而造成人類大幅度的增加罹患皮膚癌及白內障的機率，農作物減產，氣象產生變異與溫室效應，因而勸導學童不要使用與購買以氟氯碳化物所製成的塑膠產品，以及不使用保麗龍和泡棉（沈中偉，1999）。

5. 合作學習

　　專題導向學習往往可以採取小組方式進行，有時亦需家長指導，因而可以促進同儕或親子合作學習的效果。也可上網透過電子郵件、留言版、討論區，進行班際、校際的合作學習，因而培養團隊合作、溝通分享和人際關係的技巧。

6.開放學習

專題導向學習從選擇主題、蒐集資料、分析資料、呈現結果等，都是一種開放性的學習歷程，也是最能發揮開放學習的一種教學策略。

在小學進行網路專題學習活動，可激勵學習的探討風氣，藉以達成數項九年一貫課程中之課程目標：表達、溝通和分享的知能；尊重他人、關懷社會和增進團隊合作的能力；規劃、組織與實踐的知能；運用科技與資訊的能力；主動探索和研究的精神；獨立思考與解決問題的能力。

在實施專題導向學習時，教師須關注於：

（一）導引專題：建構主義強調學習不能「抽離情境」，因此教師應讓學習者置身於真實問題的情境中學習。教師應輔導學習者有興趣探索與能組織概念的專題。Solomon （2003） 認為優良的專題具有下列六個重要的元素，可作為專題導向學習歷程評量的參考：

1.專題需有清楚的目的，以及需促進跨學習領域。

2.學生應對專題學習歷程全權決定，亦即從主題的選擇至設計專題研究計畫至組織結果與呈現結果等。

3.學生應學習到團隊合作、人際關係、溝通技巧的能力。

4.專題需與真實情境的問題相關，集中在影響學生生活或社群的議題上。

5.專題導向學習需要較多時間來實驗，從嘗試錯誤中學習。

6.評量需專注於學生持續展示學習的歷程。同儕評量、教師評量與自我省思以及學習社群的回饋都扮演重要的角色。

（二）透過合作學習方式：建構主義著重學習社群理念，專題導向學習讓師生與同儕之間，透過電腦網路和社會成員互動，形成學習社群，藉由分工合作的方式探索問題。

（三）符合課程統整原則：學習活動不限於單一的學科，而是以真實的問題，作為跨學科領域知識的探討。

（四）利用科技作為認知工具：藉由科技的使用有助於擴展其心智運作、激發學生的學習動機與主動建構知識。由於專題作品的呈現，需運用簡報軟體、網頁、錄影帶，或上台報告等方式來呈現研究結果，實際可見，因而可引發學生討論、批評及修正，進而促進學生批判思考與問題解決能力（沈中偉，1995a；黃明信、徐新逸，2001；徐新逸，1995b；Cognition and Technology Group at Vanderbilt, 1990; Jonassen, 1996; Jonassen, Howland, Moore, & Marra, 2003）。

筆者曾在國小進行臨床教學，在講解完網際網路的搜尋引擎之後，便配合自然科課程，進行專題導向學習活動。根據筆者的觀察與研究，專題導向學習是很好的學習策略，它有下列優點：以兒童為中心的學習方式、能夠統整各學習領域知識、能引起學生的自學興趣與自主學習、從做中學習、積極參與有意義的學習活動、增進學生問題解決能力、自行建構知識、增進自信心與滿足感、培養良好的學習態度和終身學習的習慣。此外，學生在專題導向學習歷程中，還須統整運用各種基本技能，如語文、數學、分析、綜合、評鑑等高層次的技能，也須具備資訊科技素養，搜尋網路或電子資料庫，並可運用文書處理軟體或製作網頁來呈現研究結果。完成後，以簡報軟體統整起來並上台報告，可培養學生口頭表達與溝通能力，其他學生有問題時，可提出不同的觀點，因此，也可培養學生民主素養與傾聽的態度以及批判思考能力。評量學童的研究成果與個人學習歷程檔案時，可發現學童的研究架構完整、內容豐富且圖文並茂，可知學生投注很多心力，學習效果良好（沈中偉，2001）。

二、錨定式教學法

　　錨定式教學法係美國范德比大學（Vanderbilt University）之認知與科技研究團隊（The Cognition and Technology Group）所倡導的教學方法。為了要協助學生發展推理、思考與問題解決的能力，他們將學習內容、資源與問題錨定（anchor）在真實的脈絡與鉅觀的學習情境（macro-context）中，讓學生主動積極地去探索、發現學習。

　　藉由互動式影碟系統（Interactive Videodisc System），他們開發十二套互動式影碟的Jasper Woodbury冒險系列教材（見圖5-1），透過每部影片呈現約十七分鐘有意義的故事情節與問題情境，並提供解決問題的相關資訊與線索，讓學生在互動式影碟系統中瀏覽與探索資訊、分工合作、發現問題，以及發展與驗證各種假設與解決方案，最終目的是要讓學生統整與靈活運用其他學習領域的知識，以及培養學生獨立思考、歸納推理、溝通技巧，以獲得有意義的學習與問題解決的能力（Cognition and Technology Group at Vanderbilt, 1990, 1997; Jonassen, Peck, & Wilson, 1999）。

　　一般教師沒有餘力與時間來設計與製作問題導向的優良影片，不妨可使用坊間很多適合的電影，例如：《浩劫重生》（*Cast Away*）、《1997勢不兩立》（*The Edge*）、以及電視節目《一修和尚》、《名偵探柯南》等影集，均可運用來培養學習者獨立思考與問題解決能力。

　　誠如Heinich、Molenda、Russell和Smaldino（1999）所倡導之系統化計畫運用媒體模式（ASSURE Model）中的第三項步驟──選擇教學方法、媒體與教材（Select Methods, Media and Materials）。他們主張在選擇適合媒體與教材中，可以採取下列三種方式：（一）

Complex Trip Planning
Journey to Cedar Creek
Rescue at Boone's Meadow
Get Out the Vote

Statistics and Business Plans
The Big Splash
Bridging the Gap
A Capital Idea

Geometry
Blueprint for Success
The Right Angle
The Great Circle Race

Algebra
Working Smart
Kim's Komet
The General is Missing

圖 5-1　Jasper Woodbury 冒險系列教材

（資料來源：美國 Vanderbilt University http://peabody.vanderbilt.edu/projects/funded/jasper/preview/AdvJW.html）

選擇現成的教材；（二）修改現成的教材；（三）設計新的教材。顯而易見地，數位光碟電影有下列優點：（一）它提供使用現成的光碟影片為教材，不需要自行製作，省時省錢；（二）影片的品質很高；（三）使用電影情節中「自然產生的」問題，以刺激學生思考與增進解決問題的能力；（四）賣座的電影本身足以吸引學生的注意力，因而提高學習動機（沈中偉，1992b；Sherwood, Kinzer,

Hasselbring, Bransford, Williams, & Goin, 1987）。

　　實施錨定式情境教學法時，老師應扮演引導者的角色，即使學生在解決問題時遭遇困難，也不應直接指出答案，而需給予他們能找到答案的提示與方法。若直接告訴學生答案並非在幫助他們，反而是剝奪了他們自我導向學習的機會。

三、案例式推理

　　案例式推理（Case-Based Reasoning）是近幾年來廣受教育界注意的主題，因為案例式推理模式可被應用於設計問題解決的教學設計活動，其中以美國西北大學所開發的系統為代表（Schank, 1990）。案例意指問題情境（problem situation），因此，案例式推理是指以過去處理類似問題的資訊、知識與經驗來類推以解決新案例的問題。

　　案例式推理主張許多知識與技能是由案例整合而成，經由對於案例的了解、累積與整合，所學習到的知識與技能才是實用的，終而由生手轉變為專家。例如一位醫生在診斷一位新患者的症狀之後，回想到與兩週前有位病患的症狀類似，因而開相同的處方給新患者。從上述的例子可說明問題及其解決的方法被儲存成一個案例，當遇到新問題時，會回憶使用過去案例的知識與經驗來解決新問題。因此，推理或類推（analogy）是一個強而有力的解決新問題的方法（Aamodt & Plaza, 1994; Anderson, 1983）。

　　歐美很多大學（如美國華盛頓大學、馬里蘭大學、南加州大學、卡內基美倫大學以及加拿大Simon Fraser大學）的電腦科學系也在大力研發案例式推理電腦網路系統，藉由蒐集與整合很多案例，並運用人工智慧與資料庫技術，而開發出資訊服務代理人（information service agent）、工作分析方法、動態記憶模式（dynamic memory model）、知識表徵方式、案例指導者（case advisor）與知識庫等功能，允許使用者從知識庫中去尋求專業諮詢、診斷問題及其解決問題的方法。

案例式推理在教育上的應用，除了適用於創造性的問題解決方面之外，也非常適用於教師專業發展上，例如：我們可以蒐集班級經營（classroom management）、諮商輔導、行為偏差輔導之實務案例，以作為師資培育之教學實習課程的參考，藉由實際的真實情境（案例）所遭遇到的問題，作為深入探討的題材。或者是透過案例影片來呈現問題情境與脈絡，學生可從問題的案例情境中進行探究、分析、思考、推理、驗證與詮釋，最終目的是要培養獨立思考、自我反思與解決問題的技能。

第六章
教學媒體之選擇與運用模式

在教學設計過程中，有一項重要的決定，就是教師應選擇哪一種適合的教學媒體來作為輔助工具。誠如第一章所述，筆者曾擔任教育部資訊種子學校訪視委員，訪視過台南縣市、高雄縣市與屏東縣多所國民中小學，根據個人的觀察與訪談，發現很多國小教師在運用科技融入教學時，仍有新媒體情結或數位媒體情結的迷失概念，亦即誤認為新媒體一定比傳統媒體有較佳的學習效果，其實只有「最適當」的媒體，而無所謂「最好」的媒體。因此，乃激發筆者撰寫此章節之動機，以深入探討教學媒體的種類、特性、媒體選擇的考慮因素，以及有效運用媒體的模式。

第一節　媒體的種類及其特性

一、教學媒體的種類

教學媒體的種類繁多，凡是能用來傳播教學資訊的軟硬體設備都屬於教學媒體的範疇。教學媒體可依其功能來加以分類，以區別其特性以及在教學上運用的限制。若依多媒體的形式來區分，則可分為文字、聲音、影像、動畫等；若依人們所接收的感覺器官來區

分，則可分為視覺、聽覺、視聽覺媒體；若依其是否需要使用硬體設備來放映，則可將教學媒體大略分成放映性與非放映性兩大類。

（一）放映性媒體：如投影機、幻燈機、視聽機（使用錄音帶同步播放幻燈片）、錄影機、教材提示機（實物投影機）、錄音機、CD播放機、DVD影音光碟機、電腦多媒體、遠距學習系統、虛擬實境等。

（二）非放映性媒體：報紙、雜誌、地圖、圖片、圖表、實物、標本、模型、布偶、皮影戲等。

以下探討常用的教學媒體，例如：投影機、影片與電腦多媒體簡報的特性，供作選用之參考。

二、教學媒體的特性

（一）投影機的特性

雖然投影機是傳統的視覺播放媒體，然而由於投影機有很多的優點，因此投影機從過去幾十年來至今，仍然是在北美的教育與訓練場所裡最被廣泛運用的教學媒體。投影機的優點與缺點如下（沈中偉，1995b；Heinich, Molenda, Russell, & Smaldino, 1999）：

1. 優點
(1)亮度高

投影機有良好的光學系統與明亮的燈泡，足以產生清晰的文字與影像，因此可在一般教室內的燈光下使用，不需購置遮光窗簾。國小因為經費拮据，若電腦與單槍投射器不敷使用，且僅是使用靜態的資料，則教師可將PowerPoint的多媒體簡報內容印在投影片上使用。此外，投影媒體適用於大團體的演示，如：大班教學、小班

教學、公眾演說等。它能幫助教師提示重點，讓學生更易於理解所講述的內容。

(2)保持目光接觸（eye contact）

使用投影機，教師可面對學生，保持目光直接接觸，易於掌握學生學習情形與教室秩序。

(3)易於操作

大部分的投影機，體積輕巧、易於攜帶且易於操作。

(4)不用書寫黑板，且可多班多次重複使用

在上課前，將學生不易了解的概念，預先製作成投影片，不但不用在上課時才在黑板上書寫或繪製圖表，而且易於掌控班級秩序與把握上課時間。此外，每年均可使用，也可與班群教師一起創意地製作與分享。

(5)投影片教材容易製作

投影片的製作技術門檻低，只要有影印機與油性投影筆作為凸顯重點之用，即可製作精美的投影教材。若要製作多媒體簡報，則PowerPoint也易於使用。

(6)投影片教材容易整理

由於每張投影片教材都是一個重要概念，教師在備課時，可依據教學需要，隨時以各種不同的順序加以安排、更新與更換。

(7)複雜的概念可使用疊片方式呈現

上課時，可在投影片上書寫詳細資料，或遮蓋部分資訊，再逐漸地揭示，也可將複雜的概念與視覺圖形，以一連串的疊片（overlays）方式呈現，以利學生了解。

(8)使用投影機上課較有自信與較能吸引注意力

使用投影片上課的教師較能吸引學生注意力，也被認為是較有準備、較專業、較有說服力、較可信賴與較有趣。

2.缺點

(1)無法預先程式化

投影機的使用取決於演講者,無法以程式控制其展示的順序,
也沒有配樂或聲效。

(2)無法自我教學

與影片相比較,由於投影片沒有字幕或聲音,因此不適合做個
別化學習或自我學習,而是適合於大團體的演示。

(3)需要製作流程

與實物投影機相比較,印刷教材與其他非透明的教材,可立即
拿來利用實物投影機投射影像。然而使用一般投影機,則必須經由
製作過程,先將教材製作成投影片。

(4)梯形效應（Keystone Effect）

投影機比其他放映性媒體更容易產生梯形影像,亦即呈現上面
寬下面窄的影像,這是因為投影機與銀幕沒有成垂直角度。解決之
道是調整投射頭,使其與銀幕成九十度直角即可。

（二）影片的特性

影片有下列優缺點,茲說明如下（Heinich, Molenda, Russell, &
Smaldino, 1999）:

1.優點

(1)動態影像

影片適合播放動態的影像,透過影片可將連續性的動作與其過
程真實地呈現出來。

(2)安全的觀察

允許學習者觀察可能發生危險的現象,如日蝕、火山爆發、凶
猛動物的生態等。

(3)技能的學習

透過影片可重複播放某些複雜的技能，例如打高爾夫球、游泳、心肺復甦術等動作，也可使用慢動作播放，以供觀察、模仿與練習。

(4)戲劇化表演（dramatization）

戲劇化的重現可讓我們仔細觀察和分析人際關係與溝通技巧的問題。

(5)情意的學習

由於影片對情緒有很大的影響，因此常被用來形塑個人和社會的態度。例如紀錄片和宣傳影片，被發現對觀眾的態度有很大的影響。

(6)問題解決

藉由影片可呈現問題情境，以供觀眾討論各種問題解決的方法，如前章所述之錨定式情境教學法。

(7)文化認識

經由觀賞人種誌的影片（ethnographic films）或紀錄影片，可欣賞其他國家人民的日常生活和風俗習慣，以增進文化交流。

(8)建立共識（establishing commonality）

共同觀賞影片，一群觀念不同的人可以建立共同的經驗基礎，有助於有效討論議題。

2. 缺點

(1)不易呈現靜態影像

影片適合播放動態影像，但不適合需要深入討論的單一畫面，如地圖、線條圖、組織圖等。

(2)缺乏經費與時間製作影片

學校需有專人負責蒐集、採購與整理坊間現有適合各學習領域的影片，若找不到，則學校通常也缺乏自行拍攝與剪輯的設備、專

業知能、時間與經費。

（三）電腦多媒體簡報的特性

電腦多媒體簡報有下列優缺點，茲說明如下：

1. 優點

(1)聲光動畫效果吸引注意力

由於電腦多媒體簡報能儲存、整合與呈現多媒體形式，如：文字、聲音、圖片、影像、動畫等資訊，易於吸引學生的注意力。

(2)呈現多碼的資訊，使資訊更易記憶

由於電腦多媒體簡報呈現多重官感刺激，使得人們能同時利用視覺、聽覺、觸覺等感覺器官來接收外界的訊息，增加資訊的接收管道與接收量，以利資訊更容易記憶與提取。

(3)資訊易於立即更新

很多書面的資訊，如報紙、雜誌、教科書等通常需經過較長的時間，才可更新最新教材，然而電腦與網際網路上的資訊可立即更新。

(4)PowerPoint 易學易用

電腦多媒體簡報軟體PowerPoint容易使用，經過政府大力推動資訊科技融入教學計畫之後，大大提昇教師的資訊素養，很多教師都樂於用來整合多媒體的資訊如：文字、聲音、圖片、影像、動畫等，以提昇學習效果。

(5)適合個別化學習

電腦多媒體簡報提供學習者控制、互動性、回饋與個別化學習環境，學習者可依據個人的需要與學習速度，來控制選擇學習內容。此外，也提供學習者反覆練習、過度學習的機會，以達精熟學習。

2. 缺點

(1)價格高昂

電腦多媒體簡報需要使用筆記型電腦、DVD影音光碟機、單槍投射器等，硬體設備價格昂貴。一般國小經費有限，可能無法提供給每位教師能隨時使用。

(2)背景音樂製作軟體不易學習

背景音樂製作軟體如 Sonic Foundry 公司的 ACID Pro 功能強大，但價格昂貴，是一套以重複播放為基礎的音樂製作工具。其特色有：無限制的循環音軌、自動控制重複的節奏及音調、及時的節奏控制、音樂能直接輸出成 WAV 檔案或是匯出成為數位音軌格式，適合電腦音樂創作者。一般音樂素養較低者，較不易自行創作背景音樂，需要接受教育訓練。

上述探討常用的投影機、影片與電腦多媒體簡報的優缺點，可知沒有一個教學媒體能適用於所有的教學情境，因此教師一定要熟悉所有常用媒體的特性，以供選擇使用之參考。

第二節　媒體選擇的考慮因素

誠如上述，教學媒體的種類繁多，各有其特色與適用的教學情境，教師如何從眾多的媒體中選擇適當的媒體，已成為教師必備的基本能力。筆者歸納教學媒體的選擇（media selection）應考慮下列六種因素（Gagne, Briggs, & Wager, 1992）：

一、媒體屬性（media attributes）

　　各種媒體之所以不同，就在於它們用來傳播與呈現資訊的物理
屬性的不同。例如：有的媒體用來呈現視覺資訊（如投影片、電視
機），有的媒體能用來呈現聽覺訊息（如錄音機、CD播放機）；有
的媒體能用來呈現靜態畫面（如幻燈片、投影片），有的媒體則只
能用來呈現動態畫面（如DVD數位光碟影片）。基本上，若是需要
用來教導具體的概念（如形狀或物體）和空間上的關係（如位置或
距離），則視覺媒體是很適合的。若是需較長時間播放靜態圖表，
且需在一般教室內使用，則投影機是非常適合的教學媒體。此外，
若是需要用來教導有關技能動作的目標，能夠提供學習者仔細觀察
與模仿，則動態的影片是適當的選擇。而互動性電腦多媒體由於能
提供學習者控制、反覆練習、測驗與回饋的功能，以適應個別化學
習，因此適用於認知目標的學習。

二、學習目標

　　學習目標也是教師在選擇教學媒體時所必須考慮的要素之一。
基本上，若學習目標是語文資訊（例如：某一歷史事件的知識），
就會選擇能呈現語文材料的媒體為主，如印刷文字、影片、演講錄
音帶等。若學習目標是動作技能，就會選擇影片、電腦多媒體或書
籍等。

三、學習者的特質

　　學習者的特質也是媒體選擇的重要因素，尤其是學習者的年齡、興趣、認知發展、學習風格、閱讀能力、資訊素養等。Dale 的「經驗的金字塔」（cone of experience）是媒體選擇的有效工具。「經驗的金字塔」中較底層是較具體而且能從做中學的媒體，如模型、戲劇表演、布偶、模擬器等，適合國小低年級學生的需求。閱讀能力較低者，則可選用繪本圖書或錄音媒體等。

四、教學情境

　　使用之媒體是在什麼教學情境之下使用？大班教學？小組教學？個別化學習？數位學習？或者是遠距教學？每種教學情境都各有其適用的教學媒體。

五、行政因素

　　媒體的選擇與使用，也需考慮行政上的因素，例如：（一）學校經費的多寡；（二）學校的建築；（三）發展新教材的人力、能力、預算與時間；（四）是否具有軟硬體設備；（五）教師教學設計的能力；（六）校長和教師對創新的態度與信念等。

六、現實的因素（practical factors）

　　在現實情境中，媒體能否發揮預期的功效，還需有賴於下列幾

個實際考量的因素：

（一）在一個會場中所能容納的團體大小為何？

（二）所使用的媒體其觀賞與收聽的範圍有多大？

（三）所使用的媒體是否易於中斷，以利於討論、活動，或是給予學生回饋？

（四）所呈現的教材是否需要動作、色彩、圖片、旁白或文字？

（五）媒體播放的順序是固定的或是隨機的？是否易於重複播放以利於學習？

（六）哪種媒體最適合於達到某種目標？

（七）哪種媒體較能提供多元的教學活動？

（八）所欲使用的軟硬體設備是否容易取得？是否便於收藏管理？

（九）在發生設備當機、停電、故障時，是否有備案計畫可用？

（十）教師是否有運用該項媒體的能力？是否需要接受額外的訓練？

（十一）教師是否偏好某項教學媒體？

（十二）是否有較經濟的媒體，仍然可以達成相同的效果？

（十三）是否有零件更換與維修之預算？

（十四）使用的有效性及其所購置的經費是否值得？

此外，由於使用的媒體都有其使用年限，有些零件需定期更換，如單槍投射器的燈泡正確使用大約只能播放一千個小時，若上課時播放到中途燈泡燒壞了，且因價格昂貴約一萬多元，學校沒有備份燈泡可供更換，或教師不會更換，則需有其他應變的教學設計活動。又如上課時，需上網找尋資料，但卻網路斷線，而無法上網的原因很多，可能是電信局主機房、區域網路中心或縣網中心線路故障等，等到查明故障來源已經下課了。解決之道是可預先上網瀏覽網站的

內容後，再以「離線工作」的方式呈現，或將網站內容全部下載至教師的電腦上，則可解決不可預測的上網問題。

第三節　系統化計畫運用教學媒體的模式

誠如本書第三章所述，有效的教學有賴於縝密而周詳的系統化教學設計。同樣地，欲有效地運用媒體與科技於教學上，教師也必須以系統化方法加以規畫，方能收事半功倍之效。本節所要探討的系統化計畫運用教學媒體的 ASSURE 模式是 Heinich、Molenda、Russell 和 Smaldino（1999）所創。筆者於一九八一年赴美攻讀碩士學位時是第一版，現在則已至第七版了。此模式簡單實用，值得各級教師運用科技融入教學的參考。

ASSURE 模式的名稱是源自於該模式每個步驟的英文字頭（acronym）的簡稱，有「確保」（assure）有效提昇學習效果之涵義。以下詳細探討 ASSURE 模式的每個步驟：

一、分析學習者的特性（Analyze learners）

想要有效地運用教學媒體與科技的第一個步驟，就是必須先要分析學習者的特性。你的學習者可能是從幼稚園兒童至大學生，甚至是成人學習者，教師必須了解學生，以便選擇最適合的媒體。教師可從（一）一般特性；（二）特定的起點能力（specific entry competencies）；（三）學習風格等三方面來分析學習者的特性。

（一）一般特性

包括年齡、年級、工作或職位、社會經濟因素等。

（二）特定的起點能力

包括先備知識、技能、態度等。

（三）學習風格

學習風格涉及個人的心理特質，以決定對事物的知覺的偏好、情感的反應、動機、興趣等的表現。哈佛大學Garner教授認為，如果我們希望我們的學生在學業或生活上都能成功，我們必須培養他們多方面的智能和潛能，因而提出多元智能（multiple intelligence）理論，包括語言文字、數學邏輯、視覺空間、音樂節奏、肢體運動、人際溝通、內省知能、大自然觀察等。多元智能亦隨人類文化發展而演變，所以日後之智能可能不止此八種。

二、敘寫教學目標（State objectives）

其次，教師在教學前應確定在教完某個單元之後，學習者應該要學會什麼內容或具備什麼能力？教學目標可源自於需求分析，或參考教科書、教師手冊，或自行發展。撰寫教學目標時，應具體明確，且需使用具體的行為動詞，以有助於觀察與評量。確定了教學目標才能正確地選擇適當的教學方法、教學媒體、設計教學活動與教學評量。

三、選擇教學方法、媒體與教材
（Select methods, media and materials）

　　一旦了解學習者的特性與撰寫完教學目標之後，就表示已確定了學生現有的情況（先備知識、技能和態度）與理想的情況（教學目標）之間的差距（gap）為何。此時，教師就須考慮如何縮短差距與達到目標。適當的作法應是實施單元教學活動設計，包括準備教材、選擇適當的教學方法、教學策略，以及選擇現成的教學媒體、修改現成的教學媒體，或重新設計與製作教學媒體。若要重新製作新媒體，當然需要考慮個人或學校是否有相關的軟硬體設備、人力、技術、經費與行政上的支援。

　　在選用教學媒體時，也須考慮下列問題，作為選擇的參考（McAlpine & Weston, 1994）：

　　（一）媒體的內容是否能符合課程的需求？
　　（二）媒體的內容是否正確與是否是最新的資訊？
　　（三）媒體所使用的語文是否清晰與口語化？
　　（四）媒體是否能激發與維持學習者的動機與興趣？
　　（五）媒體是否能提昇學習者主動參與學習？
　　（六）媒體是否品質良好？
　　（七）媒體是否提供有效能的實證研究證據？
　　（八）媒體是否附有使用者手冊？

四、使用媒體與教材（Utilize media and materials）

　　一旦選擇、修改或設計教材與媒體之後，在教學前，教師應做

好下列之教學準備：

（一）首先，必須先預覽教材（preview materials），或準備好如何操作媒體、事先稍加演練數次。若是使用影片（或錄影帶），則需事先預覽，並擬定好可供事後討論的重要問題，或停格在要觀賞的地方，以節省找尋的時間。

（二）教師要先準備好教材，例如講義、學習單、或事先蒐集列出要瀏覽的網址等。

（三）教師應布置教室環境，包括教室的燈光控制、空調、音量等。若要使用網際網路，也需先將「資訊車」（上有電腦與單槍投射器等設備）安裝妥當，並先上網測試網路是否暢通；若是使用投影機，則需事先排妥呈現投影片的順序；若是觀賞影片，則只能播放重要的片段，不能整堂課都在觀賞影片，且必須在觀賞完影片後，要留下一段時間供大家討論，如此才可增進學習效果。

（四）事先要求學生在上課前應先預習課文、提出問題以供大家討論。

五、要求學習者參與（Require learner participation）

在正式教學時，教師應靈活運用適合各學科領域的各種教學方法，如本書第四、五章所探討的教學方法與策略。其目的是要多鼓勵學生主動積極參與討論，增加師生互動與同儕互動，並提供機會讓學習者充分練習其所習得的知識和技能，以促進學習效果。

六、評量與修正（Evaluate and Revise）

在完成教學後，有必要評量學習者是否達到學習目標？教師所

運用的教學方法、科技媒體能否協助學習者達到教學目標？教學後，教師也可做問卷調查或訪談學生，以了解學生對於學習結果的想法。教師也須時常自我省思，檢討教學方法，以作為將來改進的參考。

　　筆者常推介ASSURE模式給國小教師作為資訊科技融入教學的模式，行動研究結果顯示此模式具有學習成效（沈中偉，2001）。此模式給教育工作者的啟示是，科技在整個教學歷程中只是輔助工具，最重要的還是教師在運用科技媒體教學時，需有創意地設計、整合與製作科技媒體教材，例如：筆者曾要求師資培育機構學生，利用PowerPoint整合自行創作的兒童故事，再加入旁白、背景音樂、音效與動畫，而製作成電腦多媒體故事書，深獲國小學生喜愛。因此，教師在運用ASSURE模式時，也應與班群教師腦力激盪，如何有創意地運用媒體於各學科教學上，以促進學習成效。更重要的是在教學時，應引導學生主動參與學習、思考、討論與互動。

第七章
數位學習

　　數位與通訊科技的進步，改變了很多生活的模式。雖然大多數科技的誕生不單純是為了教育，但是對於學習環境及教學的觀念，往往造成很大的影響。比較值得慶幸的是，如果可以善用這些科技的特性，對於學生在學習動機、態度及學習成效方面，可以有良好的助益。因此，了解科技的特性，並檢視教學內容中適合融入的科技或媒體，對現代教師是重要的課題。從科技的發展角度來看，電腦設備朝可攜性及行動化的方向發展，促成學習機會的增加及場域的擴展；再加上無線通訊應用的普及，更多過去不易進行的學習模式已開始被廣泛使用；同時，多媒體及感應技術的進步，很多數位教材呈現的方式更為活潑且人機互動的方式更為豐富。因此，本章旨在針對數位學習科技對於教育的影響及帶來的契機，包括由單機電腦化學習演進到網路學習，再由網路學習到行動與無所不在學習所形成的環境、策略及應用模式的改變，以及數位遊戲式學習的發展，進行詳細的介紹。

第一節　數位學習的演進

　　數位學習的演進過程和電腦及網路科技有很大的關聯；圖7-1呈現了這個演進的過程。在大約一九八〇年起，桌上型電腦及多媒體

技術剛開始普及的時候,很多研究人員及電腦業界,開始嘗試發展單機版的電腦輔助教學系統,透過磁碟片或是光碟片,來呈現數位化的教學內容。在這個時期,電腦網路並不是很普及,但是開始有學校運用光纖網路,進行二個地點的同步教學;例如交通大學在一九九〇年左右就與新竹科學園區,透過光纖網路進行二個地點(交通大學圖書館及科學園區管理局)的同步課程(即教師與學生必須在相同時間進行教學與學習活動),讓修課的學生(包括科學園區的進修人員)可以選擇在其中一個地點就近上課。這樣的方式,在某種程度上解決了距離的問題,但是學生還是必須在固定的時間,到達固定的地點聽課。

在二〇〇〇年左右,隨著網際網路的逐漸成熟,線上的數位課程及學習活動受到廣泛的重視,許多網路虛擬教室及多人互動的學習環境被發展及應用。在這個階段,學習活動的進行仍然是以桌上

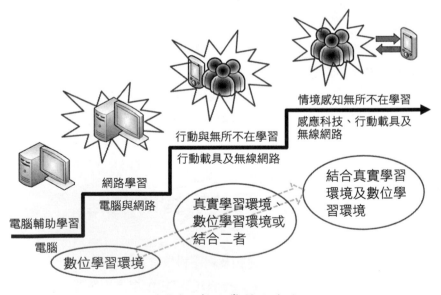

圖 7-1 數位學習的發展

型電腦配合有線網路為主。許多學校都是利用電腦教室，讓學生一起進行網路學習活動；也有學校開授網路課程，讓學生可以透過網路在家中進行學習。這個階段的活動，可以是同步或非同步，甚至於是二者的混合。例如有些學校的課程，在一個學期當中，即包括了課堂授課、網路自學及非同步討論，以及網路同步授課與即時討論。在網路自學的部分，是由教師事先準備數位教材，讓學生自行瀏覽，並在討論區與同儕及教師互動；在網路同步授課的部分，則是由教師事先與學生約定時間，在網路進行授課及討論。這兩種方式的實施，必須視課程內容的性質來安排。有些內容適合以多媒體呈現，且師生的互動不用那麼頻繁，因此非同步的方式相當合適；有些內容則需要口語講解，並進行較多的互動與討論，因此適合同步授課。

隨著電腦科技的進步及無線網路的普及，數位學習的型態又開始轉變。可攜式電腦讓「學習可以帶著走」，或是「學習可以隨處進行」的想法成形；配合無線網路的使用，「隨時進行同儕互動」與「隨時獲得學習資源」的理想逐漸實現。透過這些新興科技的輔助，行動與無所不在學習的構想在二〇〇〇年左右即被學者提出；然而，一直到二〇一〇年左右，才有較多的應用及推廣成果。這個過程，和可上網的智慧型手機與平板電腦的推出有很大的關係（Hwang & Tsai, 2011）。在這樣的學習模式中，學生可能只是運用行動及無線通訊科技帶來的便利性，隨時隨地進行學習，但學習的內容與真實的環境無關。另一方面，這樣的學習模式，也可能透過學習活動的設計，與真實環境結合；例如學生在博物館進行展覽品的欣賞，並透過行動載具完成學習單（Hung, Hwang, Lin, & Su, 2012）。

同時，由於感應科技〔例如RFID（Radio Frequency Identifica-

tion）及 GPS（Global Position System）〕的成熟，開始有學者嘗試
將這些科技加入行動與無所不在學習的環境中，用來偵測學生在真
實環境的狀態並提供更多且更主動的學習支援。Hwang、Tsai 和 Yang
（2008）稱這種學習方式為情境感知無所不在學習（Context-aware
ubiquitous learning）。在這樣的學習模式下，學習的內容往往與真實
環境有很大的關聯，包括上述博物館的學習，或是生態的觀察等。

　　劉繼仁和黃國禎（2009）更針對這些因應不同科技演化而來的
數位學習模式，歸納了多個面向的特性、教學模式、評量模式及教
育理論，並分析其異同，如表 7-1 所示。以下各節將針對各個數位學
習模式的發展及應用，進行詳細的介紹。

表 7-1　不同數位學習模式在理論及應用的異同

	傳統網路 數位學習	行動與無所 不在學習	情境感知與 無所不在學習
學習特色	1. 無距離限制 2. 全面的學習 3. 同步或非同步 　的資訊接受	1. 無距離限制 2. 全面的學習 3. 同步或非同步 　的途徑 4. 安置在真實環 　境 5. 學習資訊的即 　時接受	1. 無距離限制 2. 全面的學習 3. 同步或非同步 　的途徑 4. 安置在真實環 　境 5. 學習資訊的即 　時接受 6. 適性的和主動 　的學習支援
主要學習科技工具	1. 個人電腦 2. 筆記型電腦 3. 網路支援設備	提供無線通訊的 可移動式裝置 （如掌上型電 腦、手機可攜式 電腦）	使用可移動式裝 置和無線通訊的 感應科技（如無 線射頻辨識系 統、全球定位系 統）

（下頁續）

...

（續上頁）

		傳統網路 數位學習	行動與無所 不在學習	情境感知與 無所不在學習
學習控制點	內部的，基於使用者的角度	自我導向的使用者	主動的使用者	主動的使用者或感應裝置引導的使用者
	外部的，基於工具的應用	基於線上行為的引導	基於無線、網路學習行為的引導	基於線上和融入環境的真實學習行為引導
資訊的主要來源		連線的伺服器	無線的伺服器、實體物件或二者	無線的伺服器和裝置感應器的實體物件
可應用的學術及產業領域		幾乎所有的領域及學門	學習陳述性的知識，例如對一組目標物的觀察和分類	學習程序性的知識，例如學習完成一項複雜的實驗
教學模式		一對一、一對多或多對多學習活動	一對一、一對多或多對多學習活動，且提供了用在陳述性知識的真實環境資訊，例如真實世界學習目標的觀察和分類	一對一、一對多或多對多學習活動，且提供了用在程序性知識的真實環境資訊，例如在提供幾項配備的情況下完成一項複雜實驗的技巧和能力
評估模式		以價值為基礎的；同步或非同步的自我評量；同儕、教學者或是從學習系統的人工評分	以價值為基礎的；即時的自我評量；同儕、教學者或是從學習系統的人工評分	以價值為基礎的；即時的自我評量；同儕、教學者或是從學習系統的人工評分，特別是適合評估真實世界的學習活動

（下頁續）

（續上頁）

	傳統網路 數位學習	行動與無所 不在學習	情境感知與 無所不在學習
學習情境	被動的線上學習環境	真實世界和被動的線上學習環境	真實世界和較為主動的線上學習環境
相關的教學理論或策略	幾乎所有的教學法理論或教學策略	幾乎所有的教學理論或教學策略，特別是以計畫導向的學習、真實環境的學習、鷹架式學習	幾乎所有的教學法理論或教學策略，特別是以計畫導向的學習、真實環境的學習、鷹架式學習、認知學徒制

第二節　電腦輔助學習與網路學習

在過去的二十年來，由於電腦軟硬體技術的進步與網路應用的普及，數位學習的環境有很大的改變。無論在哪一個科技的發展階段，研究人員共同的理念，就是要提供更豐富的學習資源，以及更適合每個學生的學習環境、策略及工具（Fabos & Young, 1999），例如電腦化的學習輔助鷹架（Williams van Rooij, 2009）及電腦化測驗與診斷系統（Hwang, 2003; Panjaburee et al., 2010），並透過網路將這些新的環境、策略及工具應用在學校的教學活動中。

早期的電腦化教育工具稱為電腦輔助教學（Computer-Assisted Instruction, CAI）。顧名思義，CAI是以教學的角度來設計，主要是經由電腦系統，來呈現精心設計的教材內容。由於當時計算機網路還沒有成形，因此這些系統是以單機的方式執行，有些更是以教學

光碟的方式銷售。例如 Burks（1996）開發了一套電腦輔助電路分析教學系統；Zhou、Wang 和 Ng（1996）更將人工智慧技術應用在教學系統的開發。這些電腦輔助教學系統雖然發展的年代久遠，但是多媒體的內容已經相當豐富，且互動的圖形化介面已經發展得很完整（Pui & William, 1996; Sally, 1996）。例如在 1990 年代知名的 Living books，就是這個數位學習階段的代表作。Living books 顧名思義，就是「活的書」，其介面是以圖畫為主，輔以文字說明，但是其閱讀的方式及樂趣和紙本的童書有很大的不同。在 Living books 的圖畫中，所有的物件，包括房屋、植物，物品及動物等，都是「活」的；小朋友只要點選任何的物件，相對的動畫就會呈現。同時，每一頁的故事內容，會有聲音配合文字的演出。在當時，這樣的產品，將電腦多媒體技術發揮到極致。

　　同時，有些研究團隊及產業，甚至於已經發展出輔助工具，來協助這類教學系統的開發（Robert, 1996; William & Marion, 1996）。Barrett 和 Lally（1999）的研究指出，電腦輔助教學系統對於促進學習有很大的幫助；Davidovic、Warren 和 Trichina（2003）在其著作中也提到，在發展電腦輔助教學系統時，若能參考認知學習的理論，對於提昇學生的學習成效將有很大的助益。

　　隨著網際網路的發展，運用資訊科技於教學輔助的模式也有了很大的改變。教育學家及研究人員開始嘗試發展各種網路學習模式及系統；很多學校甚至於將網路學習活動納入課程當中（Khan, 1997; Tsai et al., 2001; Tsai & Tsai, 2003; Huang & Lu, 2003）。早期的網路學習，主要是將網際網路當作遠距學習的工具，亦即運用了網路即時傳遞資訊的功能（Apkarian & Dawer, 2000）；有些學者則開始在網路上發展教學模擬工具或是虛擬學習環境（Sreenivasan, Levine, & Rubloff, 2000）。在這些早期的網際網路教學應用中，除了運用網路

進行遠距的教學及學習活動,教師也常常在課堂教學中,透過投影機
展示網路的資源,來豐富教學的內容(Ringwood & Galvin, 2002)。

　　由於電腦顯像技術及計算能力的進步,網路虛擬學習環境的發
展在近年來更為快速,Second Life即是其中3D互動環境的代表作。
在Second Life中,每個人可以扮演一個角色,在網路的世界中與其
他人互動。這個角色的姓名、外表、職業,都可以依個人的喜好或
需要來決定。目前國內外已經有許多學校透過Second Life進行教學
活動。圖7-2為Regents of the University of Michigan在Second Life發
展的虛擬教學環境。在這個環境中,透過3D影像的呈現,學生可以
同時用巨觀及微觀的角度來觀察一些自然的事物,例如放大某些物
質的分子結構。

　　另一方面,學者也開始探討網際網路資料搜尋行為與教育的關
係。他們認為,學生的網際網路資料搜尋、選取、摘要與彙整能力,

圖 7-2　Regents of the University of Michigan 的 Second Life 虛擬學校

和問題解決能力有很大的關係；因此，培養學生取得並運用網路資源來解決學科的問題，對於發展其高層次思考能力有很大的幫助（Hwang & Kuo, 2011）。Hwang、Tsai、Tsai和Tseng（2008）更發展了一套網路資料搜尋行為分析系統——Meta-Analyzer，來協助教師及研究人員分析學生在網路上搜尋資料、瀏覽資料、選擇網頁、摘要資訊及回答問題的行為。圖7-3為Meta-Analyzer的學習介面，教師事先將依照某個要學生探討的主題（例如「核能發電」）準備一系列的問題（例如「台灣有幾座核能電廠？位於何處？」、「核能發現的原理是什麼？請以150字以內的文字說明」、「核能發電和傳

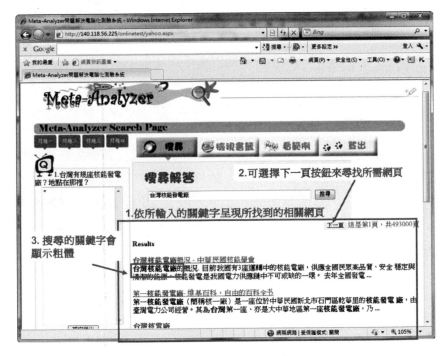

圖 7-3　Meta-Analyzer 的學習介面

統發電的方式有何不同？其優缺點為何？」讓學生在網路上搜尋資料來回答；學生即可透過系統提供的網路搜尋介面，輸入關鍵字、選擇網頁、摘錄資訊，在彙整資訊後送出答案。最重要的是，教師或研究人員可以透過分析介面，看到學生完整的搜尋及回答問題歷程。此外，系統也會針對學生的操作紀錄，統計出13個指標，包括「平均使用的關鍵字數」、「選擇網頁平均花費的時間」、「瀏覽有用網頁平均及花的時間」等，以協助教師及研究人員了解學生的狀況。

第三節　行動與無所不在學習

　　雖然許多電腦輔助教學及網路學習的應用都呈現了良好的成效，教育學家仍不斷提醒真實情境學習的重要；也就是說，若能讓學生面對更真實的情境或環境，對於學習會更有幫助（Brown, Collins, & Duguid, 1989; Minami, Morikawa, & Aoyama, 2004; Wenger, 1997）。因此，開始有學者嘗試運用行動及無線通訊科技，讓學生在真實情境下進行學習活動，並獲得來自數位學習系統的支援（Hwang & Chang, 2011）；在這樣的概念下，發展出行動學習（Mobile Learning）與無所不在學習（Ubiquitous Learning）的模式（Hwang et al., 2008）。

　　行動學習有多種不同的定義，例如「在移動中學習」或是「使用行動載具輔助學習」。其中後者是比較廣義的定義，亦即，無論有沒有學習過程中移動，使用行動載具進行學習，都是行動學習的一種方式。同樣的，無所不在學習的定義也很多，比較常被引用的定義是「隨時、隨處進行的學習」。因此，無所不在學習不一定與

科技有關，但是要能隨時隨地進行學習，且能夠獲得學習支援，比較方便的方式，是使用行動載具來進行學習。

由此可以得知，目前多數學者所稱的行動學習或是無所不在學習，都是指透過行動載具（例如手機或平板電腦），來進行學習的一種方式。黃國禎（2007）指出，這樣的學習模式具有幾個優點：

1.資訊的獲得與分享更便利：學生可以隨時透過行動載具與無線網路獲得需要的資訊，也可以與同儕進行分享。

2.學習不受時間及場地限制：不論在教室內、戶外，或是移動過程中，透過行動載具，學生可以隨時隨地進行學習活動，例如在公車上背誦英文單字或是進行作業。

3.可以配合真實情境來學習：透過學習活動及環境的規劃，學生可以在真實環境中觀察學習目標物，並經由行動載具與數位學習系統互動，獲得引導或補充資料。例如在校園植物觀察的活動中，學習系統可以透過行動載具提供補充資料，或是提出一些問題引導學生觀察。

4.可以記錄學生在真實環境的活動歷程：學生操作行動學習載具的過程，可以完整地被記錄，以作為未來教師改善教學活動或是學生改善個人學習策略的依據。

感應技術的導入，讓行動與無所不在學習的接受度大為提昇。圖7-4為一個情境感知無所不在學習的活動場景。這個活動是在南台灣的一所小學蝴蝶園中進行，其目的在於引導小學生進行蝴蝶生態的觀察。在這個活動中，每名學生使用配置RFID讀卡器的PDA（Personal Digital Assistant）；同時，蝴蝶園中有無線網路，因此，學習系統可以透過PDA和學生進行互動，包括提示學習任務、提供補充教材及進行現場測驗。為了引導學生到達正確的觀察位置，整個蝴蝶園被劃分為18個區域，每個區域安裝有不同的RFID標籤。當

圖 7-4　情境感知無所不在學習的活動場景示意圖

學生接近某個區域時，所持有的PDA會經由RFID的讀取器感應到該區域的RFID標籤訊號，並經由無線網路傳給學習系統；學習系統即可藉由接受的訊號判斷學生所在的位置，並給予任務提示或是引導學生到達其他區域。類似的學習活動自二〇〇八年起在台灣持續的進行，並推廣到各級學校、不同學科的教學活動，包括國小自然、社會、數學及英文課，高中地理課、電腦課及英文課，大學電腦課、化學課及護理實習課程等。同時，學者更將心智工具，例如概念構圖，應用在這些行動感知無所不在學習活動中，讓學生運用心智工具，組織在活動現場觀察的結果（Hwang, Shi, & Chu, 2011）。

　　在情境感知無所不在學習環境中，最特別的是學習系統可以藉由感應科技，引導學生在真實環境中進行觀察及比較。Chu、Hwang、Tsai 和Tseng（2010）更進一步針對這種基於實體位置進行

學習引導的模式提出「雙層次測驗式的引導」（Two-Tier Test Guiding）策略。在這個策略中，學習系統依循以下的步驟引導學生進行現場的學習：

步驟1： 引導學生走到學習目標物位置。

步驟2： 進行第一層的測驗式引導觀察：針對目標物（例如圖7-5(a)的麵包樹），呈現這個階段的問題（例如「觀察葉緣的形狀」），引導學生觀察該目標物的基本特徵。

　步驟2.1：如果學生的回答不正確，則提示其答案不正確，並進行以下的引導：

　　步驟2.1.1：引導學生走到一個具有該不正確答案特徵的植物（例如圖7-5(b)的楓香），並提示學生比較先前的植物和這個待比較植物在那個特徵（例如「葉緣」）的差異。

　　步驟2.1.2：請學生重新回答問題，若答案仍然不正確，則呈現補充教材。

　步驟2.2：若學生已正確回答問題，則進入第二層的測驗式引導觀察：

　　步驟2.2.1：針對目標物的相同特徵，呈現進階的問題（例如「這樣的葉緣形狀，對於該植物適應環境有何作用？」）

　　步驟2.2.2：若學生無法正確回答，則呈現補充教材，並回到步驟 2.2.1。

步驟3： 重複進行步驟2，直到與該目標物所有特徵的相關問題都已正確回答。

步驟4： 引導學生到達下一個目標物，直到所有目標物都已觀察完畢。

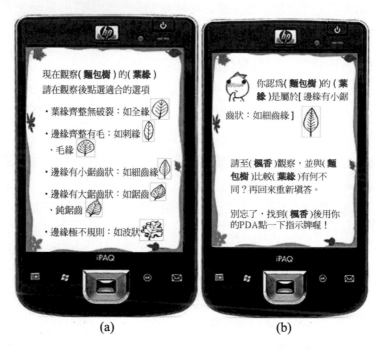

(a)   (b)

圖 7-5　國小自然科的校園植物行動學習活動

（資料來源：Chu, Hwang, Tsai, & Tseng, 2010）

　　由於情境感知與無所不在學習不同於以往的傳統數位學習與行
動學習，為了要了解情境感知與無所不在學習，劉繼仁和黃國禎
（2009）經由文獻的蒐集與整理，針對情境感知與無所不在學習的
引導方式，提出在科技化學習、教學和研究方面的價值，如表7-2所
示。在此「價值」指的是對「個人學習或教學興趣、信念和理想」
的助益。

表 7-2　情境感知與無所不在學習的引導價值和方向

情境感知與無所不在學習的引導價值	參與者的好處	學習和教學的方向	可能的研究議題
立即性	無猶豫地回答問題與解決問題；良好的學習效力和效率	提供直覺式的方法，在正確的時間與地點，定義出正確的學習內容和正確的學習服務	1. 資優生教育 2. 身心障礙學生教育 3. 電腦中介傳播的語言學習 4. 應用情境感知與無所不在學習在各種學門和產業 5. 後設認知
探索性學習	藉由與人、物和環境的互動建構知識和技巧；探索不同學習風格與策略	探索真實世界；發展個人學習策略與風格	1. 在家學習和非學校教育 2. 電腦輔助語言教學 3. 特定的教學設計模型／理論和每種學科 4. 學習領域或產業的分類
合作學習	形成以團隊為基礎的競爭和支援	增進經由同儕支援而達到學習目標的成功率	1. 應用無所不在的學習在各種學門和產業 2. 電腦中介傳播的語言學習 3. 老人教育 4. 身心障礙學生教育

（下頁續）

（續上頁）

情境感知與無所不在學習的引導價值	參與者的好處	學習和教學的方向	可能的研究議題
實作的指導學習	探索不同種類的情境感知與無所不在學習及其效力	用可實行的方法逐步建構學習過程	1. 身心障礙學生教育 2. 電腦輔助語言教學 3. 應用情境感知與無所不在學習在各種學門和產業 4. 後設認知
經由具備無線射頻辨識系統感應器的評估	探索以資源為基礎的學習	使用可實行的方法和科技，定義有效力和效率的工具	1. 在家學習和非學校教育 2. 身心障礙學生教育 3. 老人教育 4. 應用情境感知與無所不在學習在各種學門和產業
促進學習技巧	使用正確的應用方法調查各種技巧以增進最好的學習結果	引發更好的學習表現；增進學習轉移；增進批判性思考	1. 身心障礙學生教育；老人教育 2. 應用情境感知與無所不在學習在各種學門和產業
促進社交技巧	在同儕的支援或多媒體環境學習的情況下，調查關於情境感知與無所不在學習的信念、態度、偏好或問題	在同儕間或師生間增進情感的關係和加強雙方的互動	1. 電腦中介傳播的語言學習；老人教育 2. 身心障礙學生教育 3. 在家學習和非學校教育

（資料來源：劉繼仁、黃國禎，2009）

　　由這些資料可以看出，善用新興科技，對於改善教育環境及促進學習成效將有很大的助益。台灣在電腦及通訊科技的良好基礎，對未來推動行動與無所不在學習，將是很大的優勢。現階段最重要的，是讓各級學校的教師了解科技帶來的好處，以及在科技化的環境中，如何善用數位資源。

第四節　遊戲式學習

　　在數位學習由網路走向行動與無所不在學習模式的同時，多媒體技術及人機介面的發展，也帶來了另外一個值得注意的新趨勢，就是數位遊戲式學習。由於在數位學習是以學生為中心，學生的主動參與往往會影響學習成效，而電腦遊戲對學生有很強的吸引力；因此，近年來許多學者積極發展遊戲式學習系統，嘗試運用遊戲的特性，使數位學習發揮更大的功效（Dempsey, Rasmussen, & Lucassen, 1994; Yun, Jiang, & Li, 2010）。學者指出，遊戲是孩童認知與社會發展過程中很重要的一部分；遊戲不只可以促進孩童思考，更可以讓孩童在與他人互動的過程中，發展高層次的心智能力（Provost, 1990; Carbonaro, Szafron, Cutumisu, & Schaeffer, 2010）。同時，遊戲式的學習活動可以讓學生在問題解決的過程中學習知識，並在挑戰中獲得成就（Huang, Huang, & Tschopp, 2010; Kim, Park, & Baek, 2009; Prensky, 2001）。

　　過去的許多研究發現，電腦遊戲可以讓學生對學習更有興趣（Ebner & Holzinger, 2007; Malone, 1980），甚至於增加學生的內在動機（Burguillo, 2010; Dickey, 2011; Huang, 2011; Liu & Chu, 2010; Papastergiou, 2009），而這些因素是決定學習成效的重要關鍵。

Prensky（2001）指出，一個好的教育遊戲設計必須包含目標、主題、成就、回饋、衝突、挑戰、互動性、重新詮釋性及劇情；同時，他也認為，將遊戲納入教學的目標中，可以提供學習者互動學習的機會以及引發其內在的學習動機。相較於傳統實體教室的教學模式，學習者透過遊戲闖關的知識給予、傳遞以及吸收進行潛在性的學習，同時兼顧遊戲性與教育性，學習者可以透過克服遊戲中的問題自我建構知識，達成寓教於樂的效果（Cagiltay, 2007; Huang, Tseng, Weng, & Ho, 2008）。Cheng 和 Chen（2008）的研究指出，學習者在互動式的遊戲學習環境內進行獨立或是群體的操作活動，藉著同儕之間的溝通以及操作經驗的回饋，可以增進學習效果。Tuzun、Meryem、Karakus、Inal 和 KIzIlkaya（2009）研究顯示，數位遊戲可以提昇學習動機和獨立學習能力。綜觀以上研究可以發現，應用遊戲的觀念來設計的學習模式已經是一個重要的趨勢。

另一方面，Kuo（2007）以數位遊戲式學習環境探討其對於國小學童在自然科的學習動機與成就，結果發現數位遊戲式學習可提昇學習者的興趣，但是對於學習成就並無顯著性差異，學者在其他數位學習模式中也有類似的發現（Hwang & Chang, 2011）。因此，學者認為，數位遊戲學習系統若要對學生的學習成就有所幫助，必須導入有效的學習策略或工具（Sung, Yang, Lu, Hwang, & Hung, 2011）。

Hwang、Sung、Hung、Yang 和 Huang（2012）嘗試以心智工具作為遊戲式學習系統中的學習導引及知識建構工具。他們發展的遊戲學習系統結合了凱利方格（Repertory Grid）作為心智工具，來幫助學生針對學習的目標進行系統化的觀察及比較，進而培養高層次思考及解決問題的能力。凱利方格是一個表格般的知識結構方式，由元素（Elements）和配對屬性組（Constructs）及連結機制（Linking mechanism）所組成；其中「元素」代表歸納分類的結果、可能的解答或學習的目標（例如黃金露花），而「配對屬性組」包含正屬性（例如「葉形尖細」）及反屬性（例如「葉形扁圓」），用來描述元素的特性，以及描述元素間的相似與差異。連結機制通常以5個等級的關係值來表示，1表示與反向屬性概念具有強烈的相關性，5則表示與正向屬性概念強烈的相關。

　　這個遊戲是以國小自然與生活科技領域的「認識校園植物」為學習內容。遊戲的故事背景是一個遠古的王國，由於人民飲用了有毒的水源，必須尋求解毒的藥草。這個國家的國王為了找尋解藥，依據古籍的記載，展開一場冒險之旅。以下將用這個遊戲的結構及內容來說明學習任務、心智工具及遊戲的結合方式。

第1階段：學習任務導引

　　遊戲開始時，首先介紹故事背景及任務，引導學習者進入學習情境，如圖7-6所示；接著說明遊戲中包含的各項功能與闖關規則，學習者可以隨時查看遊戲任務表（已完成與未完成的學習任務），並藉由任務表中的地圖指引資訊說明，找到目標植物的正確觀察位置。

第2階段：觀察判斷學習目標特徵

　　在第一層遊戲關卡中，學習者在遊戲系統的引導下，觀察目標植物的基本特徵，並回答相關問題。例如學習者進入遊戲情境後第一個進行觀察的目標植物為「黃金露花」，遊戲系統將依照故事劇情的需要，導引學習者找到黃金露花的觀察位置，並蒐集相關資訊。

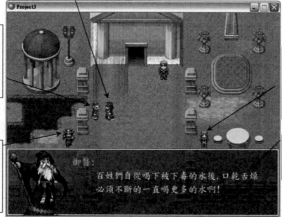

學習者在遊戲中的角色為拯救人民的國王。

由御醫派遣學習任務1：學習目標植物為「黃金露花」。

由大廚派遣學習任務3：學習目標植物為「羊蹄甲」。

由戰士派遣學習任務2：學習目標植物為「欖仁樹」。

遊戲故事背景介紹與劇情導引。

御醫：百姓們自從喝下被下毒的水後，口乾舌燥必須不斷的一直喝更多的水啊！

圖 7-6　遊戲故事背景與學習任務介紹

要通過第一層關卡，必須從正確地回答有關這個學習目標的所有問題，如圖7-7所示。

若學習者在「第一層遊戲關卡」的回答不正確，系統將引導他們進行二種植物的特徵比較，以協助他們自己找到答案。以「黃金露花」為例，若學習者的回答是「葉形扁圓」，系統將找到真正葉子形狀為扁圓的植物，例如「羊蹄甲」，並導引他們進行二種植物特徵的比較，再重新回答第一層遊戲關卡中的相關問題。

第 3 階段：分類與比較學習目標的特徵

在第二層遊戲關卡中，遊戲系統導引學習者觀察目標植物的細

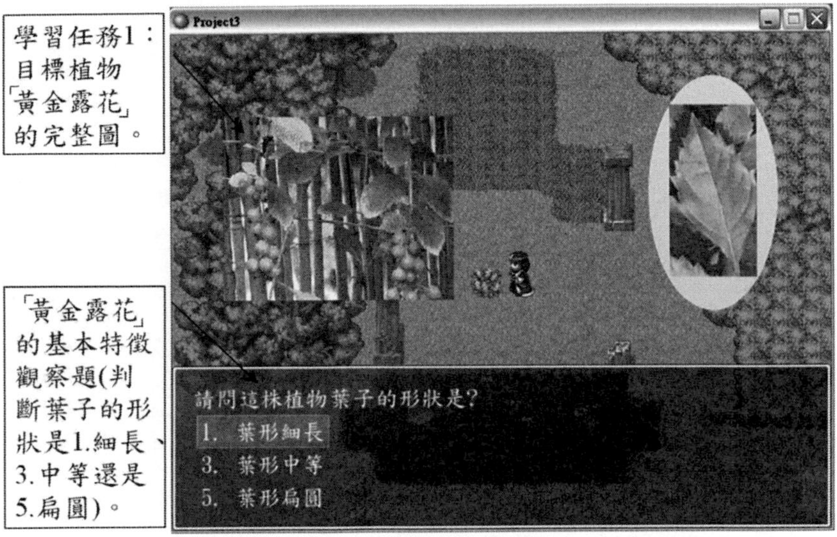
學習任務1：目標植物「黃金露花」的完整圖。
「黃金露花」的基本特徵觀察題(判斷葉子的形狀是1.細長、3.中等還是5.扁圓)。
Project3
請問這株植物葉子的形狀是?
1. 葉形細長
3. 葉形中等
5. 葉形扁圓

圖 7-7　遊戲第一層關卡——基本特徵觀察

部特徵，例如葉子「細長」與「非常細長」。經由對於各個植物的各項特徵的觀察、比較、回饋及修正，最後完成凱利方格，如圖7-8所示。經由這樣的過程，學生不僅在玩遊戲的樂趣中學習，更能夠組織所獲得的知識。

第五節　網路學習活動設計與課程管理

不論學生是透過桌上型電腦或是行動載具進行學習，由教師的角度來看，網路學習平台的管理與課程活動設計是最重要的數位化教學議題。透過網路平台可以進行的學習活動很多，除了提供課程內容之外，還能夠舉行測驗、指定作業、表揚優秀同學、進行問卷

系統則會自動
將選擇的目標
植物特徵結果
（例如：「黃金
露花」的葉子形
狀特徵為「細長」）
記錄至凱利方
格。

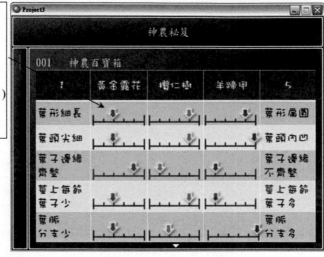

圖 7-8　學習者凱利方格觀察記錄表

調查及溝通討論師生與同儕互動。透過網路平台，教師與學生可在任何時間，透過網路通訊連接到此數位學習系統，以進行教學或學習活動。這種非同步式遠距教學系統的優點如下（葉士昇、沈中偉，2001；Gallegos & Schmidt, 2001）：

　　1.非同步式遠距教學系統比同步式遠距教學系統便宜，藉由使用已開發好的網路學習平台，並製作良好的數位教材內容，即可創造一個優良的非同步式遠距學習環境。

　　2.使用者可在任何時間、地點，依據自己的需求、學習速度進行線上學習。想複習的學習者，也可隨時上網自行學習。

　　3.呈現多種形式的資訊，適合不同學習風格的學習者。

　　4.將教材內容置於教材資料庫中，可隨時更新。

　　5.提供良好的討論園地與工具如ICQ，它最吸引人的特性即在於即時通訊。ICQ還可以同步傳檔案及設定好友登入時通知使用者，當

使用者不想被打擾時，可列出不想被打擾的狀態；也可以經由點選將預先設定好的網友一起邀入聊天室中，甚至有資訊可分享時再互傳檔案，而且使用者不管是老師或是學生，也比較不會感到同步教學系統所帶來的一種即時反應、思考、答辯的壓力。

6.在線上學習的環境裡，可以與老師及同儕一起進行線上即時或離線式的學習群組討論。

7.提供非同步的討論區，可與教師或同儕進行雙向溝通。學習者有較充分的時間思考，並讓學習者針對主題進行省思及自我調整學習的歷程，完整地表達自己的看法。

8.提供學習歷程與學習路徑的記錄、成績評量與討論等功能，以作為補救教學之依據。

因此，運用網路學習平台進行教學活動，可以獲得許多傳統課堂教學所沒有的優勢。實施網路課程有一些需要注意的重點：

1.提供線上課程說明：清楚說明課程宗旨、學分數，及明確的學習目標；提供適當的單元架構及學習進度表；清楚說明成績考評的方式與標準；清楚指出學習對象及其學前能力；清楚說明教學活動的性質及課程學習的方法。

2.維持學習動機：即時互動與問題解決；合作學習活動的安排；交付學生任務；進行測驗與競賽活動；提供作品觀摩。

3.提供學習指導：教材呈現有清楚的重點提示說明；提供生動的實例或個案以說明或印證課程的內容；及時提供有效學習方法的建議；具有豐富的課程補充教材；提供線上學習輔導；提供學前的安置評估，並建議適當的學習流程；規劃練習或課後反思活動；對練習或課後活動提供適當的回饋。

4.促成師生及同儕互動：規劃同步及非同步的討論議題；鼓勵分享個人作品及外界網路資源；使用合作學習策略，融入於課程教學

活動；提供學習者間面對面的互動活動（面授課程的安排）。

5.進行學習評量：配合教學目標與教材內容進行評量；針對評量活動提供清楚的說明；提供作業公告與繳交的機制；進行線上測驗；提供測驗結果與回饋。

教師在規劃網路課程時，課程活動的設計及經營才是重點，而非只是在製作數位教材。事實上，網路教材宜由專業人員協助教師完成。另外，網路課程的經營與一般課程一樣，要管控人數才會有好的品質，因為教師必須持續經營並與學生互動，才能維持學生的學習動機，並發揮網路課程的優勢。一般而言，學校選擇以網路課程的方式進行授課，通常有以下的考量：

1.授課內容需要課後反覆演練；

2.課程需要進行延伸學習活動及資料蒐集；

3.課程進行過程需要與教師頻繁互動；

4.課程進行過程需要安排同儕互動及討論的學習活動；

5.課程進行過程強調個人化訓練及學習成效評量；

6.學員散布的幅員遼闊，例如國際課程、跨校課程、在職進修課程或是共同選修課程；

7.課程進行過程需要在觀摩與交流中維持個人知識的成長；

8.課程進行過程強調主題式、專案式或探索式的學習活動。

以下將以教育部及中山大學提供的U2學習網為例，說明網路課程開設的重點。教師只要透過瀏覽器，連接到cu.edu.tw，即可進入這個網路教學服務平台。在實際開課之前，建議先以學員或參觀者的身分進到學習網中觀摩其他教師的課程。圖7-9呈現學習網中已開設的課程資料，包括課號、課程名稱、授課教師，以及學生在課程中的學習與互動統計資料，例如張貼文章的篇數。建議可以先觀摩張貼文章的篇數較多的課程，例如在圖7-9中的「應用文（和

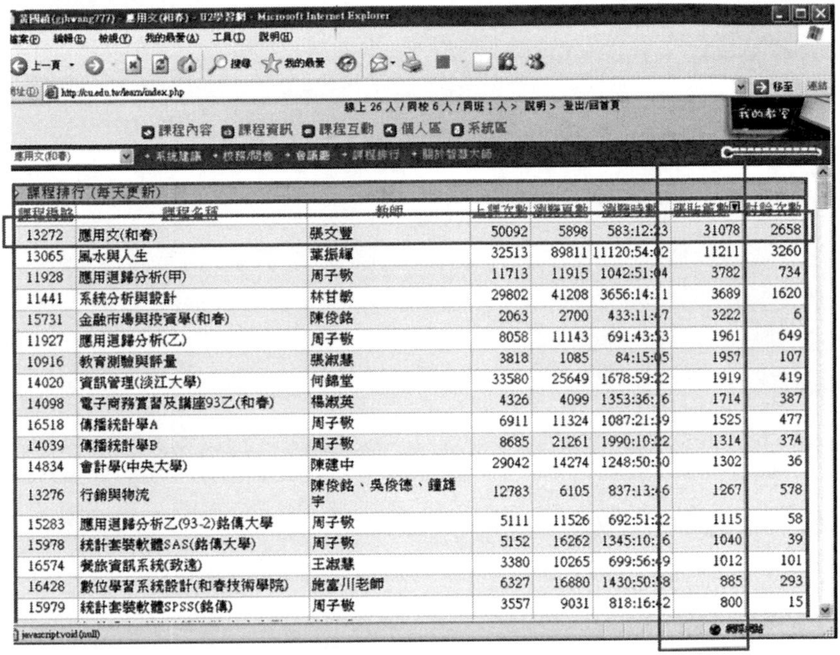

課程排行（每天更新）

課程編號	課程名稱	教師	上課次數	瀏覽頁數	瀏覽時數	張貼篇數	討論次數
13272	應用文(和春)	張文豐	50092	5898	583:12:23	31078	2658
13065	風水與人生	葉振輝	32513	89811	11120:54:02	11211	3260
11928	應用迴歸分析(甲)	周子敬	11713	11915	1042:51:04	3782	734
11441	系統分析與設計	林甘敏	29802	41208	3656:14:11	3689	1620
15731	金融市場與投資學(和春)	陳俊銘	2063	2700	433:11:47	3222	6
11927	應用迴歸分析(乙)	周子敬	8058	11143	691:43:53	1961	649
10916	教育測驗與評量	張淑慧	3818	1085	84:15:05	1957	107
14020	資訊管理(淡江大學)	何錦堂	33580	25649	1678:59:22	1919	419
14098	電子商務實習及講座93乙(和春)	楊淑英	4326	4099	1353:36:16	1714	387
16518	傳播統計學A	周子敬	6911	11324	1087:21:39	1525	477
14039	傳播統計學B	周子敬	8685	21261	1990:10:22	1314	374
14834	會計學(中央大學)	陳建中	29042	14274	1248:50:30	1302	36
13276	行銷與物流	陳俊銘、吳俊德、鐘雄宇	12783	6105	837:13:46	1267	578
15283	應用迴歸分析乙(93-2)銘傳大學	周子敬	5111	11526	692:51:22	1115	58
15978	統計套裝軟體SAS(銘傳大學)	周子敬	5152	16262	1345:10:16	1040	39
16574	餐旅資訊系統(致遠)	王淑慧	3380	10265	699:56:49	1012	101
16428	數位學習系統設計(和春技術學院)	施富川老師	6327	16880	1430:50:58	885	293
15979	統計套裝軟體SPSS(銘傳)	周子敬	3557	9031	818:16:42	800	15

圖 7-9　學習網中開設的課程資料

春）」。

為了協助修課的學生了解課程的架構，提供課程大綱是必要的。課程大綱中主要是說明課程的目標、內容及參考資料，如圖7-10。另外，為了幫助學生順利修課，學習的指導是必要的。教師可以透過公布欄，提供建議的學習方式或流程，以及課程的實施方式（包括分數的計算），如圖7-11所示。

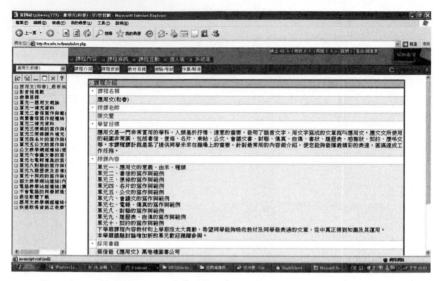

圖 7-10　課程大綱

圖 7-11　公布欄中提供的學習指導

　　另外，在網路課程中，為了維持學生的學習動機，適當的作業、討論議題、作品觀摩及獎勵機制都是有必要的。圖7-12為U2學習網的作業範例，透過作業，不只可以評量學生的學習狀態，也可進行討論、觀摩及獎勵。圖7-13即為教師透過公布欄獎勵學生的例子。

　　為了進一步了解學生的學習狀況，以及目前作業及學習活動的效果，教師可以使用U2學習網提供的學習狀態統計資料來觀看每個學生的表現，包括登入次數、上課次數、張貼篇數、討論次數及閱讀狀態，如圖7-14所示。

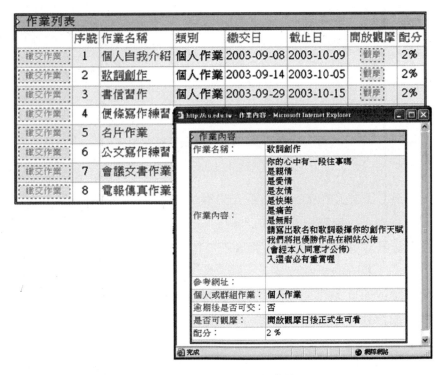

圖 7-12　網路課程作業範例

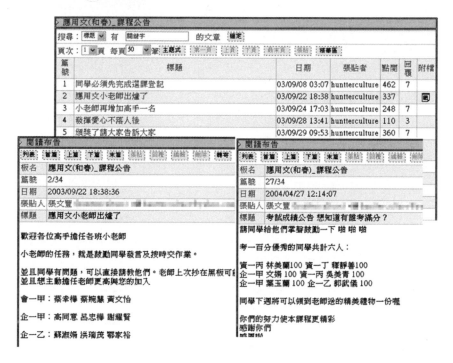

圖 7-13　教師透過公布欄獎勵學生

　　除了測驗及作業，問卷調查是獲得學生對課程意見的最直接方式；教師可以依課程的需要，進行不同的問卷調查，以作為協助學生及改善課程品質的依據，如圖7-15所示。

　　由上述的例子可以看出，教師經營網路課程所花費的心力，絕對不亞於傳統課程。因此，當各級學校在推動網路課程的同時，應該要給予教師最大的支持，包括在發展網路數位教材方面的協助及授課制度方面的鼓勵，才可發揮網路課程的效果。

修課生排行	身份	姓名	帳號	登入次數	上課次數	張貼篇數	討論次數	閱讀時數	閱讀頁數
1	正	楊		863	921	2576	50	00:01:28	7
2	正	林		587	602	1707	44	00:01:07	9
3	正	胡		296	294	1650	13	00:02:15	1
4	正	林		351	395	1616	17	109:10:25	382
5	正	文		431	392	1512	6	00:02:24	4
6	正	蔡		697	872	1510	3	00:52:51	27
7	正	許		667	676	1505	101	07:43:06	118
8	正	蘇		210	254	1015	82	23:21:34	90
9	正	潘		209	220	855	14	00:14:23	19
10	正	李		432	260	790	33	01:08:02	13
11	正	張		915	944	775	52	69:56:56	145
12	正	黃		159	190	647	32	00:12:47	22
13	正	郭		513	702	646	16	68:01:54	212
14	正	李		555	607	596	12	00:03:27	8
15	正	戴		424	667	537	9	00:00:00	1
16	正	譚		559	611	508	8	00:03:39	8
17	正	章		355	374	472	67	01:26:53	16

圖 7-14　學生線上學習行為統計資料

填寫	序號	標題	開啟日期	關閉日期	結果
	1	新鮮人的學習狀況調查	2003-09-22	2003-10-09	view
	2	網路選課意見調查	2003-11-20	2003-12-27	view
	3	我的壓力來源	2004-01-01	無限	view
	4	應用文課程問卷調查	2004-02-22	2004-03-07	view
	5	本次期中考測驗成績調查	2004-04-26	2004-05-10	view
	6	本次期中考測驗成績調查	2004-04-26	2004-05-10	view
	7	本次期中考測驗成績調查	2004-04-26	2004-05-10	view
	8	本次期中考測驗成績調查	2004-04-26	2004-05-10	view
	9	本次期中考測驗成績調查	2004-04-26	2004-05-10	view
	10	本次期中考測驗成績調查	2004-04-26	2004-05-10	view

圖 7-15　問卷調查機制

第八章
有效的學習工具

　　本書旨在強調科技運用在學習的理念是：科技除了用來吸引學生注意力之外，最主要是用來作為知識建構的工具、發展學生高層次的思考技能與問題解決能力。本章旨在討論如何運用概念構圖軟體、電腦與影片等工具，以促進科技落實上述理念。

第一節　概念構圖軟體之簡介與操作

一、概念構圖之意義

　　概念構圖（concept mapping）是由美國康乃爾大學 Joseph D. Novak 教授於一九六〇年代首創，此方法植基於奧蘇貝爾（Ausubel）的「有意義學習」（meaningful learning）理論，他強調先備知識的重要性，主張有意義學習就是在學習新的知識時，在教材內容的呈現與教學方法的運用上，應力求與學生舊有的知識與經驗相銜接，除了可激發學生動機與興趣之外，也使學生感到有意義，從而易於學習。

　　概念構圖是一種以圖表方式來表徵知識架構的一種學習策略，

其目的是希望藉由圖形化的結構，協助學生找出與界定概念間的關係，此知識架構也是概念的網絡（networks of concepts）。在此概念網絡中，包含概念節點（nodes）以及關係連結語（relationships linking words）。節點就是概念，而連結語表示概念之間的關係。因此，在繪製概念構圖時，我們通常會將教材或文章中的概念、基礎知識抽取出來並加以分類，再以一個「核心概念」為主題，用不同形式或符號在兩個向度上表徵概念及概念間階層關聯的圖像，用以明確表徵重要概念、概念間的關係與知識結構（余民寧，1997；陳嘉成，1998）。簡言之，概念構圖是由很多命題（propositions）所組成，每個命題包括兩個概念節點以及概念之間的關係連結語。

概念構圖有多種基本構圖類型，如：Novak系統概念構圖、美國德州基督大學（Texas Christian University）的TCU系統概念構圖、Buzan的心靈藍圖（mind map）。若以Novak系統概念構圖來繪製，其主要形式是以階層圖（hierarchy map）的方式來表徵，則會將核心概念或包含最廣、最具一般性或最為概括性者排在最上層，之後依序排列次廣的或次要概括性的概念，一直到最特定、最特殊化和具體化的概念則排在下層，而最下層則是最具體的範例（江淑卿，1997；余民寧，1997；Novak & Gowin, 1984）（如圖8-1「階層圖」）。

除了階層圖之外，常用的概念構圖形式還有蜘蛛網圖（spider web map），繪製的步驟如下：首先將主要（或核心）概念置於中心，次以全班或分組方式進行討論，再將相關概念與細節概念列出，最後依照概念附屬關係，從最普遍的概念到最特殊的概念，依序畫出（如圖8-2「蜘蛛網圖」）（洪麗卿，2002）。

概念構圖有下列用途：

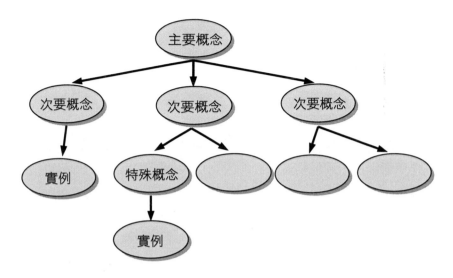

圖 8-1　階層圖

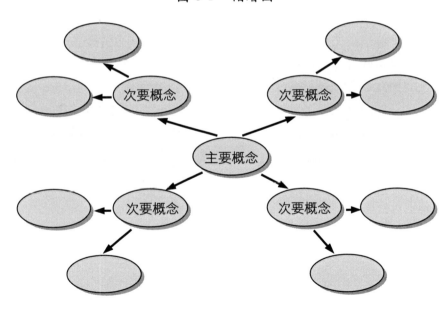

圖 8-2　蜘蛛網圖

（一）產生點子（如使用腦力激盪法）；

（二）設計複雜的架構（如知識體系、網站內容等）；

（三）傳達複雜的構想；

（四）清楚地統整新舊知識，以促進學習；

（五）評量學習成效或診斷迷失概念。

　　總之，概念構圖是用來表現概念間有意義關係的視覺工具，可當作學習過程中連結相關概念的視覺化說明或指引，讓教師與學生對於教材內容的架構及其概念間的關係更清楚，而在學習過程結束後，亦可作為學習內容的總結或摘要（Novak & Gowin, 1984）。學生透過自我建構概念構圖的方式，能省思了解我學了什麼？這些學習內容對我有什麼意義？跟我先前所學的有沒有關聯？因此，能促進學生思考與統整能力。

　　國內外很多概念構圖之實徵性研究結果指出，從幼稚園到大學生，不論是在文章閱讀、普通化學、生物科學、遺傳與生態學和社會學習領域方面，實驗組學生的學習成效都優於控制組學生（吳裕聖，2001；洪麗卿，2002；陳永春，2003；陳嘉成，1998；Freeman & Jessup, 2004; Novak, Gowin, & Johansen, 1983; Okebukola, 1990）。

　　Kwon 和 Cifuentes（2009）更進一步指出，學生進行協同學習概念構圖將比個人能進行更深入的思考。此外，Kao、Lin 和 Sun（2008a, 2008b）更利用概念構圖進行同儕互評，並根據同儕的概念圖進行反思活動，或是將彼此的概念圖進行整合。

　　概念構圖除了可以幫助學習者進行概念的理解，也能幫助學習者增進閱讀理解的能力。Liu、Chen 和 Chang（2010）透過概念構圖來提昇學生英語閱讀的能力，並獲得良好的學習成效。

　　除了應用在學生的學習上，概念構圖也常被用來幫助研究者設計出有利於學習的教材或系統。Hughes 和 Hay（2001）透過概念構

圖來幫助e-learning 教材設計者，設計出更好的教材提供學習者學習。Hwang（2003）利用概念構圖將學校授課的內容畫成概念影響關係圖（conceptual map），以國小數學概念為例，若是學生沒有學會母概念，則會影響子概念的學習，藉由關係圖的輔助，使系統可以找出學生學習時的根本問題，從問題的源頭來改善學習成效。概念構圖也時常結合其他理論進行應用，如Chen（2009）即透過概念構圖結合本體論（Ontology）來發展適性化的網路學習系統。概念構圖的相關研究仍然在不斷地進行中。因此，概念構圖學習策略值得教師推廣於各學習領域上。

二、製作概念構圖的工具：Inspiration

Inspiration是一套設計與製作概念構圖非常方便的電腦軟體工具，與徒手繪製的概念構圖相比較，Inspiration有下列優點：

（一）操作簡便：它的繪圖功能強大，加上淺顯易懂的圖形操作介面，讓使用者易於學習與操作，使得使用者可投注更多的心力於內容分析與概念間的關係連結語上。

（二）圖庫豐富：內建相當多實用的圖庫，可增加畫面的美感與吸引注意力。

（三）動態設計：可使用動態方式逐一呈現重要的概念，有助於理解與討論。

（四）輸出多種常用的檔案格式：使用者可將檔案輸出成多種格式，包括gif和jpg檔等，也可讓使用者搭配PowerPoint或網頁來使用。

任何一套軟體都有其限制，Inspiration也有下列兩項缺點：

（一）在經費方面：Inspiration是一套需付費的軟體，對於經費

据据的國小，可能無法負擔，就算有縣市政府支援，在學校電腦教室安裝，但如果學生家中的電腦並無此套軟體，會影響其使用成效。

（二）沒有支援中文介面：在操作介面上，只有英文介面，可能影響國小學生操作，期望有國內廠商支援中文化的介面以利推廣；而且由於在編碼上，並沒有BIG5碼的支援，所以在刪除內容時，必須一個中文字要按兩下Del（刪除）鍵，否則會有亂碼出現。

總而言之，Inspiration概念構圖軟體是一套值得推介給學生使用的工具，除了容易操作，便於腦力激盪與組織主題的想法與概念之外，也可作為學後評量與促進學生思考、分析與統整知識的能力。

三、製作概念構圖的工具：CmapTools

除了Inspiration，另一個值得推薦的概念構圖軟體是由IHMC（Institute for Human and Machine Cognition）發展的CmapTools。這是一套免費的軟體，只要連結至IHMC的官方網站中（http://cmap.ihmc.us/download/），填寫基本資料後即可下載。

CmapTools 是由Novak學者領導開發的電腦化概念構圖工具（Novak & Cañas, 2006），為強化概念知識的呈現功能，CmapTools提供使用者在概念構圖中加入多媒體的元件，促進概念構圖的建立。使用者可輕鬆地在概念圖中加入圖片、聲音、影片或網頁等多媒體元件。九〇年代之後，CmapTools也發展出合作學習的機制，透過CmapServers分享概念圖，並利用各種討論機制進行同步或非同步的協作概念構圖。CmapTools 的操作介面支援19種語言，包括中文。

CmapTools開啟時，會出現一個類似電腦中「我的電腦」的檔案櫃。在檔案櫃中可以按右鍵建立新的檔案或資料夾。運用資料夾可將不同的概念構圖分類整理。

　　建立概念及連結的方法有兩種，第一種方法是「直接在畫布上建立概念連結」。剛開始打開概念圖的編輯視窗時，畫布上呈現一片空白。使用第一種方法時，只需要在畫布上點擊滑鼠兩下，即可新增概念，如圖8-3所示。

　　若要修改概念的內容，直接點擊概念的中心點即可。若要新增連結，只要將滑鼠移動到概念上方的「↙↘」符號並點擊即可，如圖8-4所示。

　　建立概念及連結的第二種方法是「由命題產生概念及連結」。首先點擊右方的「概念圖列表視圖」按鈕，在「命題」處輸入概念及連接詞，系統即會在畫布中呈現相對應的概念圖，如圖8-5所示。

　　由於CmapTools的預設字型是英文，因此在使用前，建議點選「格式」功能中的「樣式」選項，即可修改字型，如圖8-6所示。

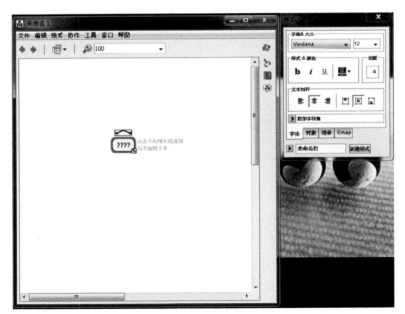

圖 8-3　建立概念

科技與學習
理論與實務

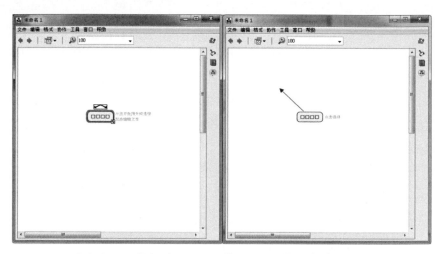

圖 8-4　點擊概念上方的「╱╲」符號來建立連結

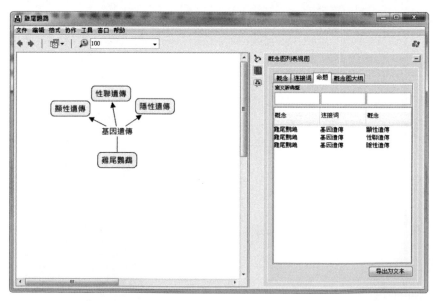

圖 8-5　由命題產生概念及連結

圖 8-6　修改 CmapTools 的預設字型

　　另外，為了讓概念圖的內容更詳盡，有時需要在概念中加入文字、圖片或影片來說明。以加入圖片為例，首先要將圖片由檔案總管的目錄中複製到「我的概念圖」畫布上，如圖8-7所示。接著系統

圖 8-7　將圖片由檔案總管的目錄中複製到「我的概念圖」畫布

會出現「增加資源」的視窗，如圖8-8所示，只要點選「添加全部」
即可將所有的圖片檔案匯入。

　　接下來只要點選概念並按右鍵，選擇「增加&編輯鏈接到文
件」，再選擇要附加的圖，按「添加到列表」，再按「更新」即可。
圖8-9為完成的「雞尾鸚鵡」概念圖範例。

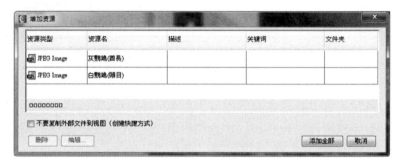

圖 8-8　匯入所有的圖片檔案

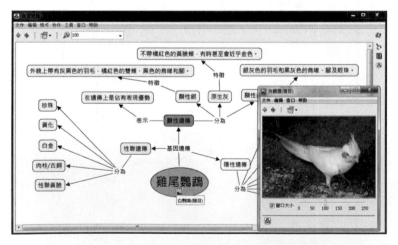

圖 8-9　CmapTools 繪圖範例——雞尾鸚鵡

四、製作概念構圖的工具：XMind

XMind是一套使用Java開發的心智圖及概念圖軟體，可跨平台（包括Windows、Mac、Linux）使用，並支援多種檔案格式。心智圖和概念圖最大的不同，在於心智圖只呈現概念間有無連結關係，而概念圖則進一步強調連結關係的意義。在XMind的內定概念連結功能中，概念關係並沒有名稱，只有分別概念與中心概念的距離（第幾層概念）關係。使用者若想要畫的是概念圖，則可以特別在概念關係上加入名稱，賦予意義。

除了可以繪製心智圖及概念圖，XMind亦可用來繪製魚骨圖、二維圖、邏輯圖、組織結構圖等。目前網路的XMind上分為免費版與收費版，其功能的差異如表8-1所示。使用者只需要連結至XMind官方網站（http://www.XMind.net/）下載，點擊兩下即可開始安裝。

表 8-1　XMind 免費版與收費版之功能差異表

免費版包含功能	收費版額外功能
心智圖或概念圖 （Mind Map or Concept map）	腦力激盪，簡報展示 （Brainstorming and Presentation）
魚骨圖 （Fishbone Diagram）	檔案加密 （Security）
二維表格 （Spreadsheet）	甘特圖 （Gantt View）
圖標 （Markers）	匯出 PDF/Doc/PPT （Export to PDF/DOC/PPT）
備註 （Inline Notes）	匯出.map .mm （Export to MindManager and Free-Mind）

（下頁續）

（續上頁）

免費版包含功能	收費版額外功能
超連結/附件 （Hyperlink/Attachments）	搜尋 （Powerful Search to find content from Web and Workbook）
往下一層 （Topic As A Map - Drill Down）	私密分享 （Privately Share）
拼字檢查 （Spell Checker）	擷圖 （MapShot）
圖例篩選 （Legend and Filtering）	合併 （Map Merge）
匯入.mm .map （Import from Freemind/MindMan- ager）	任務資訊 （TaskInfo）
匯出圖片 （Export to Html/PNG/GIF/JPEG/ BMP）	圖庫 （Gallery）
上傳分享 （Share with the World）	設計自用的風格樣式 （Design our own Theme）

　　當開啟XMind後，即可看到最上方的「工具列」，包含所有的可用功能選項。工具列的下方，則有「工作頁籤」，可顯示當前XMind的頁籤為哪一頁。而在工作頁籤底下，直接包含其「工作區」也就是欲繪製心智圖的畫布。工作區的右邊，則有所有概念之間的「屬性設定」區，可設定所有概念的屬性。然而，在工作區的下方，則有顯示心智圖的風格樣式，使用者可隨意設定不同的風格，以呈現最能完整表達自己內心想法的心智圖（如圖8-10）。

　　使用XMind時，首先需要在工作區新增主要主題。首先在畫布上按右鍵，選擇「插入→主題」，接著選取「中心主題」按Enter或

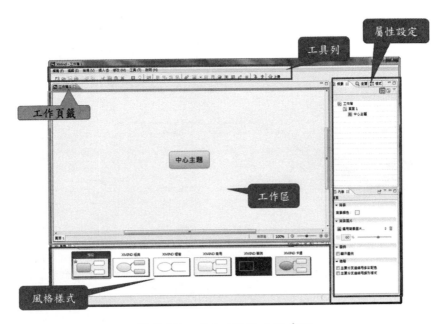

圖 8-10　啟動 XMind 的畫面

Tab 鍵（如圖 8-11），便會產生「主要主題」；同時，「中心主題」會與「主要主題」自動連線（如圖 8-12）。接下來點選「主要主題」按右鍵「插入→主題」或按 Tab 鍵，即可新增下一層主題——「次要主題」；而點選「主要主題」時，按 Enter 鍵，則可新增同一層主題（如圖 8-13）。

　　除了工具列之外，為了使 XMind 在操作時更有效率，系統中內建了許多快速鍵的功能，如表 8-2 所示。

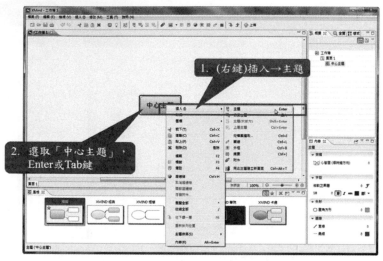

圖 8-11　新增主要主題（1/3）

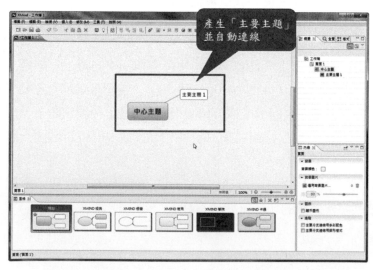

圖 8-12　新增主要主題（2/3）

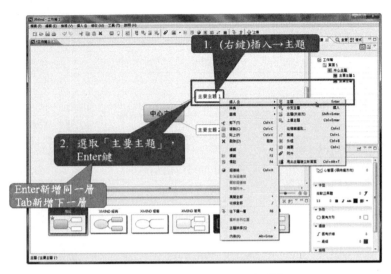

圖 8-13　新增主要主題（3/3）

表 8-2　XMind 快速鍵功能列表

快捷鍵（Windows）	快捷鍵（Mac）	描述
Ctrl+N	Command+N	建立新工作簿
Ctrl+O	Command+O	開啟工作簿
Ctrl+S	Command+S	儲存目前工作簿
Ctrl+Shift+S	Command+Shift+S	儲存全部工作簿
Ctrl+W	Command+W	關閉目前工作簿
Ctrl+Shift+W	Command+Shift+W	關閉全部工作簿
Ctrl+P	Command+P	列印
Ctrl+Z	Command+Z	復原
Ctrl+Y	Command+Y	重做
Ctrl+X	Command+X	剪切
Ctrl+C	Command+C	複製

（下頁續）

（續上頁）

快捷鍵（Windows）	快捷鍵（Mac）	描述
Ctrl+V	Command+V	貼上
Delete	Delete	刪除
Ctrl+Home	Command+Home	返回中心主題
Ctrl+A	Command+A	選擇全部主題
Ctrl+Shift+A	Command+Shift+A	選擇同層級主題
Ctrl+Alt+A	Command+Alt+A	選擇子主題
Ctrl+F	Command+F	尋找／取代
Ctrl++	Command++	放大
Ctrl+-	Command+-	縮小
Ctrl+=	Command+=	正常大小
Ctrl+]	Command+]	插入摘要
Alt+Enter	Alt+Enter	屬性內容
Enter	Enter	插入主題
Tab	Tab	插入子主題
Shift+Enter	Shift+Enter	在目前主題前插入主題
Ctrl+Enter	Command+Enter	插入目前主題父主題
Ctrl+Shift+L	Command+Shift+L	快捷鍵助手
Ctrl+I	Ctrl+I	插入圖片
Ctrl+Shift+H	Command+Shift+H	插入超連結
Ctrl+B	Command+B	添加外框
Ctrl+L	Command+L	添加關聯
F2	F2	編輯主題
F3	F3	添加／編輯標籤
F4	F4	添加／編輯備註
F5	F5	簡報演示
F6	F6	下鑽

（下頁續）

（續上頁）

快捷鍵（Windows）	快捷鍵（Mac）	描述
Shift+F6	Shift+F6	上鑽
F7	F7	智慧擷取圖面
+	+	展開目前分支
-	-	收縮目前分支
*	*	展開所有分支
/	/	收縮所有分支
Alt+Up	Alt+Up	向前移動
Alt+Down	Alt+Down	向後移動
Ctrl+T	Command+T	建立新心智圖
Ctrl+1,2,3,4,5,6	Command+1,2,3,4,5,6	快速添加優先等級圖標
Esc	Esc	關閉跳出的備註對話框／取消擷圖
Ctrl+滑鼠滾輪	Command+滑鼠滾輪	放大縮小目前的圖面

　　圖8-14為使用XMind所繪製出的心智圖範例。在這個例子中，主要是用心智圖來組織秦朝的歷史，包括制度、文化、社會、經濟及重要人物。

　　另外，除了建立概念間的關係外，點擊關聯線兩下，就可以加入說明「概念間關係」的文字；圖8-15為使用XMind建立的學校運作組織架構圖。

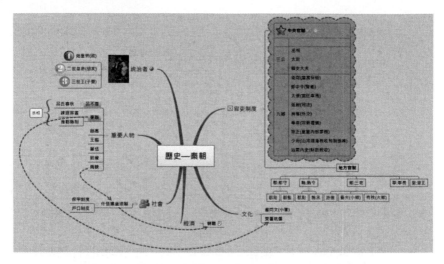

圖 8-14　XMind 繪製的心智圖範例——秦朝歷史

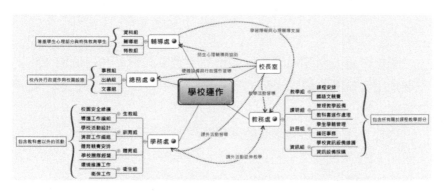

圖 8-15　使用 XMind 建立的學校運作組織架構圖

第二節　電腦為心智工具促進學習

一、何謂心智工具（Mindtools）？

　　國內的教學方法仍偏重講授法、知識記憶與反覆練習，導致很多學生缺乏主動積極學習、獨立思考、批判思考與問題解決能力。究其原因，除了受到升學主義的影響之外，教師沒有運用適合的教學方法與使用適當的學習工具也是主因之一。學者（Jonassen, 1996; Jonassen, Peck, & Wilson, 1999）強調科技應作為知識建構的工具（knowledge construction tool），以擴大學生的能力來建構知識，而非只是經由「編序化」的電腦輔助教學課程來教導。藉由這些知識建構的工具，學生將是運用科技來學習（learn with technology）而非藉由科技來學習（learn from technology）。

　　Salomon（1990）曾經提出電腦對人類的心智有何影響？亦即使用電腦可產生什麼認知技能？此種影響不僅只是蘊育發展認知技能，亦包括學生在運用電腦來計畫、寫作、設計，或與電腦軟體溝通所產生的能力。因此，當我們運用科技來學習時，就是將電腦作為探索、發現和建構知識的心智工具或認知工具（cognitive tools）。

　　整合與運用學習理論、認知科學以及人工智慧於電腦化學習環境上而發展出來的心智工具，與傳統的電腦輔助教學有很大的差異。心智工具被視為是學生的智能伙伴（intellectual partner），學習者利用它來獲得知識、組織知識和建構個人的知識體系（張基成，1999；Jonassen, 1996）。換言之，心智工具是一個概念，是一個能幫助學

生運用電腦與軟體來培養學習者高層次的批判思考、創造思考與問題解決的能力，並可促進學後保留與學習遷移的知識建構與認知學習工具。

　　心智工具包括資料庫、語意網絡（semantic network）、試算表（spreadsheets）、專家系統、多媒體建構工具、視覺化工具（visualization tools）、微世界（microworlds）等，這些工具促使學習者得以主動、建構與有意圖的學習。常用的「文書處理軟體」或「電腦繪圖軟體」不被視為是心智工具，因為它僅能使你撰寫文章或畫圖更有效率而已，無法促進使用者的寫作能力與繪圖能力（Jonassen, Peck, & Wilson, 1999）。在使用心智工具時，學生必須能夠從事複雜的思考技能來解決問題或表徵其知識，使用心智工具所產出的作品良好與否，則繫乎使用者在該領域的知能以及投注多少心力而定。

　　當學生運用心智來使用科技，電腦與學生之間就存在了智能伙伴的關係，而教師如果能用以促使學習者主動建構知識與省思，反應其對知識概念的理解程度，而非只是單純簡化處理資訊的歷程，則很多工具軟體當能跳脫出只是狹隘的應用而已，而能和心智運作緊密結合與互動，促進與啟發學習者的認知，成為整個學習脈絡的催化劑，當能獲得更佳的學習成效。

二、心智工具的學習活動

　　由於學校已使用便宜的軟體或免費軟體，因此教師應思考如何運用於各學科或課程上，且能使學生從事批判思考、高層次思考與建構學習。底下探討各種心智工具在學習上的運用（Jonassen, Peck, & Wilson, 1999）：

（一）資料庫

資料庫管理系統（database management systems）是一種電腦化的紀錄保持系統，用來取代紙張的資訊存取系統。它們是有組織性的電子檔案管理系統，能讓使用者快速的搜尋、儲存、取用與修正。學生可將資料庫的各種資料透過查詢、比較、排序或計算等過程來得到正確的資訊，進而得以解決問題。誠如本書第五章所述，可使用「案例推理」（case-based reasoning）方式來學習，蒐集一系列過去發生的個案及其解決方法與程序的案例，並將其整合與組織成案例導向推理的資料庫，遇到問題時，可加以參考與解決問題。

（二）語意網絡

語意網絡（semantic network）是以電腦軟體為工具，由節點（概念或想法）與連結語（關係的陳述）所組合而成的概念構圖或語意網路。它是用來協助學生組織其概念，並將組織過的知識架構與細節傳達給他人（參見圖8-16「情境學習之語意網絡」）。

（三）視覺化工具

我們人類運用視覺感官接收大量的資訊，但是卻沒有對等的媒介來輸出或表達視覺性的資料。因此，我們需要視覺化工具來表徵我們的思考或內在心智所建構的意象（mental images）。視覺化工具可大略地表現或傳達學生的意象，並用以解釋其所理解的資訊，進而能促進主動性與建構性之學習。例如：合作式視覺化專題計畫（Collaborative Visualization, CoVis）提供氣象視覺工具（Weather Visualizer）以協助學生觀測氣象型態與蒐集及時的衛星氣候資訊。

氣象視覺工具在教學上最重要的運用是提供真實的情境，讓學

習者視覺化地表徵複雜的變項間的關係，他們可蒐集所有影響氣候的因素如：日射、氣溫、風、氣壓、濕度及降水量等以預測天氣型態，並可讓學生操控某些變項、形成假設與驗證假設，以歸納成天氣變化的通則。

（四）微世界學習環境

微世界（microworlds）一詞係由美國麻省理工學院 Seymour Papert教授所創。他將微世界定義為可激發學生創造思考的一種擬真

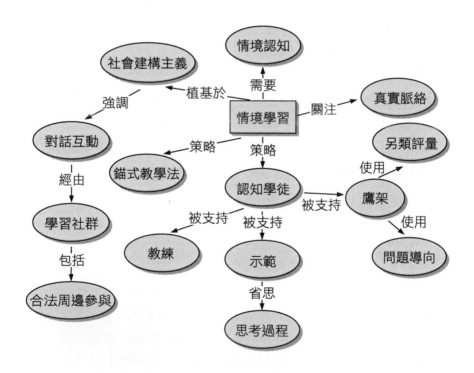

圖 8-16　情境學習之語意網絡

（資料來源：改編自 Jonassen, Peck, & Wilson, 1999, p. 165）

的學習環境，在此環境中，允許學習者探索、發現、驗證，進而培養邏輯思考、批判思考與問題解決等高層次的思考能力（沈中偉，1984；Jonassen, 2000; Papert, 1980）。微世界學習環境具有下列特質（張基成，1999；Jonassen, 2000; Papert, 1980）：

1.容易了解、學習與操作。

2.提供學習環境，鼓勵學習者主動參與探究。

3.由學習者提出問題與定義問題。

4.能與學習者產生高度互動性。

5.提供觀察與操作的工具以探索和驗證假設。

6.提供探索式與發現式的學習活動。

7.所習得之概念能夠應用至很多生活領域。

8.所習得之概念和想法是實用且重要的。

9.允許學習者將先備知識與經驗與新知識相連結，以利於學習。

10.微世界學習環境不是要讓學習者被動地接收知識，而是要激勵學習者主動積極地學習與從做中學。

11.藉由問題解決，微世界可整合知識、技能與情意目標的學習活動。

12.支持自我調整學習（self-regulated learning），使得學習者能自我設定目標、自我監控，並且使用微世界學習環境去達成個人所設定的目標。

根據上述微世界學習環境之特質，只有透過以「電腦為基礎的微世界」（computer-based microworlds）才能達成。國外已經開發出來且經過實證研究證明效果良好的電腦微世界學習環境有下列兩個實例（張基成，1999；Jonassen, 2000）：

1.互動式物理（Interactive Physics）：互動式物理是探索牛頓力學（Newtonian mechanics）原理，包括動力（momentum）、作用

力、速度、加速度等概念的學習環境。此電腦微世界學習環境展示很多範例，例如：車輛撞擊、自由落體、反作用力、拋射運動（projectile motion）與加速運動等，也提供物理特性的模擬實驗，例如：粒子動力學（particle dynamics）、轉動動力學（rotational dynamics）、碰撞偵測與碰撞反應（collision detection and response）等。更重要的是，此電腦微世界提供物體與工具，讓學習者操作與改變力學原理的基本屬性如重力、空氣阻力、速度、加速度、作用力、反作用力等，以利學習者觀察與分析他們自己設計的實驗來驗證牛頓定律。

2.幾何推測者（Geometric Supposer）：是最著名的電腦微世界學習環境，藉由操作幾何物件的過程，來觀察與探索幾何物件之間的關係。此系統允許學習者選擇原始的形狀，如三角形、平行四邊形等，然後加以定義與操作點、線段、平行線、垂直線、等分線和角度等，以驗證幾何物件間之關係，以建構幾何學的知識（Yerushalmy & Houde, 1986）。

國內則有GSP（The Geometer's Sketchpad）動態幾何軟體系統，可以作為資訊科技融入數學幾何教學與研究的最適合的輔助工具，深受國內中小學教師及學生的喜愛。

GSP具有直覺式的簡易操作介面，最主要的目的就是要展現動態幾何。它是以歐氏幾何繪圖為基本概念的數學繪圖軟體，應用此繪圖軟體所繪出的任何圖形都是一個物件，這些物件經由一些變化關係連結起來即可產生動畫。因此，有別於傳統的紙筆尺規作圖，GSP繪圖非常方便，不論是要畫一線段或無止盡的射線或直線（圖、多邊形、垂直線、平行線）都非常容易。有時不小心畫錯了或是對圖形不滿意時，只要利用一些變換（平移、旋轉、伸縮、鏡射）的功能即可得到所要的圖形。網路上有很多實用的作品與教學設計可

供國中小數學教師參考，例如：台北縣教育局K12 數位學校，網址
為http://tpc.k12.edu.tw/1001214071/index.html/。

（五）專家系統

專家系統（Expert Systems）是「運用專家知識來進行推理，以
在處理特定領域問題時，表現出智慧的電腦程式」。通常這些知識
是以「規則」的方式存在；而這些規則，代表專家解決問題的推論
方式，例如：「當發燒持續不退，且接近39度，同時咳嗽不止，應
進行A型流感檢驗」。假設電腦中已經儲存了很多這類的規則（儲
存這些規則或知識的電腦檔案稱為「知識庫」），當使用者將某個
病人症狀的描述輸入，電腦系統即可將病人症狀與知識庫中儲存的
規則進行比對，嘗試找出可能的解答或決策。

因此，在開發一個專家系統的過程，最重要的是必須進行專家
知識的獲得與整理，並表現成電腦可以儲存及運用的方式。這個擷
取與整理專家知識的過程，稱為「知識擷取」（knowledge acquisi-
tion），被視為開發專家系統最重要且困難的步驟。Jonassen
（1996）認為，若學生能針對特定的主題，進行專家知識的獲得與
整理，對於建構該主題的知識將有很大的幫助；同時，他也認為，
操作專家系統進行推論的過程，亦有利於學生比對個人的想法與專
家想法的異同，對於促進其反思有很大的幫助。因此，他稱專家系
統是一種心智工具；其實比較正確的說法，是「專家系統及知識擷
取的軟體，都可以視為心智工具」。

Chu、Hwang和Tsai（2010）研究中，即將一個知名的知識擷取
策略——凱利方格（Repertory Grid），建立在一個行動學習系統
中。凱利方格是一個表格型態的知識表達工具，用來幫助專家整理
一些用來比較的決策目標及決定或選擇這些目標的參數。例如在國

小校園植物的學習活動中，決策目標就是教師選擇的校園植物，參
數即是用來分辨這些植物的外觀特徵。因此，在這個行動學習活動
中，學生要在校園中觀察植物，並將所觀察的結果呈現在凱利方格
中。這個建立凱利方格的過程，有助於幫助學生組織觀察的結果，
並進行不同植物的比較（包括相似點及相異點）。Chu、Hwang 和
Tsai（2010）的研究結果發現，透過這樣的心智工具協助學生組織在
田野中獲得的知識，對於提昇並學習成就有顯著的幫助。

第三節　科技促進學習：以影片為工具

一、使用影片之理由

　　由於影片以具體的圖像、音效與生動活潑的畫面來傳遞資訊，
學生不必花很多時間去解碼。因此，學生認為比閱讀書本容易。然
而，由於學童從小養成被動收視的習慣，不會批判與思考，因此教
師應選擇適當的教學影片來培養學生媒體素養（media literacy）。所
謂「媒體素養」是指有能力去獲取、分析與評估各種媒介訊息，並
達到溝通思想的目的。具體而言，透過教育的過程，培養學生敏銳
觀察力、理性思考能力、思辨能力與批判能力的媒體觀看技巧。

　　很多電影是良好的學習素材，教師運用影片來教學有下列理由
（沈中偉，1992b）：

（一）優良影片眾多

　　市場上有很多優良的教學影片，如國內公共電視台及有線電視

的國家地理頻道（National Geographical Channel）、探索頻道（Discovery Channel）和動物星球頻道（Animal Planet）等，時常播出富有教育功能的精彩影片與紀錄片，例如：探討大自然的奧秘、動物奇觀、動物的本能、探索生命的起源與奧秘。這些影片都是製作人花費大量的時間與經費，才能拍攝到如此多的精彩畫面，非常適合在課堂上播放。若有現成適合的影片，則教師必定樂於利用來創造豐富的學習環境，以促進教學效果。

（二）教師可自行製作

由於數位攝錄影機與數位剪輯機之軟硬體價格大幅下降，操作簡便，很多學校已採購這些設備。若教師尋找不到適合的教學影片，則可充實錄影帶錄製與剪輯之知能，自行製作合乎教學需求的影片。

（三）吸引學生注意力，提高學習動機

傳統的印刷媒體都是以靜態的方式呈現，缺乏聲光效果與生動活潑的畫面，若缺乏學習動機與受到教學的內外在因素的干擾，就會影響學習成效。若能充分運用教學影片，結合多種感官刺激與設計生動有趣的教學活動，就能吸引學生的注意力與激發學生的內在動機，也才較能導致有效學習。

（四）自然產生的問題可刺激學生思考

雖然很多商業電影的目的不是作為教學之用，但其內容非常適合拿來作為學習素材，而且也都提供自然的問題情境，可供學生分析、討論、思考、推理與解決問題。例如配合「嚴重急性呼吸道症候群」SARS病毒的肆虐，教師可使用電影《危機總動員》（*Outbreak*）來探討遭遇到病毒侵襲時人們應如何防範與應變病毒？探討

人性為何？等問題。在網路上有很多的影評、討論區，針對某部電影做深入的探討，教師可上網蒐集整理後與學生一起討論。例如余姍晏針對《危機總動員》提出五點思考問題（請參見 http://210.60.194.100/life2000/lesson/3/36/364/364_900827_2.htm），值得高年級學生探討。

　　在觀賞影片時，要注意的是，影片只是教學的素材，而不是教學的全部。重要的是教師所使用的教學方法與教學策略，因此教師應審慎從事教學活動設計。

二、有效運用影片的教學設計模式

　　教師在從事教學設計時，可根據第六章所探討的系統化計畫運用教學媒體的ASSURE模式來實施：分析學習者的特性、擬定教學目標、根據教學目標選擇適合的教學影片或媒體、教學前先布置有空調設備的視聽教室、事先瀏覽影片並提出可供討論的問題。觀賞完影片後，最重要的是一定要進行討論，不是整堂課播放完影片後就下課了。教師或學生應提出問題，分組討論、上台報告、分享心得，以培養學生口語表達、問題解決、批判思考的能力。最後，可要求學生進一步深入探討，撰寫專題研究，作為學期末的展示作品或心得報告。

　　若「教室像電影院」，播放的影片內容又合乎教學的價值，則學生不但可快樂的學習，又可增進獨立思考、創造思考、批判思考、歸納推理能力、想像力、問題解決能力、口語表達能力以及合作能力等。

第四節　運用科技促進英語學習

　　為營造英語學習環境，很多教師會運用很多視聽媒體作為輔助英語學習的工具。早期以錄音帶、錄影帶等視聽媒體教材為主，至電腦的發展，而相繼開發出電腦輔助教學（Computer-Assisted Instruction, CAI）、電腦輔助語言學習（Computer-Assisted Language Learning, CALL）課程以及電腦輔助教學光碟產品，例如：My First Incredible Amazing Dictionary。它提供了常用的英語字彙發音、反覆練習、生動活潑的動畫設計、遊戲設計、回饋設計以及複習生字（backtrack）的功能，非常適合給初學英語的國小學生使用。

　　現今由於網際網路的盛行，藉由其無遠弗屆的特性，加上資訊內容的豐富性、多元性以及互動性，也為英語學習者創造了一個良好的英語學習環境。例如，「朗文現代英語線上詞典」（Longman Dictionary of Contemporary English Online, http://www.ldoceonline.com/）便提供了與紙本詞典內容完全一樣而且是免費的英語資源，可以讓學習者在需要查生字時，隨時上網查詢。

　　另外，有些英語學習網站具有學習者控制、互動性、測驗與回饋、即時線上討論以及記錄學習歷程與路徑等幾項特色，可讓學習者依據自己的需求、興趣、程度，決定想要瀏覽的內容、頻率與次數，並且在測驗後，能夠提供立即的回饋。有些網站還提供可與教師、同儕對話、討論的機制，如即時線上討論、視訊會議，以及利用筆友通信等，可以讓學習者進行即時的或非即時的互動與分享。在語言學習中一些常見的互動設計還包括了交談室、遊戲設計、測驗與回饋、自建詞語庫以及聲紋比對等，都是教師在建置英語學習

環境時可加以運用的功能（岳修平，2003）。透過電腦，也能夠設計自動記錄學習者的學習歷程與路徑，可供教師了解學習者的學習情形。

網路上也提供非常豐富的英語學習資源，教師可先將這些資源加以蒐集、分類與篩選，並使用PowerPoint或網頁將其整合起來，設計多樣化的教學活動，則可促進學習效果。例如：筆者在美國賓州州立大學擔任訪問學者時，為宣揚中華文化，並配合教師自然科教學，乃藉機去小女所就讀之賓州Radio Park國民小學介紹中秋節節慶，即是上網搜尋很多有關中秋節的故事、動畫、音樂與圖片等，並使用PowerPoint將這些多媒體資訊整合起來上台報告，而獲得美國小學校長與師生的熱烈迴響。

此外，網路英語教學網站很多，例如：國內的趣味英語（Fun English）網站（如圖8-17）。配合語言學習的聽、說、讀、寫四種

圖 8-17　趣味英語（Fun English）網站

（資料來源：http://english.bhes.tpc.edu.tw/）

能力，提供了情境式的實用英語會話、字母發音、字彙學習、中外
節慶、學習評量等，非常適合國內英語教師善加運用至國小英語教
學上。

　　此外，該網站還介紹了很多國外的優質網站，可直接點選連結
過去，例如：Bembo's Zoo，這個網站利用字母組成動物的形狀，充
滿了驚奇與創意，小朋友可輕鬆地把那個複雜的單字記起來（如圖
8-18）。

圖 8-18　　Bembo's Zoo 網站
（資料來源：http://www.bemboszoo.com）

　　英國國家廣播公司（BBC）網站也建構一個資源非常豐富且風
格獨特的線上英語教學網站，趣味盎然的人物，還有動畫、聲光效
果，可緊緊地吸引使用者的目光（如圖8-19）。

圖 8-19　BBC 網站

（資料來源：http://www.bbc.co.uk/schools）

　　藉由網路英語學習資源與網站，教師與學生有一個便利的外語學習環境，可讓教師利用網路資源於英語教學上，學生也可做反覆練習與精熟學習，必能提昇英語教學與學習之成效。

　　Spelling City 是一個獲得美國圖書館學會、美國教育行政學區、教師與家長推薦獎的英文拼字練習、遊戲與測驗學習網站（如圖8-20）。老師與家長可註冊成為免費的會員，輸入與儲存要學生學習的生字，讓學生可以隨時上網自我練習、考前複習，還可以作為遊戲與測驗挑戰之用。學生也可以自行輸入生字做個別學習。測驗後，可立即給予回饋，網站還會教你正確拼法，也可以印出測驗結果。此網站雖然名稱是「拼字城市」，但是除了拼字與發音練習之外，還可練習英文的聽、說、讀、寫，如此優良的網路學習資源，非常值得國內學子善加利用。

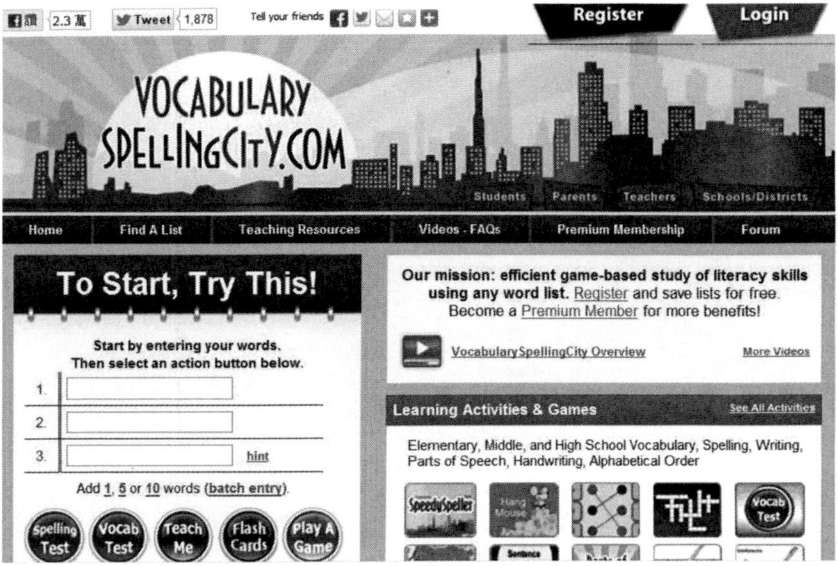

圖 8-20　Spelling City

（資料來源：http://www.spellingcity.com/）

第九章
數位內容製作軟體簡介與應用

　　坊間商用的數位內容製作軟體有很多種類，價格也很昂貴，例如：Cor-elDraw、Illustrator、Photoshop 等，一般中小學都沒有充足的經費可購置，即使購置了，也無法加以升級與更新。因此，本章旨在說明實用的且是免費軟體（freeware）或自由軟體（open source software），例如：Inkscape 繪圖軟體、GIMP 影像處理軟體、Xnview 圖像編輯軟體、Audacity 聲音編輯軟體、CDex 音樂轉檔軟體、Wink 動態教學錄影軟體、Moodle 學習管理平台、Hot Potatoes 測驗軟體、Scratch 程式語言及邏輯推理軟體，以及 Kodu Game Lab 視覺化遊戲開發工具等。由於操作方法會因版本不同而有所差異，因此本章只簡介其功能、下載網站及其應用，以利數位學習教材的設計與製作，有興趣的讀者可以上網尋找最新相關軟體版本，以及其教學網站，學習其操作方法。

第一節　Inkscape 繪圖軟體

　　Inkscape 與商業繪圖軟體如 Adobe Illustrator、CorelDraw、Mac-romedia FreeHand 等一樣，皆是具有圖層概念之向量繪圖軟體，重要的是 Inkscape 是一套免費的自由軟體。

　　Inkscape 的發展始於二〇〇三年，最初是向量繪圖編輯器 Sodipodi的一個分支，當時的 Inkscape 尚未完全具備與支援如SVG濾鏡效果（SVG filter effect）、CSS、SVG字型等商業版向量編輯器才有的特效功能，後來在Raph Levien（一個自由軟體的開發者社群下）進行發展，逐漸開發加入新的功能。Inkscape除了能在Linux下安裝使用之外，對其他作業系統如Windows、Mac OS X、類Unix版本等，皆有相對應之執行版本，且支援多國語言，對於使用者而言，能有更多的選擇性及較佳的支援。

一、Inkscape 的功能

1.可繪製基本的點、線、面、圓形、矩形、曲線等繪畫元素，也可以做到三維顏色填色等高級功能。

2.Inkscape預設的圖案格式是開放標準SVG，也可匯出成Post-script的EPS或PS等開放性的標準格式。

3.因為具有向量繪圖功能，可以輕易的將圖形作出旋轉、縮放、扭曲，甚至是結合、消去、挖空等動作。

4.利用電腦數學計算式描述繪製點、線、面、色彩、文字等圖形，可隨意放大縮小，沒有解析度的問題，所以特別適合用於繪製需要精確度高的圖形。例如：公司LOGO、地圖……等。

二、下載

由於Inkscape屬於合於GPL授權條款中，保障所有使用者擁有自由複製、散布與修改權利的軟體，使用者可於網路下載後安裝使用，其常用下載點如下：

1.Inkscape官方網站：http://www.inkscape.org

2.教育部校園自由軟體數位資源推廣服務中心：

　http://ossacc.moe.edu.tw/modules/tinyd1/index.php?id=5

三、應用

　　由於本軟體屬於繪圖軟體，所以其應用自不外於繪圖與設計之範疇，同時因具有向量圖層之特性，所以在商標設計、商品設計、廣告設計、電腦繪圖、海報設計等皆可達到專業級的效果，而應用於教學使用時，則較適合從國小中年級以上開始學習，對於軟體功能介面的操作會更順暢。

第二節　GIMP 影像處理軟體

　　GIMP的出現始於一九九五年，兩位在柏克萊大學修讀電腦的學生Peter Mattis與Spencer Kimball，計劃編寫一個像Adobe Photoshop一樣，有圖像處理和相片編輯功能的軟件。經過四個多月的努力，他們有了初步的成果，並命名為General Image Manipulation Program，簡稱GIMP。發展初期並不完整且不穩定，在一九九六年的0.54版本推出以後，由於世界各地許多人的投入與推展，本軟體漸趨成熟。

　　從GIMP的G字母就可以知道它是以GNU公有版權模式來發行與維護，使用者可以自由地取得它、使用它、散布它，甚至修改它。GIMP是一套免費的、點陣式的2D影像處理軟體，以像素為處理單位，相對於向量格式的影像處理軟體如Adobe Illustrator、CorelDraw或Inkscape，是以物件為影像處理的單位並不盡相同，但其支援包括

GIF、JPEG、PNG、XPM、TIFF、TGA、MPEG、PS、PDF、
PCX、BMP在內的多種文件格式。

　　GIMP的發展優勢在於其容易取得且支援多種系統平台與多國語言，許多GNU/Linux發行版本都將GIMP作為其中的一個標準套件。當然，GIMP也支持其他操作系統，如Mac OS X、Microsoft Windows、OpenBSD、NetBSD、FreeBSD等。

一、GIMP 的功能

　　1.具有多種圖像處理功能，包括簡單的繪圖處理、照片潤飾、圖像合成、色彩校正、黑白照片彩色化、無接縫圖樣的製作、圖像去背、火燄效果、結冰效果、其他特殊效果的製作、GIF動畫等。

　　2.具有完整的圖像工具套件，包括畫筆、鉛筆、噴槍、克隆等工具。

　　3.具有螢幕擷取功能，可擷取螢幕的畫面做後續編修處理。

　　4.具有多樣的圖像渲染器，以及圖像格式轉換器等。

　　5.具有圖層、遮罩、剪裁、填充等圖像編修工具。

二、下載

　　GIMP採行GPL授權條款，使用者可於網路下載後安裝使用，其常用下載點如下：

　　1.GIMP官方網站：http://www.gimp.org

　　2.教育部校園自由軟體數位資源推廣服務中心：

　　http://ossacc.moe.edu.tw/modules/tinyd1/index.php?id=5

三、應用

　　GIMP操作介面相當輕巧，不管是簡單的繪圖、影像的編輯或是圖片的修飾，或是像Photoshop一般處理影像合成、色彩校正、黑白照片彩色化、無接縫圖樣製作、火燄效果、結冰效果、特殊效果的製作、GIF動畫等，都難不倒它。所以，很適合用來做照片編修、影像合成、大量的影像彙整、影像轉換等工作。

　　GIMP之安裝及使用方法稍嫌複雜，初學者最好能參考網路上的教學網站，例如GIMP基礎功與範例教學網站 http://gimpbasic. blogspot.com/。

第三節　XnView圖像編輯軟體

　　XnView是一個功能強大的圖片瀏覽軟體，它提供一個快速瀏覽、管理圖片及基礎影像編輯功能，其功能與著名的ACDSee不遑多讓，然而XnView是一個免費軟體。此外，它更提供綠色版本（免安裝），存入隨身碟等儲存媒體後，即可在任何一台電腦執行，不需再重新設定、安裝，十分方便。

一、XnView 的功能

　　1.螢幕擷取：XnView可以擷取桌面、作用中視窗，對於電腦教學或者螢幕擷取都是很方便的功能。

　　2.批次轉換：XnView可以一次選取一些檔案，利用批次轉換的

方式把全部圖檔改變大小、加上文字、剪裁、加上濾鏡，不用一個一個去更改，非常方便。

　　3.幻燈片播放：利用幻燈片的功能來播放數位相機拍照的影像。XnView也提供許多換場特效，並可搭配註解文字功能，達到更生動活潑的簡報效果。

　　4.網頁製作：XnView可以一次選取一些檔案，自己挑選樣板、輸出的位置，就可以依照你選擇的樣板做成網頁。

　　5.設成桌布：XnView可以讓你瀏覽照片，挑選完你喜歡的照片，就可以直接設成桌面，還可以依照桌面解析度去調整照片。

　　6.濾鏡功能：XnView已經內建一些濾鏡功能，如浮雕、馬賽克、模糊等功能，還可以匯入其他程式的濾鏡功能。

　　7.剪裁功能：平常有的圖片太大，有的部分是我們教學沒有用到的部分，我們可以利用剪裁或者改變大小的方式，得到我們需要的圖片。

二、下載

　　可利用Yahoo或Google等搜尋「XnView」，就可找到相當多下載點。提供下載方式有下列兩種方式：

　　1.Setup：透過安裝程序來執行，只下載一個執行檔。

　　2.Zip file：下載檔案為壓縮檔，解壓縮後目錄中即可執行XnView，不需經過安裝程序，徹底達到綠色軟體及可攜性，可存於隨身碟、記憶卡等儲存媒體隨身攜帶，免於安裝的困擾。

三、應用

　　教師除了可應用XnView來看圖片與播放幻燈片之外，也可依需求設定擷取的範圍視窗，並透過快速鍵或預設時間來擷取電腦畫面，比一般按PrintScreen鍵，再貼至小畫家上更加便利與更簡化教材製作程序。此外，XnView也很方便用來製作網頁，它提供許多網頁樣板供我們選擇，並會自動將影像製作成縮圖、設定連結，也可以將製作好的整個目錄儲存至USB隨身碟或光碟等，在教學時，即可以網頁方式直接開啟瀏覽，不需借助額外的軟體，方便攜帶與展示。

　　XnView的教學網站可參考：
- 海芋小站：http://www.inote.tw/2007/02/xnview.html
- 澎湖人NO1影音教學網：http://203.68.253.130/~huang/video/xnview/

第四節　Audacity 聲音編輯軟體

　　Audacity是一套可用來錄音和編輯音訊的自由軟體。維基百科全書指出，Audacity是一個跨平台的聲音編輯軟體，可在Mac OS X、Microsoft Windows、GNU/Linux和其他作業系統上運作。Audacity在二〇〇四年七月獲選為SourceForge.net當月最佳推薦專案，並在二〇〇七年七月榮獲SourceForge.net多媒體類的「社群優選獎」（Community Choice Awards）。

一、Audacity 的功能

1.匯入與匯出WAV、MP3、Ogg Vorbis（與MP3同級）或其他的聲音檔案格式。

2.具有錄音與放音功能。

3.對聲音做剪下、複製、貼上、切割。

4.能夠多音軌混音、波封編輯、雜音消除、變更節拍與重複音樂。

5.能夠製作淡入／淡出的特效。

二、下載

連結至官方網站（http://audacity.sourceforge.net/），或只要利用Yahoo或Google等搜尋「audacity」，就可找到很多下載點，下載後加以安裝與執行即可。

三、應用

由於聲音是數位多媒體的重要素材之一，它可激發情緒與烘托溫馨、浪漫、榮耀、悲傷、寂寞、憂鬱、豪情、奔放、贖罪、恐怖的情境。而配樂因有版權的問題，因此是製作數位教材最頭痛的問題。若個人熟悉Audacity的功能，並具有一點音樂素養，只要匯入具有無版權問題的音樂檔案，將其轉錄成WAV或MP3檔案，再加以剪輯、複製、混音等功能，即可編輯出令人滿意的音樂檔案。

Audacity的教學網站可參考：

● 海芋小站：http://www.inote.tw/2006/09/audacity.html

第五節　CDex 音樂轉檔軟體

CDex是一套綠色軟體不用安裝，拷貝到另一台電腦，只要有目錄就可以執行。除了完全免費之外，還支援中文和CDDB功能，也提供錄音的功能。轉錄MP3非常快速，操作也十分簡便。

一、CDex 的功能

1.可將音樂CD轉錄成MP3或WAV格式。

2.WAV聲音檔與MP3互相轉換。

3.透過CDDB功能可以讓我們免於輸入歌名、歌手、專輯名稱等資訊。

4.可以不限制長度的錄音時間錄製成WAV或MP3等（可選擇「工具」／「從類化輸入錄製」選項）。

二、下載

連結至官方網站（http://cdexos.sourceforge.net/），或只要在Google或Yahoo網站輸入關鍵字「CDex」，就可找到很多下載點，下載後加以安裝與執行即可。

三、應用

　　教師可應用CDex錄製聲音或旁白，以作為製作電子繪本或數位教材聲音檔的素材。CDex錄音功能的缺點是無法剪輯，因此錄製時最好一氣呵成，若有錯誤時只得再重錄一次，或使用其他剪輯軟體加以剪輯。

　　CDex的教學網站可參考：

● 澎湖人NO1影音教學網：http://203.68.253.130/~huang/video/cdex/

第六節　Wink 動態教學錄影軟體

　　為了發展個別化學習教材，讓學生可以反覆觀賞練習，以達精熟程度，教師可製作動態的教材。坊間有一個商用軟體叫做Camtasia Studio，功能很強，但價格昂貴。本節將簡介免費的Wink軟體，其功能與Camtasia Studio類似。對於想要製作動態教學，Wink是一個很方便的工具。

　　Wink可以跨平台在Linux與Windows作業系統中執行。它可以把電腦上的圖片做成Flash檔，讓我們可以嵌入在網頁中，而且還可以加入聲音和提示，有助於讓讀者了解教學內容。

一、Wink 的功能

　　1.Wink是一套可以錄製螢幕操作畫面，並輸出成Flash的免費軟

體。

　　2.可以自訂每秒錄製張數，以及錄製的範圍大小等等。

　　3.可以在擷取螢幕的畫面中，適當地加入註解、按鈕及標題。

　　4.可輸出成Flash、EXE、HTML及PDF教學檔案格式。

　　5.可以錄製聲音旁白，讓你的教學影片更實用與更易了解。

二、下載

　　連結至Wink官方網站（http://www.debugmode.com/wink/download.php）下載，解壓縮後，點擊兩下開始安裝。

三、應用

　　一般在製作軟體教學網頁時，常常需要擷取操作介面的圖像並將其貼在網頁上，但錄製一個動態的操作畫面可能會比貼好幾張靜態的圖更容易了解。因此，我們可使用Wink來製作如何使用某軟體的教學影片。

　　Wink有繁體中文介面，可以擷取螢幕畫面，加入註解、按鈕、標題等，在錄製畫面的同時還可以進行錄音，如此，就很適合做遠端動態教學影片之用。因此，Wink最主要的目的是讓使用者除了可以把操作畫面錄製下來，然後輸出為動態的Flash檔案之外，還能輸出為PDF檔或是靜態的網頁形式。

　　Wink教學網站可參考：

- 海芋小站：http://www.inote.tw/2007/01/wink.html/
- 澎湖人NO1影音教學網：http://203.68.253.130/~huang/video/Wink/Wink.html

第七節　Moodle 學習管理平台

　　Moodle（Modular Object-Oriented Dynamic Learning Environment）是由澳洲Martin Dougiamas 博士主持開發的學習管理系統（LMS），該系統是一套基於「社會建構主義學習理論」設計開發的自由軟體，能夠幫助教師有效率的建立和管理網路課程。Moodle 1.0版本於二〇〇二年八月二十日正式發布，目前已發展到1.9版本，Moodle已在世界各地的大學、中學和小學等各種教育機構應用起來。

　　Martin Dougiamas非常推崇社會建構主義學習理論，Moodle是其將該理論應用於實踐的一個試驗，在其設計開發過程中處處體現著這一教育理念。Moodle具備當前新興的各種社會互動軟體功能，Moodle課程還注重多元化教學評量，如形成性評價、總結性評價、檔案評量、教師評語、同儕互評等，這有利於即時發現和解決學生在學習過程中存在的問題（林志隆、許立民、許瑞慶、陳彥杰，2007）。

一、Moodle 的功能

　　Moodle平台提供了各式各樣的課程活動模組，教師可以根據教學需要選擇合適的模組，為教學活動建立互動式環境。Moodle 提供了系統管理員、教師和學生需要的各種功能，主要功能如下（王大勇、李貴春、黃偉萌，2006）：

（一）管理員功能

　　管理員的主要任務是建立與維護線上學習的軟硬體環境、建構課程體系，並且確定哪些人可以在允許範圍內使用該系統。管理員又可分為伺服器管理員和課程管理員。伺服器管理員主要負責修改系統配置、維護課程、用戶資訊，設定伺服器資訊、安裝和維護功能模組等；課程管理員主要負責建立新課程、課程資訊和任命教師。管理員功能如表9-1所示（王大勇、李貴春、黃偉萌，2006）。

表 9-1　Moodle 學習管理平台管理員功能分類表

課程管理	帳號管理	系統管理
設定課程類別	設定註冊方式	網站訊息
建立課程	管理使用者帳號	網站參數設定
選定教師	設定使用者權限	模組設定
選課		網站樣式
		資料庫管理、備份

（二）教師功能

　　教師又分為主要教師和輔導教師。在指定教師時，如果不賦予教師編輯許可權，該教師就是輔導教師。主要教師可以編輯課程的資源和組織教學活動；輔導教師具有管理成績、檢視心得日誌、學生活動歷程報告、進入教師討論區等許可權，他的任務主要是解答學生的問題，進行一些日常的教學管理，督促學生學習，並不參與課程設計。教師功能如表9-2所示。

表 9-2　Moodle 學習管理平台教師功能分類表

教學設計	教學準備	教學實施	教學評量與回饋
確定教學目標	公布課程公告	引導學生主動探索	作業評量
訂定教學大綱	設計網路課程	組織討論	線上測驗
擬定教學計畫	上傳課程素材	專家解疑	學習活動評量
設計教學活動	擬定課程講義	線上教師解疑	學習記錄評量
擬定教學策略	參與課程活動	測驗評量	
完成評量規準		指派作業	

（三）學生功能

　　學生可以線上閱讀教學材料和參加學習活動，並將自己的學習歷程以及對課程學習的心得寫在自己的部落格（blog）或心得報告上；在規定的時間內繳交作業；並以各種工具如討論區、聊天室等盡量與課程內的各種元素進行互動。學生功能如表9-3所示。

　　總而言之，Moodle的操作十分簡單，教師經過短期、簡易培訓，就能掌握它的使用方法。Moodle適合小學、中學、大學、成人教育以及企業培訓，每一位教師都可以輕鬆的在網上建立自己的課程。Moodle具備任何網路教學管理平台所具有的功能，例如：內容管理、討論區、測驗、作業、聊天、Wiki共筆、日誌、標籤和投票等。此外，它還擁有諸如任務分配、訊息、對話、日曆和檔案管理等功能。因為Moodle採用模組化的設計方法，所以很容易建立新的功能模組。

表 9-3　Moodle 學習管理平台學生功能分類表

課程前準備	課程學習	學習評量
瀏覽課程簡介	閱讀學習資料、課程素材和教學資料	察看作業情形
瀏覽課程大綱	自主探索	觀看成績紀錄
瀏覽教學計畫	提問	瀏覽個人活動紀錄
瀏覽課程公告	線上討論	參考教師回饋
註冊	小組合作	
報名、選課	完成作業	
審核通過（繳費）	線上測驗	

二、下載

　　連結至 Moodle 的官方網站中（http://moodle.org/）下載，網站上還有上百種的教學模組或工具可供管理者或教師使用。

三、應用

　　茲列舉數例，以說明 Moodle 在國內的應用情形如下：

　　1.「教育部課程平台資源網」：為一個以 Moodle 為 Base 的課程服務平台，教師可透過這一個平台所提供的搜尋介面，尋找到所需之教材，並匯入 Moodle 系統之中，形成整個課程服務平台之架構。系統服務平台進入之網址為 http://learning.edu.tw/moodle/

　　2.「國立暨南國際大學課程資訊網」（http://moodle.ncnu.edu.tw/）：教學平台已與校務與帳號系統整合在一起，所以每學期開始

前都會讓全校課程自動上線，全校每學期大概有一千多門課程。

3.「華梵大學數位學習網HFU eLearning」（http://elearning.hfu.edu.tw/ moodle/）：目前Moodle教學平台大部分用來做測驗、同學繳交作業與輔助老師上課教學用，部分老師也會把教學平台當部落格用，放置一些其他的資料。

4.「東海大學數位學習平台」（http://elearning.thu.edu.tw/moodle/）：教學平台目前主要用來做測驗、繳交作業、教材下載與輔助老師上課教學用，部分老師也會上傳影音教材。平台也新增及修改了五項功能，如：修正測驗卷BUG、新增RSS功能、新增影音上傳功能、建立VOD（video on demand）功能、逐年開課功能等。目前目前註冊人數大概兩、三萬人，課程大概有幾千門課程，平日每天大概有五、六千人次登錄使用。

第八節　Hot Potatoes網上互動式測驗軟體

　　Hot Potatoes網上互動式測驗軟體是由加拿大University of Victoria Humanities Computing and Media Center的研發小組所發展出來的。它可以製作五種不同題型的練習題，教師只要將做好的練習題上傳至某平台，學生便可上網並依據教師先前所輸入的提示（clues）和回饋（feedback）來完成各項的練習。此套練習軟體需要用瀏覽器（如：Internet Explorer或Firefox）來觀賞。假如您為教育工作者或為非營利事業之機構，並且所編寫的練習題開放給其他在網際網路上之使用者，此套軟體是免費的，但是在安裝完成後，需再一次到官方網站首頁上註冊，點選 "register"，取得user name和password，

否則在製作互動練習時只可製作兩道試題！

一、Hot Potatoes 的功能

1.Hot Potatoes能輕鬆地製作網上互動式練習。

2.學習者將答案鍵入空格中並且按Check鍵會有自動對答的功能，還會告知分數。

3.可以製作出五種不同型態的練習題：J Quiz（選擇題、簡答題）、J Match（配對）、J Cloze（克漏字填充）、J Mix（重組句子）、J Cross（填字遊戲）。

4.教師只要將做好的練習上傳至某平台，學生便可上網並依據教師先前所輸入的線索（clues）和回饋（feedback）來完成各項的練習。

5.有cgi功能，學生在完成練習後將成績自動e-mail至指定的電子郵件，唯此項服務需收費。

二、下載

可連結至官方網站（http://web.uvic.ca/hrd/hotpot/）下載。

三、應用

在現今電腦及網際網路愈趨普及之際，教師可運用Hot Potatoes測驗軟體來設計與編製五種不同型態的測驗題，只要將做好的測驗題上傳至某平台，學生便可上網回答問題，並依據教師先前所輸入的答案做自動核對，而答對或答錯的回饋（feedback）會顯示在電腦螢幕上，學生也可以點選提示鍵（hint）或線索鍵（clue）來完成各

項的練習。Hot Potatoes除了可作為學生課後複習之用外,也是很好的補救教學與達到精熟學習的工具。

　　總而言之,以上所簡介實用且是免費軟體或自由軟體,可供教師或學生設計與製作數位多媒體教材之參考。上述軟體也提供免安裝的綠色版本,有興趣的讀者可連結至「COSA可攜式應用環境網站」下載與儲存至隨身碟,即可在任何一台電腦執行,不需再重新設定、安裝,十分方便。

第九節　Scratch 程式語言及邏輯推理軟體

　　學習程式語言是一件不容易的事情,學生需同時學會程式語言的語法、程式流程和邏輯,才能完成一件作品。通常在學習這些困難的課程時,容易造成學生的學習負擔,並產生挫折感,因而使學生對學習程式語言產生排斥。

　　Scratch為麻省理工學院媒體實驗室的幼兒學習組所開發。其目的是希望程式語法可以像一塊一塊的積木的方式呈現及操作,成為一種簡單且容易使用的程式語言。Scratch可讓學生用簡單的堆積木方式,建立互動故事、動畫、遊戲或音樂……等,再透過官方網站的分享功能,將自己的作品與其他人分享。當學生在創造或分享這些Scratch作品時,他們可以學到重要的邏輯觀念,同時也可以學到有關創造性思考、系統推理和協同合作的概念。

一、Scratch 的功能

1.Scratch是一套積木模式的程式語言。

2.可用來製作動畫、音樂、互動故事、遊戲……等等。

3.可於官方網站分享，並可以瀏覽、執行和下載其他分享者的Scratch作品。

二、Scratch 的程式功能與基本使用

Scratch可用的積木主要分為2個對象和8個項目，對象為使用的元件（角色）和舞台（場景），項目分為動作、外觀、聲音、畫筆、控制、偵測、運算、變數。

1.「動作」主要用來設定角色對象的行為、移動與位置，可用的積木包括對話、方向、角度、移動（改變X座標與Y座標）、設定起始位置等，而舞台對象則沒有動作積木。

2.「外觀」為控制對象的顯示，可透過此項目變更對象的外觀、造型、對話顯示、思考顯示、顏色特效、大小、隱藏和圖層位置。

3.「聲音」為主要的聲音來源，除一般的聲音播放與匯入聲音外，還有音樂的模組，在音樂模組內有許多不同預設的樂器聲音，並可以調整音量、音階、節奏等。另外，也可以直接使用錄音功能，錄製想要的聲音。

4.「畫筆」則是類似色筆的繪圖功能，可利用下筆、停筆繪製一條不規則的線，並可設定顏色、亮度、畫筆粗細，而舞台對象則僅有清除畫筆（消去所有畫筆繪出的線條）功能。

5.「控制」主要是用來操作程式流程，包括判斷式、迴圈、啟動

程式等主要積木。

　　6.「偵測」為判斷對象是否接觸到什麼顏色、物品以及輸入的判斷。

　　7.「運算」有基本的加減乘除、產生亂數、邏輯運算、文字合併與擷取和數學計算。

　　8.「變數」可自己設定程式用的可變數字。

　　在Scratch內的程式積木樣式如圖9-1所示。其中編號❶的積木上方的波浪開頭為觸發起始點；積木上方的凹處與積木下方的凸處為可銜接的地方；積木下方平滑為程式終止點。編號❷的尖角括號會得到「是」或「否」兩種結果。編號❸的圓弧括號為傳回一個值（例如X座標或文字）。編號❹的方框可自行填入文字，秒數則可以放

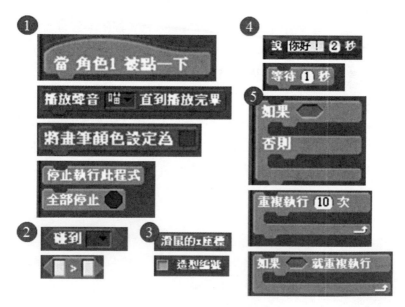

圖 9-1　Scratch 積木樣式

入編號❸的圓弧括號取代。編號❺為條件的積木，尖角框框需放入編號❷的尖角值。

三、下載

連結至Scratch官方網站（http://scratch.mit.edu/）下載，點擊兩下開始安裝。

四、應用

Scratch是一款可以給國小學童使用的程式語言系統，操作介面簡單，並可利用拖曳的方式將想要的積木拉至需要的地方，如圖9-2。因此在台灣也有不少國小使用Scratch當作教學軟體或競賽，例如新北市國中小自由軟體SCRATCH程式設計比賽（http://scratch.ntpc.edu.tw/app/Center/default.aspx）、宜蘭縣中小學SCRATCH競賽（http://blog.ilc.edu.tw/blog/blog/5026）、民生國小……等等。

在 Scratch官方網站的分享區（http://scratch.mit.edu/），如圖9-3，也可看到許多不同種類的成果，例如電腦、數學、遊戲、動畫等主題。目前在官方資料上，已經有100萬以上的註冊會員、34萬以上的分享者、200萬以上的作品上傳、4700萬以上的腳本；這樣的數量也顯示Scratch對於程式語言及數理邏輯教學的影響。

除了基礎的應用外，也有更多深入的延伸軟體與應用，例如感應科技（結合NXT Sensor）、擴增實境（AR Spot）等。

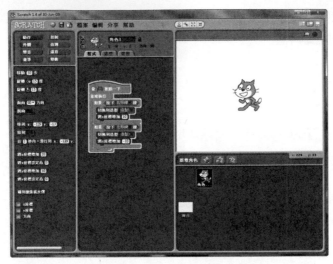

圖 9-2　Scratch 的操作介面

圖 9-3　Scratch 的官方網站分享介面

第十節　Kodu Game Lab 視覺化遊戲開發工具

　　Kodu Game Lab是一個以視覺化呈現的遊戲程式設計語言（Visual programming language）。它最大的特色，是以直覺式的圖示操作以及修改角色及物件的屬性來促進兒童設計遊戲的興趣及成就感。Kodu Game Lab能夠幫助老師在學校課程中結合遊戲設計，讓每一個學生都能在創造遊戲的過程，組織學科的內容。

　　目前Kodu Game Lab只支援Windows作業系統，同時只提供英文介面。然而，由一些國內的小學應用現況來看，由於操作介面以圖文同時呈現的表現方式，英文介面並沒有造成小學生使用上的困難。

一、Kodu Game Lab 的功能

　　1.Kodu Game Lab是一套能夠建立3D虛擬世界的免費軟體。

　　2.Kodu Game Lab設計的遊戲可以在Xbox或PC執行，並可以使用搖桿控制器、滑鼠及鍵盤操作虛擬機器人，並進行機器人的動作設定，如圖9-4所示。

　　3.Kodu Game Lab提供多樣的遊戲範例，如圖9-5所示。

　　4.Kodu Game Lab可以作為發展遊戲及數位故事的工具。

　　5.Kodu Game Lab以「時間」及「動作」的語法形式，來表達遊戲角色的動作，簡單易懂，如圖9-6所示。

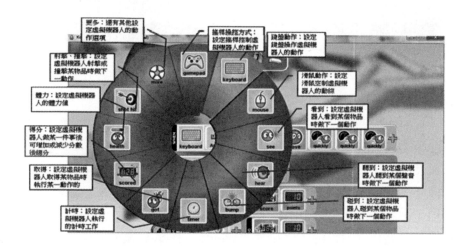

圖 9-4　Kodu Game Lab 的功能選單介面

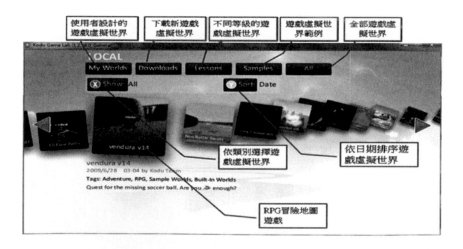

圖 9-5　Kodu Game Lab 提供的遊戲範例

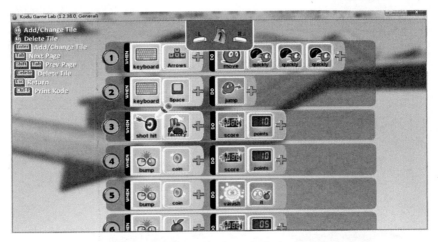

圖 9-6　Kodu Game Lab 的角色動作設定介面

6.Kodu Game Lab的遊戲設計方式，包括動作條件和順序的設定，可以用來幫助學生學習因果關係。

7.Kodu Game Lab能幫助兒童進行批判性思維，可以把一個複雜的目標分解成便於管理的步驟。

8.在遊戲進行時，只要按下ESC鍵可以立即進行視覺化程式編輯模式。圖9-7為學生使用Kodu Game Lab設計的永續家園遊戲，當學生按下ESC鍵，即進入編輯模式。透過這樣的方式，學生可以持續修改所設計的遊戲，也可在觀摩他人的遊戲時了解其設計的技巧及邏輯。

二、下載

連結至微軟 Kodu 官方網站（http://fuse.microsoft.com/page/kodu）下載，點擊兩下開始安裝。安裝完 Kodu Game Lab後，先執

圖 9-7　學生設計遊戲範例——永續家園

行 Configure Kodu Game Lab進行顯示設定，如圖9-8所示，主要是
設定圖的品質（Graphics Quality）、螢幕的解析度（Resolution）、
視覺特效（Visual Effects）及聲音（Enable Audio）。以目前大多數
個人電腦的效能，依圖9-8的參數內容設定即可。

　　完成設定後，即可選擇 "Resume" 回到Kodu Game Lab的遊戲
環境，如圖9-9所示。

三、應用

　　目前澳洲已有教育機構採用Kodu Game Lab作為教學輔助工具，
嘗試引起小學生對於遊戲設計的興趣。由於學生在遊戲設計中必須
學會分析問題並提出解決方案，有助於發展邏輯推理及創意思考能
力，對於改善學生在自然、電腦、資訊科技等學科方面的表現有一
定程度的助益。Kodu Game Lab範例教學的參考網站如下：

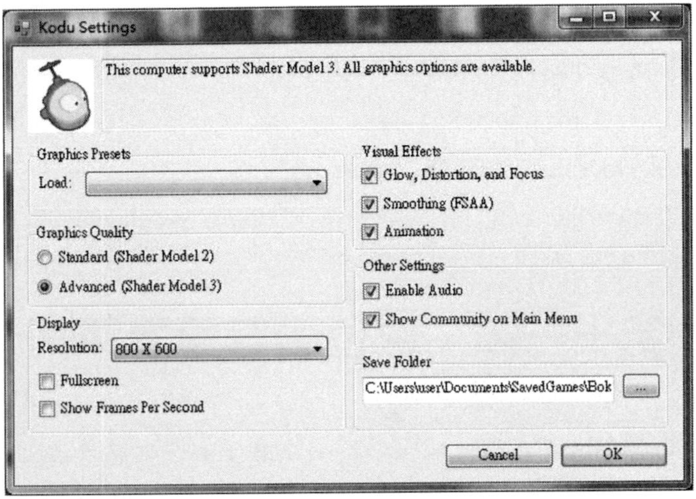

圖 9-8　Kodu Game Lab 的顯示設定介面

圖 9-9　Kodu Game Lab 設定完成後的畫面

- 微軟公司的Kodu遊戲範例：http://www.youtube.com/watch?
  v=9Hp_T0gVkKY&feature=related
- Kodu Game Lab輔導手冊：http://moss.dhips.ttct.edu.tw/Resour-
  ces/DocLib/Kodu/KODUtrain.pdf
- Kodu Game Lab設計遊戲分享：http://www.planetkodu.com/

第十一節　數位內容設計原則

　　在認知處理理論中，認為學習者可藉由雙通道認知處理模組來學習多媒體資訊（Mayer, 1997; Mayer & Moreno, 1998; Moreno & Mayer, 1999），這樣的學習方式有三個主要假設：(1) 學習者至少有兩個不同的訊息處理管道，例如視覺／圖像管道和聽覺／語言管道；(2) 每個管道的工作記憶皆有其容量限制（Chandler & Sweller, 1991）；(3) 每個管道的認知處理行為主要步驟包含選擇適當形式的教材，並組織所選擇的教材，將其一致性表達出意涵；最後整合聽覺和視覺管道分別處理後的訊息，以及在長期記憶體中的相關先備知識（Mayer, 2001; Mayer & Wittrock, 1996），如圖9-10所示。

　　因此，為了達到有效傳達訊息的目的，增加學習的效果，在設計數位內容時，有一些必須遵循的原則，而美工及特效則往往是次要的考慮。

1. 形式原則

　　形式原則（modality principle）一詞由Richard E. Mayer 在一九九九年時提出，意指發展線上多媒體教材時，若透過動畫搭配聲音旁白，比動畫搭配字幕的方式，能讓學生得到更好的學習效果；也就是說，設計多媒體教材中所學習的文字內容時，以聲音表達比以

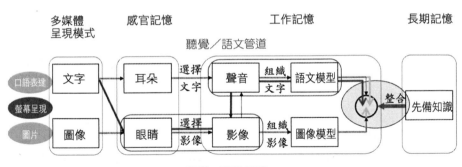

圖 9-10 雙通道認知處理模組

（資料來源：Mayer, 2001）

視覺文字表達更能降低學習時的認知負荷（cognitive load）。

Sweller、van Merrienboer 和 Paas（1998）提出認知負荷理論時，認為人類的認知系統中的工作記憶是有限的。他們認為，人類不是同時接收視覺和聲音資訊，而是使用兩個不同的管道，亦即視覺圖像管道（visual/pictorial channel）和聽覺語言管道（auditory/verbal channel）。當學習圖片和文字資訊都使用視覺圖像管道時，視覺管道很容易產生過高的認知負荷，但此時聲音語言管道卻沒有被使用。而當文字以聲音的方式播放時，便可以運用到聲音語言管道的工作記憶來接收，因此可以使視覺圖像管道的記憶體空出，專門處理圖片訊息。因此，形式原則的意涵，在於點出設計多媒體教材時，認為盡量以聲音的播放形式取代原來的文字訊息（例如：講述性聲音或旁白），讓學生聽聲音時，同時閱讀對應的圖片教材（例如：圖片和動畫），與全部教材皆使用文字表達的方式相比，學生可以達到較好的學習效果和獲取知識的能力（Ginns, 2005; Mayer, 2009; Mayer & Moreno, 2003）。

Mayer和Moreno（1998）實施了兩個實驗，學生分別使用兩種多媒體教材，第一個實驗中學習操作閃光燈系統，第二個實驗則學習操作汽車煞車系統。在這兩個實驗中，各分為兩個組別，其中一組使用字幕和對應的圖片同時學習；另一組則使用旁白搭配圖片一同學習。兩個實驗結果均顯示，使用旁白搭配圖片方式學習的組別，無論是在記憶主要操作步驟的記憶式題型、辨別主要操作元件的配合式題型，以及解決問題的題目上，表現均優於字幕學習的組別。

由此可知，決定如何呈現文字是一件重要的事。例如在一般的敘述性動畫（narrated animation）中，動畫的播放速度是固定的，而搭配的文字，可能是以旁白的方式或是字幕的方式呈現；兩者的內容及播放速度相同，學習者皆不能調整其速度，差別僅在於文字的表達方式不同。而依據形式原則，使用旁白的方式對於提昇學習效果有較大的助益。

2. 一致性原則

學生在從圖示和文字學習解釋科學時，學者將多餘的文字或圖片稱為「干擾細節」（seductive details）。這些多餘的文字或圖片一開始存在的目的是為了讓學習更有趣，但卻會導致學生的記憶保留和與問題解決相關的知識遷移有較差的表現（Harp & Mayer, 1997, 1998; Moreno & Mayer, 2000; Renninger, Hidi, & Krapp, 1992）。針對這個問題，學者提出了一致性效應（coherence effect）的觀念，也是一致性原則（coherence principle）的基礎。

Mayer定義一致性（coherence）為多媒體教材呈現的資訊中，概念或元素之間的關聯性（conceptual relevance），例如因果關係（Mayer, 2001）。一致性效應則是指透過減少教材中不相關的內容（音樂、圖片、動畫或文字），對促進學習成效產生的效應。因為過多資訊容易造成注意力的轉移，甚至於學習障礙；例如製作教材

時一味地加入有趣但無關的音樂、故事及插圖。當不重要的資訊被去除，學習者自然會將重點放在有用的內容，進而提昇學習成效。因此教學者需注意，資訊並非越多越好；唯有排除無關的資料，保留與學習主題相關的內容，學習才會有好的效果。Mayer（2001）舉出三個一致性原則：

(1)當有趣但與教學核心概念無關的文字和圖片置於多媒體教材中時，會傷害學生的學習效果。

此原則源自於干擾細節，包含干擾注意力的文字和圖片；這個原則同時適用於傳統紙本教材和電腦化教學。Mayer（2001）指出，學生接受包含干擾注意力的文字或圖片的教學內容，在面對記憶力題型和問題解決能力題型方面均有較差表現。

(2)當有趣但與教學核心概念無關的聲音和音樂置於多媒體教材中時，會傷害學生的學習效果。

依據認知理論，有趣的音樂雖能引起學習興趣，但會影響學生吸收對教學真正有幫助的聲音；例如敘述性的旁白（narration）。Mayer（2001）指出，學生接受包含干擾注意力的聲音之教學內容，對於記憶力題型和問題解決能力的題型均有較差表現。

(3)學生在多媒體課程的學習效果在移除不需要的文字之後有較佳的表現。

對於學習者來說，無關的資料會與應學習的資料競爭工作記憶，並將其注意力轉移到無關學習的內容中。此外，無關的資料更會造成干擾，破壞概念間的結構性關聯。因此，在設計多媒體教材的呈現方式時，應考慮將不需要的內容刪除，以降低學習者的認知負荷。

3. 分散注意力效應

分散注意力效應（split-attention effect）是指訊息呈現位置的整合程度，對於學習效果產生的效應。當學習者面對多重訊息時，這

些訊息必須加以整合，最好同時、同位置呈現，才能達到好的學習效果。若表達相同概念或事物的資訊片斷，在不同位置或不同時間呈現，將導致注意力分散，進而增加認知負荷。因此，有效地整合資訊的呈現方式，才能使學習者集中注意力，提昇學習成效。

分散注意力效應又稱為接近原則（contiguity principle），包含了空間接近原則（spatial contiguity principle）及時間接近原則（temporal contiguity principle）（Mayer, 2001）。

空間接近原則意指圖文的排列應該盡量接近，避免分散，以免學生在學習時必須在不同的位置互相對照，造成視覺上的工作量和搜尋資訊時的負擔。Mayer 和 Moreno（1998）指出，在設計教材時，圖片和相關文字的位置不可分離太遠。時間接近原則是指視覺的動畫或文字，以及聽覺的聲音或旁白，應該盡量在同樣的時間呈現，讓學習者同時接受這些相關的訊息。

Mayer（2001）的實徵研究中也得知，學生在使用電腦螢幕或紙本教材進行學習時，若文字和圖片擺放的位置較分散時，學生的學習成效相對於文字和圖片擺放位置較接近時明顯較差。也就是當文字和圖片較接近時，學生不需花費過大的工作記憶進行視覺搜尋，因此較有可能將文字和圖片資訊同時存於工作記憶中，並加以整合；反之，當資訊分散，造成視覺通道的工作記憶加重，將使得學習者無法及時整合兩部分的資訊，而無法達到預期的學習成效。同樣的，資訊呈現的時間點也是重要的考量，必須在適當的時間點決定如何放置文字或圖片。

Chandler 和 Sweller（1991）將此接近原則作為分散注意力效應的基本理論；也就是說，在學習課程時，若能將相關的文字和圖片／動畫在接近的時間點，放置在一起學習，降低分散注意力的機會，便可提昇學生的學習成效。現在提到分散注意力效應通常指出

現在設計不良的多媒體教材中，造成學生學習時認知負荷的增加（Chandler & Sweller, 1991, 1992）。

4. 重複原則

重複原則（redundancy principle）主要的意涵為：在設計多媒體教材時，應避免同時使用過多的媒體管道來呈現同樣的內容；實證研究結果顯示「動畫＋聲音旁白」的多媒體內容會比「動畫＋聲音旁白＋字幕」更能提昇學習效果（Clark & Mayer, 2008）。

重複原則旨在提醒多媒體設計者，不否認資訊量愈多愈好，但當媒體同時出現太多重複的視覺資訊（例如圖片、文字及動畫），視覺／圖像管道將會產生超載（overloaded）的問題。在這種情況下，可用於連結文字及相對應的圖片或動畫的資源將會被排擠，因而影響學生進行有意義的學習 （Mayer, 2001）。

重複原則與形式原則可以相呼應：如果文字以聲音旁白的方式呈現，就可以透過聽覺／語言管道來接收，則視覺／圖像管道的負擔就會減輕，因而提供更多資源用來建立文字及圖片（或動畫）之間的連結。形式原則強調要善用人類接收資源的不同管道（視覺／圖像管道及聽覺／語言管道）；重複原則強調不要同時使用過多的媒體形式，以免同一個管道超載。

另外，重複原則與一致性原則的強調重點亦有很大的不同。重複原則指的是不要使用過多的媒體來搭配呈現同樣的資訊，以免競爭訊息管道，造成管道的超載；而一致性原則強調要刪除與學習內容無關的訊息，以免造成干擾。

結語

　　本書的兩位作者在科技化教學方面有很多的實務經驗，包括應用及輔導經驗。過去在與各級學校教師進行交流時發現，很多教師都具有相當的教學熱忱，也願意投入資訊科技融入教學的行列。這些教師主要遭遇的困難，在於部分數位化教學資源的取得不易，尤其是學校的本位特色課程，或是與地方相關的鄉土課程。有些教師雖然想嘗試自己開發數位教材，但往往受限於軟體的成本太高，或是個人資訊技能不足。

　　因此，本章介紹多個常用的自由軟體，以期協助教師或教育研究人員，開發在教學活動中需要的數位教材，豐富教學內容。同時，本章也由訊息處理管道的運作原理，說明媒體設計與開發應注意的原則。

　　筆者在此提醒使用本書的教師或教育研究人員，數位教材的使用，宜先以取得現有教材為優先考量；若無法取得而需要自行開發，不需要太強調美工及華麗的內容，而是以教學內容的正確性、結構性以及與主題的關聯性為主要考量。相信教師在運用這些軟體開發數位教材的同時，只要依循本章提供的數位內容設計原則，對於強化教學內容，提昇學生的學習成效將會有所助益。

第十章
自我調整學習

　　身處知識爆炸的時代，沒有人能完全掌握特定領域的知識，許多知識只過了幾年就已不適用，而學校教育還在傳授過去的知識、技能與經驗給學生去適應未來的生活。而且，我國一般的教學方法仍偏重於老師講學生聽，學生大都養成「背多分」──以背誦課本內容為主的學習策略。因此，為協助學生適應二十一世紀知識經濟社會時代，教師必須省思教育下一代需具備終身學習能力、批判思考能力、自我省思能力與自我調整學習能力。

　　常言道「與其給他魚吃，不如教他如何釣魚」，教師除了教學之外，更重要的是教導學生學習方法或學習策略。因此，近年來，自我調整學習（self-regulated learning）是頗受教育學者所重視的研究主題。雖然教育部大力推動資訊科技融入教學，然而影響學習的因素很多，如教師、教材教法、教學媒體、學習者的態度、智力、動機、歸因、認知、學習策略等。其中，影響學習成效最重要的因素是學習者是否能主動統整與組織資訊、建構意義與自我監督理解的過程（Meece, 1994）。換言之，學習者必須具有自我調整學習的能力。因此，本章將探討自我調整學習的涵義、自我調整學習的理論基礎、自我調整學習循環階段，以及自我調整學習之教學模式及其要素。

第一節　自我調整學習的涵義

何謂「自我調整學習」？從下列案例就可清楚了解：

心儀是國小六年級學生，上課前她會事先自行閱讀，畫重點、作筆記、使用簡單的概念構圖整理閱讀過的內容，看到不了解的概念會劃上記號，並準備在上課時詢問老師或同學。在考試之前，她也會與同學討論，試著提出老師可能會出的題目，並做自我評量。從上述案例中，可看出學習者已具有自我調整學習的特性，她會自我察覺問題、了解問題、組織內容、自我監控（self-monitoring）與自我評量（self-evaluating），並將其個人的想法、情感與行動趨向達成學習目標。

多位學者對於自我調整學習有各種不同的定義，例如：Bandura（1997）主張在自我調整功能運作的過程中，個人需要目標設定、規畫、組織、適應策略、問題解決、自我教導、自我監控、自我增強與自我評量等能力。魏麗敏（1996）認為自我調整學習是個人有效運用學習技巧、調整個人行為與環境因素，以自我控制學習過程的學習方法。

最被學術界所接受的是自我調整學習代表人物Zimmerman（1986）的定義，他認為「自我調整學習是指學習者在後設認知、動機與行為上主動參與其學習歷程的程度」（Self-regulated learning is the extent to which the learners are metacognitively, motivationally, behaviorally active participant in their own learning process.）。Zimmerman進一步地提出更微觀的界定，在「後設認知」上，自我調整學習者是個人在學習歷程的不同階段中，能夠規畫、組織、自

我教導、自我監控與自我評量個人的學習歷程。在「動機」上，自我調整學習者自覺個人是有能力的、有自我效能的（self-effica-cious）以及是自動自發（autonomous）的學習者。在「行為」上，自我調整學習者選擇與營造有助於個人學習的學習環境（Zimmerman, 1986, 1994, 2001）。

根據Zimmerman的觀點，自我調整學習者在學習過程中，會整合與運用「認知策略」，例如：複誦（rehearsal）、組織（organiz-ation）、精緻化（elaboration）（Mayer, 1987; Pintrich & DeGroot, 1990），以及使用「後設認知」來覺察、了解、控制和監督個人的認知策略與認知歷程。此外，他們也會運用「自我調整策略」如：目標設定（goal-setting）、自我激發內在動機（intrinsic motiva-tion）、意志控制（volitional control）（或稱作行動控制）、自我監控、自我評量、自我效能（self-efficacy）、自我調整（self-regula-tion）、自我增強（self-reinforcement），進而調整自我行為，而達成學習目標。

因此，自我調整學習是一個主動建構的歷程，在此歷程中，一個自我調整學習者會依據特定學習內容的知覺、動機與情感來設定目標，並以此目標來控制、監督、調整與評量個人的認知、行動與情意，而這些自我調整活動可以促進個人的學業表現（林清山、程炳林，1995；劉佩雲，2000；魏麗敏，1996；Cuthbert, 1995; Pintrich & DeGroot, 1990; Ridley, Schutz, & Glanz, 1992; Yueh, 1997; Zimmerman, 1986, 1989b, 1994）。

第二節　自我調整學習的理論基礎

　　Zimmerman（1989b, 1998, 2001）統整現代的自我調整學習的理論基礎，包括Skinner的操作制約理論、現象學理論、社會認知論、訊息處理認知論、意志控制（volitional control）理論（Corno, 1994）或行動控制（action control）理論（Kuhl, 1984），以及Vygotsky理論等來探討自我調整學習。這些多元的理論基礎，試圖從不同觀點來切入與詮釋下列自我調整學習的重要議題（Schunk & Zimmerman, 1998, p. 226）：

　　1.在學習歷程中，什麼因素會激發學生進行自我調整學習？

　　2.經由何種歷程或程序，能促使學生自我省思或自我覺察？

　　3.是何種關鍵性的歷程或反應，促使自我調整學習者達成他們的學習目標？

　　4.社會性與物理性環境是如何影響學生的自我調整學習？

　　5.在學習歷程中，學習者是如何獲得自我調整學習能力？

　　近年來，上述問題導引很多學者進行自我調整學習的相關研究。另一位自我調整學習代表人物Schunk（1996）則統整操作制約理論、社會認知、訊息處理、意志控制理論等面向來詮釋自我調整學習歷程與試圖解答上述的問題。茲分述如下：

　　（一）在操作制約理論方面：操作制約論著重在自我調整學習的行為層面。學習者必須先確定學習目標以及所要調整的行為、評估其行為是否符合評鑑標準、再給予增強。因此，操作制約論指出學習行為的調整需涉及五個重要的次歷程（subprocesses）：自我監控（self-monitoring）、自我教導（self-instruction）、自我評量

（self-evaluation）、自我改正（self-correction）以及自我增強（self-reinforcement）（Mace, Belfiore, & Hutchinson, 2001）。

　　（二）在社會認知理論方面：社會認知理論進一步擴展自我調整學習的意涵，認為在學習歷程中，學習者須調整的不僅止於行為上，還包含學習者個人、行為與環境等三種相互影響的要素（Schunk, 2001）。個人因素包括有：目標、自我效能、後設認知、策略知識、價值感、情感等；行為因素包括有：自我監控、自我判斷以及自我反應；環境因素則是指存在於教室與教學中的特性。

　　另外，Bandura（1986）也主張自我調整學習需要達成目標的學習動機，學生需要調整的，不只是他們的行動，也包括他們學業的認知、信念、意志與情感。此外，他認為自我調整學習歷程涉及三個重要的次歷程：自我觀察（self-observation）、自我判斷（self-judgment）以及自我反應（self-reaction）。因此，教師在教學時，須告知學生學習目標，並促使學生依據學習目標，激發學習動機與增進自我效能，並對自己的學習進行觀察、判斷與反應。

　　（三）在訊息處理理論方面：訊息處理理論則關注自我調整學習的「學習策略」和「後設認知覺察」（metacognitive awareness）。學習策略是自我調整學習的核心，它讓學生更有效處理新資訊，包括有：選擇與組織訊息、複誦與精緻化已習得之內容、將新知識與舊知識相連結、建構新教材的意義等，也包括維持正向學習的技能，如：克服考試焦慮、增進自我效能、重視學習價值、發展正向結果預期與態度的方法（陳品華，2000；Weinstein & Mayer, 1986; Zimmerman, 1989a）。後設認知覺察包括學習者須覺察要學習什麼內容、如何學，以及對個人的學習能力、興趣與態度的認識。此外，後設認知活動包含學習者自我監控學習策略的歷程，可促進訊息處理程序，並監控每個步驟以確定個人是否有進步。

（四）在意志控制理論方面：意志控制理論進一步強調在自我
學習過程中，為了確保學習者能達到學習目標，只有學習策略與後
設認知是不夠的，也應考量意志控制策略，以維持學習動機與達到
學習目標。因此，意志控制論者強調「意志力」控制意圖（intentions）與衝動，進而引導行動，它是行動控制的關鍵因素（Corno,
1994; Kuhl, 1984）。

意志力的概念源自於德國心理學家 Julius Kuhl（1984）的行動控
制理論（action control theory）。行動控制理論主張將意志力區分為
兩種不同的歷程：決策前的處理（pre-decision processing）與決策後
的處理（post-decision processing）。顧名思義，決策前的處理是指
設定目標與做決策時所進行的認知活動；而決策後的處理是指在設
定目標之後，必須持續保持意志力，以完成所設定的目標。因此，
意志力是設定目標與採取行動完成目標的關鍵要素。為了確保完成
目標，必須使用行動控制策略。Kuhl（1985）將行動控制理論區分
為六種行動控制策略：注意力控制、編碼控制（encoding control）、
訊息處理控制、情緒控制、動機控制、環境控制等六種行動控制策
略。Corno（2001, p. 199）則依據學習情境的特性，進一步將意志控
制策略歸類為內隱控制策略與外顯控制策略兩類。前者包括認知控
制、情緒控制、動機控制三類，後者則包括工作與情境控制和同儕
與教師控制兩類（見表10-1）。

不論行動控制如何區分，上述行動控制策略都是用來確保進行
中的行動意向不會受到其他意向的干擾，研究顯示行動控制策略是
目標與結果之間重要的中介變項。很多研究（林清山、程炳林，
1995；程炳林，2001；Zimmerman, 2001）也顯示善於使用行動控制
策略者，愈能使用學習策略，而學習表現也較好。

總觀上述四種不同理論取向，以不同的觀點來探究自我調整學

表 10-1　行動控制策略的類別

一、自我控制的內隱歷程
　　（一）認知控制
　　　　1.注意力控制
　　　　2.編碼控制
　　　　3.訊息處理控制
　　（二）情緒控制
　　（三）動機控制
　　　　1.誘因的擴增
　　　　2.歸因
　　　　3.教導
二、自我控制的外顯歷程：環境控制
　　（一）工作情境的控制
　　　　1.工作控制
　　　　2.情境控制
　　（二）工作情境中他人的控制
　　　　1.同儕控制
　　　　2.教師控制

習，可發現各理論之闡釋並沒有互相背離，更讓我們以更宏觀的角度來了解自我調整學習理論是一個多面向的歷程。它涉及個人因素，包括內在的動機、認知、情感、行為與外在環境條件等因素的交互作用影響（Bandura, 1986; Schunk, 1989; Zimmerman, 1986, 1989a）。因此，欲有效提昇學業成就，學習者在特定的學習情境脈絡之下，必須具有動機信念（motivational beliefs），並據以設定目標，根據目標選擇適當的行動控制策略與學習策略，並在自我調整學習的歷

程中，自我觀察、自我判斷這些認知策略是否有其成效，若尚未達到學習目標或學習成效不佳，則必須自我反應與自我改進。

第三節　自我調整學習的循環階段

　　自我調整學習是一個開放式的歷程，包含學習前的「學前思考」（forethought）、學習中的「執行或意志控制」（performance 或 volitional control）以及學習後的「自我省思」（self-reflection）等三個學習循環階段（learning cycle phase，如圖10-1），這三個階段會形成迴圈而影響個體的學業成就（Zimmerman, 1998）。

　　如圖10-1所示，「學前思考」係指在學習前，學習者會依據特

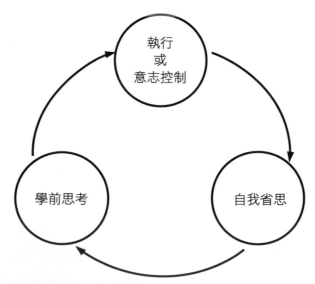

圖 10-1　自我調整學習的循環階段
（資料來源：Zimmerman, 1998, p. 3）

定工作的特性的覺察以及對該工作的動機信念、情感而設定學習目標以及選擇學習策略;「執行或意志控制」係指在學習中,學習者所做的自我監控行為,避免中途而廢;而「自我省思」係指學習後,學習者對個人的學習結果與自己的期望做比較,並給予自我評量與自我反省,而自我省思的結果作為下次學習前的思考計畫之改進依據。

在每個階段裡又各自包含其次歷程(subprocesses)。在「學前思考」中包括六項次歷程:動機信念、目標設定、策略計畫(strategic planning)、自我效能、目標導向(goal orientation)、內在興趣(intrinsic interest);學習中的「執行或意志控制」包括四項次歷程:注意力集中(attention focusing)、自我教學、意象(imagery)、自我監控;學習後的「自我省思」則包括四項次歷程:自我評量、歸因(attribution)、自我反應(self-reaction)、適應等(見表10-2)。每個次歷程都是近年來有關自我調整學習研究的重要議題。

表 10-2 自我調整學習的循環階段及其次歷程

自我調整學習的循環階段		
學前思考	執行或意志控制	自我省思
動機信念	注意力集中	自我評量
目標設定	自我教學	成敗歸因
策略計畫	意象(視覺心像)	自我反應
自我效能	自我監控	適應
目標導向		
內在興趣		

(資料來源:改編自 Zimmerman, 1998, p. 4)

在學前思考的次歷程中，動機信念是指個體對自己感興趣或認為重要的工作，願意去追求成功的一種想法；目標設定是指在學習完後，個人應達到的學習目標；策略計畫是指選擇何種學習策略或方法以達到學習目標；自我效能是指個人對自己從事某種工作所具備之能力，以及對該工作可能做到的地步的一種主觀評價（張春興，1989）。Bandura（1997）指出，自我效能是自我調整學習的重要因素。它會影響個體投入心力的程度、面對困難的堅持力，以及自我監控。研究結果顯示，高自我效能的學生傾向設定較高或較具挑戰性的目標，以及會比低自我效能者選擇更有效的學習策略（Schunk, 1994; Zimmerman & Bandura, 1994）。而有目標導向的學生比較關注於學習過程而不關注競爭性的學習結果，並且目標導向的學生比績效導向的學生學習得更有效率（Ames, 1992）；而較具有內在興趣的學生，即使是沒有獎賞的誘因，也較會持續投注心力於學習上。

學習中的「執行或意志控制」包括四項次歷程：注意力集中、自我教學、意象、自我監控。這些次歷程幫助學習者關注於學習內容與促進他們的學習表現。在注意力集中方面，意志論學者（Corno, 1994; Kuhl, 1985）的研究結果顯示，低學業成就者比高學業成就者較無法集中注意力，並且較傾向於反覆思考過去所做的錯誤決定。Kuhl（1985）稱呼此種不良的意志控制為「狀態控制」（state control），而不是「行動控制」（action control）。具有行動控制能力者會依據對某項特定工作的動機、情感來設定學習目標，並以此目標來監控與調整個人的認知與行動，進而促進個人的學習成效或整體表現。

而第二項次歷程的自我教學，是指在學習過程中個人自言自語（self-verbalization）如何進行，例如在解決數學問題上，可以放聲思考（think aloud）方法，邊說邊做，此舉有助於學生的學習（Biemiller, Shang, Inglis, & Meichenbaum, 1998; Schunk, 1982）。

　　第三項次歷程是視覺心像，很多研究結果顯示意象（視覺心像）有助於學習與記憶（余佩芬、沈中偉，2003；Levin, 1981; Mayer, 1987; Pressley, 1977），因此自我調整學習者應具備視覺心像的學習策略。

　　第四項次歷程是自我監控。自我監控是自我調整學習歷程中最具關鍵性的因素，它會讓學習者了解個人的學習進度與缺失，並具以作為內省與改進的依據。如果學習者已獲得動作技能，則不需要「有意的監控」（intentional monitoring），而成為自動化或例行性的實施自我監控歷程。例如筆者閒暇時喜好打桌球，若處理某個球路或打法時常失誤時，筆者即會自動地啟動自我監控的功能，思考為何會失誤以及如何改進。

　　學習後的「自我省思」階段，透過學習成果來自我評估、自我成長和自我批判，是促成個人學業成就的關鍵。學習後的「自我省思」的第一項次歷程是「自我評量」，自我評量有下列意義：一、自我評量是學生回顧和分析自己的學習情形、檢討自己，以察覺自己的優點和問題。二、在自我評量過程中，喚醒自己的滿足感及不滿意的感覺或反省的感覺等情感，加強自信及反省功能。三、藉由自我評量，能自己掌控學習狀況，另外也能由此喚起新的學習意願，而成為自我教育的能力。自我評量通常會導致個人對於自己行為後成敗結果的解釋，此即溫納（Weiner）所提出的「歸因理論」（attribution theory）（第二項次歷程）。按成敗的歸因（attributions of successes and failures）有三大特徵：一、成敗的因素可能是外在環境的因素或是內在的個人因素。二、成敗的因素可能是固定的（如能力、工作難度）或是不固定的（如努力、運氣）。三、成敗的因素可能是個人能控制的或是個人不能控制的。一般人對於自己的成敗

經驗，大致有下列四種解釋：一、能力：成功是由於能力高，失敗是由於能力低。二、努力：成功是由於努力，失敗是由於努力不夠。三、工作難度：成功是由於工作容易，失敗是由於工作困難。四、運氣：成功是由於幸運，失敗是由於倒霉（張春興，1989）。自我調整學習者通常將成功歸因於個人的能力，將失敗歸因於可修正的原因（correctable causes）。此種自我保護（self-protective）的歸因將導致積極的自我反應（第三項次歷程）。研究結果顯示，積極的自我反應者會將個人的成敗歸因至策略的運用，而消極的自我反應者會將個人的成敗歸因至個人的能力不足（Zimmerman & Kitsantas, 1997）。學生如果將表現不佳歸因為能力不足，會負面影響個人的期望與行為；如果歸因於努力不夠或策略使用不當，則會相信多努力或改變策略，將會表現得更好（陳品華，2000）。

　　策略運用的成敗歸因除了有助於自我反應之外，也協助學習者找出學習的錯誤與發現有效的學習策略，藉由適應（adaptation）（第四項次歷程）而改進其表現（Zimmerman & Martiner-Pons, 1992）。根據皮亞傑的認知發展理論，適應乃是個體因環境限制而不斷改變認知結構以求其內在認知與外在環境經常保持平衡的歷程。個體在適應時包括調適（accommodation）與同化（assimilation）兩種歷程。對於重要的學習內容，此種適應歷程會實施多次循環，直至精熟學習內容。很多證據顯示策略運用扮演相當重要的角色，能讓一位學習者從生手變成一位有能力者，再升格成為一位專家。

　　總之，自我調整學習是一個學習循環歷程，包含學習前的「學前思考」、學習中的「執行或意志控制」以及學習後的「自我省思」等三個階段。每個階段的結果都會影響下個階段的表現，而促進個人引發自我調整學習的機制，將提昇自我效能、激發內在動機、集中注意力、投注更多的心力、自我監控與自我評量個人學習歷程，

終而達到學習目標。

第四節　自我調整學習的教學模式

　　整合自我調整學習理論而建構的教學模式仍然寥寥可數，且大都是針對特定領域所發展，例如：數學（Schunk, 1998）、閱讀（程炳林，2001；Pressley, El-Dinary, Wharton-McDonald, & Brown, 1998）、寫作（Graham, Harris, & Toria, 1998）與針對學習障礙學生（learning disabilities）（Butler, 1998）等。然而不管何種模式，都會在自我調整學習模式中包括下列的共同要素（Schunk & Zimmerman, 1998）：

　　1.策略教學（strategy teaching）：策略教學是自我調整學習的關鍵，讓學生確信只要能運用有效的學習策略，必能協助他們有效學習，進而提高學習動機與自我效能。

　　2.自我調整策略的實施（practice of self-regulatory strategies）與策略效果的回饋（feedback on strategy effectiveness）：藉由自我調整策略的實施與回饋，進而可提高與維持學習動機，並可促進策略的遷移。

　　3.監控（monitoring）：監控也是自我調整學習的關鍵，學生必須自我監控他們對策略的運用及其效果，並適時地加以修正。監控也涉及覺察知識與技能是否獲得，可作為提昇自我效能與動機的方法。

　　4.社會支持（social support）：在學習的歷程中，社會支持通常來自於教師，但是有很多教學活動也包括同儕支持。

　　5.支持的抽離（withdrawal of support）：支持係指鷹架輔助（scaffolding），當學生愈來愈有能力時，教師或同儕的支持必須抽

離，讓學生獨立思考、獨立作業與獨立解決問題。

6.自我省思（self-reflective practice）：在完成某個學習單元後，學生應就其學習表現進行反省思考，以作為下次學習的改進依據。

根據上述的共同要素，Zimmerman、Bonner和Kovach（1996）提出了一般性的自我調整學習教學模式，教師可運用至課堂教學上（如圖10-2）。

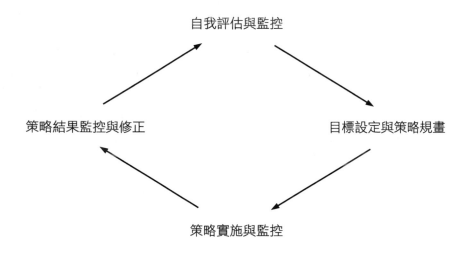

圖 10-2　自我調整學習的教學模式

（資料來源：Zimmerman, Bonner, & Kovach, 1996, p. 11）

茲將自我調整學習教學模式說明如下：

一、自我評估與監控

在實施自我調整學習教學模式時，教師先發給學生自我監控學習向度的表格，給予學生可以發展該技能的作業與熟悉評估的方法，並讓學生們在課堂中討論適當的學習策略與表現後，同學們評估同儕的作業與填寫自我評估表格，並就同學如何改進學習策略提出建議。然後，教師再蒐集作業以評比成績。

二、目標設定與策略規畫

經過一週的監控與成績評比後，教師讓學生了解個人學習策略的優缺點，強調學習策略與學習結果的關聯性，教師與學生討論可以增進學習策略的策略，學生可採用建議，或修正原有的學習策略，以改善學習表現。

三、策略實施與監控

有些學生很快學到新的學習策略，但有些學生會遭遇到困難，教師可加以討論新的學習策略，並持續提供學生評量的機會，協助學生了解新學習策略實施的情形。

四、策略結果監控與修正

學生一旦學會新學習策略之後，教師可要求學生自我監控使用這些策略的效果，並且協助學生了解新學習策略的實施效果與進行修

正。最後，教師總結學生自我調整學習的過程，包括實施步驟、所克服的困難、成績進步的情形以及自信心的提昇等（陳品華，2000）。

　　Zimmerman、Bonner和Kovach（1996）所提出的自我調整學習教學模式與上一節Zimmerman（1998）所主張的學習前的「學前思考」、學習中的「意志控制」以及學習後的「自我省思」等三個自我調整學習循環階段有異曲同工之妙。首先，教師應讓學生了解學習策略與方法，並自我評估個人的能力、動機、需要或情境以設定學習前的計畫與目標；然後在實行計畫的過程中，應該運用行動控制策略、調整策略和自我監控，以確保計畫能被實施。最後，對於學習的表現加以自我省思與修正，找出改進的方法，以增進個人的學習成效（林文正，2002）。

　　國內外實證研究與文獻都支持學生自我調整學習的能力與學業成就有密切的相關性（陳品華，2000；程炳林，2001；Bandura, 1986; Zimmerman, 2001）。目標導向對行動控制策略具有直接效果；自我效能對工作表現與目標設定具有直接效果；目標設定對行動控制策略具有直接效果；而工作表現對情感反應也具有直接效果。此外，自我效能對情感反應及行動控制策略具間接效果。

　　總而言之，本書旨在探討如何運用「歷程」的科技觀與「產品」的科技觀，以期創新教學方法與促進學習成效。然而，影響學習成效的因素很多，除了資訊科技或教學媒體之外，還有教師的教學設計、教學方法和策略、學生的態度、先備知識、動機、學習策略等。其中，最重要的因素之一還是學習者個人是否具備自我調整學習策略，如：目標設定、自我激發內在動機、行動控制、自我監控、自我評量、自我效能、自我調整、自我增強，進而調整自我行為與建構知識，而達到學習目標。因此，教師應在各學習領域裡，積極培養學生具備自我調整學習策略。

第十一章
學習評量

　　評量係指教師用來測驗學生學習表現和態度的方法，其目的在於診斷學習困難與分析教學成效，以作為個別輔導與實施補救教學的依據。評量學生有下列六項主要的目的：給學生回饋、給教師回饋、提供子女的學業表現給家長、作為篩選與檢定的訊息（如各種專業人員之測驗）、作為行政主管績效責任的訊息，以及增進學生努力的誘因（Slavin, 1997）。因此，評量不只是評量學生的學習成效與學習歷程，也評量教師的教學設計、教學方法、教學媒體是否有其成效。

　　評量的方法有很多種，例如常用的紙筆測驗（適合評量概念、認知及其應用能力）、口頭問答（針對某主題，詢問某人對問題的認知與態度等）、檔案評量（適合展現學生長時間努力的學習成果）、實作評量（適合資訊、美勞、體育、音樂與化學實驗等課程）與上台報告（了解學生對某問題的知識、理解、應用、分析、組織、口語表達、儀態的情形）等。近年來，為因應資訊科技時代的來臨，教學評量與資訊科技的結合，以電腦化適性測驗（computerized adaptive testing）與線上網路題庫進行測驗是未來教學評量的趨勢。本章將分三節討論：傳統評量的缺失、檔案評量、實作評量等重要的主題。

第一節　傳統評量的缺失

　　由於傳統的紙筆測驗簡便易行，已成為評量學業成就的主要工具，但因沿襲已久，產生許多的流弊，歸納最常受到的批評有下列幾點：一、考試領導教學，教學未能正常化，教師只教導測驗會考的教學內容；二、偏重學習結果，而忽略學習過程的了解，如寫作能力、口語表達等；三、偏重測量低層次、零碎與記憶性的知識，忽略有效評量學生高層次的認知能力，如問題解決、分析、評鑑、推理、創造思考、批判思考等；四、對於記憶力不好的學生是很大的壓力，教師也無法得知學生在實作上的能力；五、常模參照測驗雖可客觀顯示個人在團體中的等級地位，但由於過分強調評比功能，評量的結果只是用來排名次、分等級、貼標籤、傷害心理，因而扼殺學習動機；六、考試次數頻繁，致使學生心理壓力大，害怕考試，產生考試焦慮症候群；七、因惡性競爭而使同儕間存有敵意，猜忌懷疑，不能互助合作學習，無法培養人際關係技巧；八、無法充分了解考試分數的意義及其所隱藏的訊息，評量的診斷功能未能發揮。人人競逐高分，考試淪為競賽的工具，學生成為考試的機器，結果失敗挫折者居多，考試的負面效應層出不窮，如作弊、逃學等；九、學生成為被動的被評量者，無法培養學生個人自主學習、自我評量與自我導向學習（self-directed learning）或自我調整學習（self-regulated learning）的能力（李坤崇，1999；張麗麗，1997；詹志禹，1996；簡茂發，2002）。因此，教學評量成為當前教育改革中大家關心、省思和熱烈討論的重要課題之一。教育部在一九九八年公布的「國民教育階段九年一貫課程總綱綱要」中也提及，評量方法應

採多元化方式實施。因此，多元評量的研究與發展，實為當務之急。

　　由於傳統的標準化測驗與紙筆測驗無法反映學生多面向的能力，因而使得各種「另類評量」（alternative assessment）紛紛出現，例如：真實評量（authentic assessment）、動態評量（dynamic assessment）、檔案評量（portfolio assessment）、實作評量（performance assessment）等（張麗麗，1997；Calfee & Perfumo, 1993; Smith & Tillema, 1998）。其中尤以檔案評量與實作評量最受到教育界的重視，因此，以下分別說明檔案評量與實作評量的涵義及其優、缺點，以輔助傳統標準化測驗與紙筆測驗的缺失。

第二節　檔案評量

一、檔案評量的涵義

　　檔案評量亦稱為卷宗評量。依據牛津字典的解釋，「檔案」是指「用以保存活頁紙、文件、圖畫等物件的公事包」。檔案長久以來一直是畫家、音樂家、建築師、美工設計師等人，為了讓別人了解他們創作與成長的歷程，也可藉此評鑑他們在繪畫、音樂及設計等方面的技巧，都會保有個人的成果檔案與省思心得。因此，根據檔案內容作為評量的依據，即是檔案評量。

　　檔案評量在教育上的應用，則是指學生或教師根據特定的目標，經由長時間，有系統、有目的與有組織地蒐集學生平時學習的作品，如計畫、報告、實作、口試、作品展示、作業、日誌、圖片、寫作報告、上台報告、閱讀心得、研究報告等，然後定期加以整理並反

思這些作品，這些作品展現學生長期的努力、進步情形、學業成就和達成學習目標的程度（沈中偉，2001；張美玉，1996；張麗麗，1997；簡茂發，2002；Hambleton, 1996; Hewitt, 1995, 2001; Tillema & Smith, 2000）。資料很多時，學生應選擇自認最具代表性的作品，說明選擇與評鑑的標準、探討自己的成長過程與結果、描述作品如何呈現其成長、分析作品的優缺點，以及如何改進缺失等，以展現學生對自己的學習歷程做更深入的說明與省思（Campbell, Campbell, & Dickinson, 1996; Farr & Tone, 1994; Lambdin & Walker, 1994; Paulson, Paulson, & Meyer, 1991）。此種評量不只是一個儲存檔案的資料夾，更提供師生有關學習和個人發展的對話方式，內容包含師生間、同學間、學生與父母間、學生與專家間的對話。同時也使學生有機會自我檢視、評鑑和省思自己的學習，以成為積極主動的自我評量者。它是評量學生學習最好的證據，也是檢視學生長期學習進展的有效評量策略（Lambdin & Walker, 1994; Tierney, Carter, & Desai, 1991）。

　　由於使用檔案評量能長時間蒐集學習歷程中的所有資料，因此能掌握到學生學習表現的全貌。對教師而言，可透過檔案評量調整教學內容與教學方法；對學生而言，可以從中得到自我省思的依據，不斷地檢視、省思、修正與再實踐個人有什麼地方需改進，進而發展自我評量與自我省思的能力（張麗麗，2002；黎曉安，2002；Stahle & Mitchell, 1993; Tierney, Carter, & Desai, 1991）。因此，當學生在發展學習歷程檔案中，不斷地檢視、省思、監控個人的成長時，教師也可藉此檢視學生使用什麼策略，為何有此行動與決定，以及意識到自己在學習歷程中的角色，因而能改進或監督他們的學習策略與學習成果（Yueh, 1997）。因此，檔案評量意涵學生在學習歷程中能夠評量個人的學習，此也意味檔案評量是一種評量自我調整學

習與學業成就的工具。

二、檔案評量的優點和缺點

檔案評量有下列優點（Farr & Tone, 1994; Linn & Gronlund, 2000）：

1.培養思考與反省思考能力：檔案評量可鼓勵學生成為自我省思的學習者。因為檔案內容呈現有組織的資料，此歷程有助於學生提昇思考能力和自我省思與評鑑其作品的能力。

2.發展自主學習的能力：自我評鑑能促進學生成為積極主動的學習者與發展獨立學習的能力。

3.促進自我調整學習的能力：檔案評量可協助學生負起設定目標和評鑑個人進展的責任。

4.兼重過程和結果：檔案評量有計畫地蒐集一段學習時間的學習資料和反省紀錄，以呈現持續的學習歷程與累積的學習結果。因此，檔案評量是兼重過程和結果的評量方法。

5.作為溝通的工具：對任何教師而言，與家長溝通他們子弟的學習情形是一項重要的工作。從學生檔案中所挑選出來的作品，顯示學生長期以來進展的情形，可用來作為與家長溝通的具體證據，並作為教師、學生與家長間討論的焦點。

6.改進教學的依據：對教師而言，檔案評量可作為調整教學內容與教學方法的參考依據。

任何評量均有其優缺點，檔案評量也不例外，它具有下列限制：

1.耗費較多時間：檔案評量是學生根據特定的目標，經由長時間，有系統與有組織地蒐集學生平時學習的作品，實施時間可能需耗費幾個月的時間。

2.評分主觀：檔案評量由於是評分者主觀認定，而容易失去客觀性，需要在實施前編製評分規準加以改善。

3.信、效度問題：檔案評量因缺乏標準化、檔案內容不同、評分規準不一，因而評量結果的信度和效度為人所疑慮。

此外，筆者曾經多次帶領師資培育機構學生至國小觀摩教學演示，發現很多國小實施檔案評量。在教室中發現有下列問題：1.學生的紙張式學習歷程檔案成果豐碩，厚厚的一疊堆積在教室內，沒有地方能保存，亦即有資料儲存、搜尋、更新、管理與分享的困難；2.大都只蒐集良好的作品，但缺乏最重要的自我省思部分，無法提供自我成長的動力；3.教師沒有訂定詳盡明確的評鑑標準。評鑑標準可讓家長與學生了解被預期的目標為何，以及他們的作品會如何被評鑑，也能提高評鑑的公平性。

隨著電腦與網路科技的普及，以及國小中高年級以上的學生大都具有資訊素養，因此，使用資訊科技來製作與儲存學生的電子化學習歷程檔案（electronic portfolio），便可解決大量學習歷程檔案資料儲存的問題（張基成、童宜慧，2000a，2000b；Barrett, 2000; Hewitt, 1995; Lankes, 1995）。此外，藉由運用全球資訊網的即時、互動、搜尋、超連結、容易更新與管理等的特色，再加上可讓學生以多媒體形式，如文字、圖片、影像、動畫、聲音等來呈現更豐富的檔案內容，以及可運用線上學習系統的功能，不但可記錄、整理、搜尋與分析學習歷程檔案的資料，亦可提供與他人互動、分享、觀摩學習的環境。

三、實施檔案評量之歷程

要有效運用檔案評量有一個很重要的概念，就是不要誤認為檔

案很容易建立，以為只要將學生的作品集結在資料夾就可以，而是教師需要奉獻很多的時間和心力來詳加規畫與指導學生，才能實現檔案評量的目標與發揮其功效。具體而言，建立學習檔案的過程可分為：蒐集（collection）、選擇（selection）、反省（reflection）與計畫（projection）等四個步驟（賴羿蓉，2005；Danielson & Abrutyn, 1997），如此才能使學生有所遵循，否則可能會使檔案評量流於形式，而無法發揮創造思考、自我省思與主動學習的能力。茲分述如下：

（一）蒐集

在進行檔案評量之前，教師應先清楚地描述檔案評量的目的與教學目標、訂定選擇檔案項目的指引大綱與規畫初步內容，提供學生參考討論。建立學習歷程檔案時，學生應蒐集各方面的學習成果，選擇適當的內容置於檔案中，並說明選擇的理由，以及對選擇的內容進行反省，此為學生建立學習歷程檔案過程中最重要的工作，因為只有學生個人最了解自己的動機、能力、態度，而檔案中呈現的正是學生真正的想法與感受，如此也才能建立具有價值的學習歷程檔案。

（二）選擇

學生應依據「評量目的」與「教學目標」來選擇與收錄的資料。例如，若評量目的是為了了解學習歷程，則學生應選擇收錄能展現學習歷程的資料；若評量目的是展示學習成果，則學生可選擇收錄已經完成且做得最滿意的學習成果。重要的是，並非要收錄所有的學習資料，否則檔案內容將過於繁雜而無次序。因此，「評量目的」與「教學目標」可作為選擇與收錄學習成果的依據。

（三）反省

　　學習歷程檔案與一般的資料夾最大的不同之處，在於學生不能僅將收錄到的資料放置檔案夾內，還需進一步反省思考，並寫下收錄這些學習資料或學習成果的意義與心得。透過對學習歷程或學習成果的省思，學生將更能深入了解個人的學習情形。

　　然而，很多學生對於反省思考的方法仍然感到不知所措，因此教師需要多給予指導，例如：教師可選擇某個學習成果作為討論的實例，讓學生找出該學習成果的特色、優缺點，以及如何改進等問題，藉此過程協助學生了解反省思考的意義。教師要指導學生進行反省思考前，最重要的是要與學生共同討論訂出個人的規準（criteria）與內容，如此學生才能對自己的學習資料或學習成果做有意義與有效的省思。例如：為幫助大學生或研究生培養反省思考的能力，筆者在講授「國小資訊教育教材教法」與「教學科技與媒體」課程時，曾經要求學生每次上課前，每位同學應詳讀指定之主題與相關的資料，撰寫「省思報告」（Reflection Paper），並攜帶至課堂上討論與分享，下課後繳交給任課教師，給予回饋發回後，作為檔案評量。省思報告包括：

　　1.閱讀後，主要的概念（key concepts）或論點為何？

　　2.有哪些問題或迷失概念可供全班深入討論？

　　3.有無作者沒有討論或解答你的問題？

　　4.有何不同的看法或意見？

　　5.有何建議或啟示？

　　經由撰寫省思報告與課堂上師生與同儕間的討論、澄清、回應與回饋，會引起學生更多元化的想法與經驗分享、激發學生更深入與更廣泛的探究問題的動機、引導反省思考、增進師生與同儕間的

互動，學習成效良好。

（四）計畫

計畫係指學生能從個人的學習歷程檔案中，了解學習活動的意義，從而發現自己的專長、優缺點、學習模式與學習風格，進而嘗試計畫下一階段的學習目標，以培養個人的自信心、責任心、反省思考與批判思考的能力。

四、檔案評量規準

在實施前，教師也應該自行訂定或與學生共同訂定檔案評量的「規準」或「評分方式」（如表11-1），並讓學生切實了解其內容，以及訓練學生如何實施檔案評量。如此才能使學生有所遵循，否則可能會使檔案評量流於形式，而無法發揮自我省思與自主學習的能力。

第三節　實作評量

一、實作評量的涵義

實作評量緣起於傳統的紙筆測驗只能測量學生「知道」什麼，但卻無法測量學生「能做」什麼的缺失，它重視學生積極參與建構實作的過程及成果，其目的在於使教師能夠直接觀察學生達到結果的過程，而不只是評量學生解答的正確性。換句話說，實作評量要

表 11-1 檔案評量規準

學習檔案內容 （檔案成績百分比）	評量規準	評分 方式
內容架構 （10%）	我參考老師或同學的意見，經過仔細設計後，決定採用自己的編排方法。	10 分
	我依據老師的意見或參考同學的編排方法，來編排檔案內容。	7 分
	我只是依據日期先後順序編排檔案內容。	4 分
	我只是隨意將資料收錄在檔案夾中。	0 分
學習目標 （30%）	我完成全部的任務，達到全部的學習目標。	30 分
	我完成部分的任務，達到部分的學習目標。	25 分
	我完成全部的任務，但未達到全部的學習目標。	20 分
	我完成部分的任務，但未達到部分的學習目標。	15 分
	我沒有完成任務，完全未達到學習目標。	0 分
反省思考 （30%）	我有完整收錄各種自我省思的實例，包括詳細填寫省思報告，說明自己的學習成果與學習問題等。	30 分
	我有收錄部分自我省思的實例，包括詳細填寫省思報告，說明自己的學習成果與學習問題等。	25 分
	我有完整收錄各種自我省思的實例，但未詳細填寫省思報告，也無說明自己的學習成果與學習問題等。	20 分
	我有收錄部分自我省思的實例，但未詳細填寫省思報告，也無說明自己的學習成果與學習問題等。	10 分
	我完全有收錄任何自我省思的實例。	0 分

（下頁續）

（續上頁）

學習檔案內容 （檔案成績百分比）	評量規準	評分 方式
來自各方 的回饋 （15%）	我的學習檔案中有來自各方（包括老師、同學、家長或其他人等）的回饋。	15 分
	我的學習檔案中有來自老師與同學的回饋。	10 分
	我的學習檔案中只有老師的回饋。	5 分
	我的學習檔案中沒有任何人的回饋。	0 分
描述個人 的改變 （15%）	我有仔細寫出在學習檔案中的一些改變。	15 分
	我有隨意寫出在學習檔案中的一些改變。	8 分
	我完全沒有寫出在學習檔案中的一些改變。	0 分

（資料來源：改編自賴羿蓉，2005，p. 91）

求學生實際操作某項作業，而不是從是非題或選擇題的題項中選擇正確的答案。因此，實作評量適合應用於無法以客觀測驗的試題來測量的學習結果，如寫一篇作文、製作網頁、畫一幅畫、科學實驗、口頭報告等。

　　實作評量的形式非常的多元，除了上述的實際操作、作品展示之外，還包括：教師觀察、表演、科學實驗、藝術作品、問題解決、人際互動記錄、檔案評量、運用數學解決真實情境的問題以及團體合作計畫等都是實作評量。其實，實作評量也較適合應用於較無結構的問題，如確定要解決的問題，以及資訊的蒐集、組織、分析、統整和評鑑等。例如：筆者曾在國小臨床教學時，為配合六年級畢業前應繳交之「專題研究」，學童需自行訂定研究主題，並與科任教師合作指導他們上網查尋資訊、文獻探討、資料蒐集、資料分析、討論與撰寫報告，最後要求學童運用文書處理軟體來呈現研究成果，

完成後上傳至班級網頁上，或製作成簡報軟體並上台報告（沈中偉，2001）。

　　國內外學者對於實作評量有多元的定義。例如：Hambleton（1996）與Slavin（2000）認為若測驗涉及到實地操作、解決真實情境中的問題，或驗證在真實生活中的知識或技能，就稱之為實作評量。桂怡芬和吳毓瑩（1997）則主張實作評量係一種以學生在評量過程中的表現或製作出的物品，作為評量依據的評量方式。在實施實作評量之前，教師需根據事先制訂的表現規準（performance criteria）或評分規準（scoring rubrics）作主觀的判斷來評定學生的實際行為表現。此外，Herman、Aschbacher和Winter（1992）認為實作評量應具備下列六個特質：

1.要求學生表現、實作、產出（produce）或創造（create）。
2.針對高層次思考與問題解決能力。
3.指定有意義的教學活動作為實作的作業。
4.運用於真實生活上。
5.使用人為判斷的方式計分。
6.教師在教學與評量上扮演與以往不同的角色。

　　綜上所述，實作評量就是教師根據教學目標，安排有意義的教學活動作為學生實際參與和練習的作業，並根據事先所制訂的評量規準來評斷學生的表現。

二、實作評量的優點和缺點

　　實作評量有下列優點（盧雪梅，1999；Linn & Gronlund, 2000）：

1.實作評量可以測量無法以標準化測驗來測量的學習結果。

2.實作評量可以讓教師了解學生對問題了解的程度、解決問題的技能和表達自我的能力。

3.實作評量較能夠激發學生的學習動機、提高學生投入的心力，發展問題解決能力、批判性思考和表達自我的能力。

4.實作評量有助於提高學生的學習興趣，和完整的反映出學生的學習結果。

5.實作評量提供一個可以評量學習過程與學習結果的方法。

6.實作評量實現了建構主義取向的學習觀，主張學習者在學習新知識時，會與先前的舊知識相統整，並主動參與建構知識。因此，高品質的實作評量考量學生的背景知識，並使學生進行有意義的主動建構知識。

然而，要達到上述優點，也必須要經過嚴謹的計畫、實施和運用，實作評量的功能才能發揮出來。

雖然實作評量有上述優點，然而也有下列限制（盧雪梅，1999；Slavin, 1997）：

1.耗費較多時間：實作評量在實施上和記分上所需的時間較多，可能一次只能觀察一位學生的學習表現。例如：大家都知道英語口語溝通的能力很重要，然而英語托福（TOEFL）考試，至今尚未實施測驗口語表現的能力，可能的原因之一是需要聘請很多英語教師作一對一的訪談，而需要花較多的時間吧。

2.需較多人力：實作評量需要教師、課程專家、心理學家和測驗專家共同合作來研發實作評量的作業和規準。

3.需較多經費和設備：實作評量有時需要購置器材或設備，例如在電腦課程上實施實作評量，需要有電腦軟硬體設備。

4.評分規準：評分的規準與指標需要事先花很多時間訂定。

5.評分訓練：教師或評分者需接受評分訓練。

6.月暈效應：評分者對某人的印象或先入為主的觀點，而影響評分的高低。

7.信、效度問題：最主要的問題是評量結果的信度和效度。例如，在信度方面，評分者間評分的一致性通常不高；在效度方面，由於實作評量的實施通常需較多的時間，因此作業項目通常較少，而無法以少數的行為樣本類推至學生學習結果的全貌。

總而言之，學習評量有很多種方法，很難確定哪一種方法是最好的，要使用哪一種方法，需視教學目標與評量的目的而定。由於教學目標是多元化的，評量的目的和方法也是多元的。因此，教師應熟悉各種評量方法的優點和限制，配合教學目標，妥善靈活運用各種評量方式，才是正確的評量觀，也才能落實多元評量的理想。

三、實作評量實例：寫作評分規準

根據實作評量的定義，在實施實作評量之前，教師需根據事先制訂的「評分規準」作主觀的判斷來評定學生的實際行為表現。本節擬以黃柏鈞（2003）所發展出的電腦化「國小寫作評分規準」為例（如表11-2），供讀者參考。黃柏鈞參考國內外相關文獻以及參照九年一貫課程語文學習領域之「寫作能力指標」彙整成下列八項評量要素：標點符號、遣辭用字與修辭、文法、切合題意、取材與創意、寫作風格、組織與結構、識字與寫字能力等。每個向度又分為幾個等級，並在每個等級中條列出屬於該等級的描述語（descriptor），以及提供評分的參考建議。詳細的寫作評分規準內容如下：

表 11-2　　國小寫作評分規準

評量要素	等級	敘述	建議
標點符號	顯示標點符號無法串連至文體中	1. 無法了解標點符號的功能 2. 錯誤的選用標點符號 3. 標點符號錯誤，在閱讀文章的理解上造成干擾 4. 無法將標點符號標示於正確的位置	1. 可以與師長或同學相互討論去幫助改正錯字率 2. 使用班級資源（讀書角）去幫助校正文法的錯誤 3. 對伙伴大聲地閱讀文章，以檢查句子的流暢度 4. 指出一個傑出範例中的良好構句（句子、變化性、一致性）
	顯示標點符號使用含混不清	1. 標點符號有使用錯誤，但並沒有干擾到對文章的理解 2. 標點符號使用過少，但文章意義還能清楚呈現 3. 標點符號使用過多造成文章切割，但仍能理解文章內容 4. 標點符號有標示於正確的位置，但使用錯誤	1. 可以與師長或同學相互討論去幫助改正錯字率 2. 使用班級資源（讀書角）去幫助校正文法的錯誤 3. 對伙伴大聲地閱讀文章，以檢查句子的流暢度 4. 指出一個傑出範例中的良好構句（句子、變化性、一致性）
	顯示標點符號與文體組織連貫	1. 很少或幾乎沒有標點符號錯誤 2. 能認識並練習使用常用的標點符號 3. 能了解標點符號的功能，並在寫作時恰當的使用 4. 能配合寫作需要，恰當選用標點符號和標點方式，達到寫作效果	1. 使用相關的參考書改正錯字和文法 2. 使用（字）辭典讓字詞更多樣化 3. 指出一個傑出的寫作範例去增加好的句子結構

（下頁續）

評量要素	等級	敘述	建議
遣辭用字與修辭	是不恰當的	1. 無法分辨文章中的修辭技巧 2. 無法理解簡單的修辭技巧 3. 無法應用修辭技巧 4. 無法注意修辭，陳述並不合乎邏輯	1. 大量閱讀相關書籍及經典著作 2. 大量練習修辭法運用
	大致是正確的	1. 能分辨文章中的修辭技巧 2. 能理解簡單的修辭技巧 3. 能應用修辭技巧，但用詞偶有錯誤 4. 能注意修辭，陳述通順合乎邏輯，但不會修飾詞彙	1. 多閱讀相關書籍及經典著作 2. 多練習修辭法運用
	是很精確的	1. 能分辨並欣賞文章中的修辭技巧 2. 能理解並模仿使用修辭技巧 3. 能靈活應用修辭技巧，讓作品更加精緻感人與優美 4. 作品具個人特色 5. 能注意修辭，陳述生動優美、合乎邏輯	1. 繼續練習已經學到的技巧 2. 閱讀經典著作，以加強寫作技巧
文法	有很多錯誤	1. 不能掌握詞語相關知識 2. 無法寫出完整的句子 3. 不能適當地表達自己的見解	1. 大量使用字典查詢相關字詞的意義並練習使用 2. 大量練習句子的寫作及應用的時機

（下頁續）

評量要素	等級	敘述	建議
文法	有很多錯誤	4. 無法應用常用的基本句型來寫作 5. 不能運用學過的字詞	3. 大量閱讀相關參考書籍或經典著作 4. 大量練習如何適當表達自己的見解
	有較多錯誤	1. 能掌握語詞的意思，但還不會應用於文句上 2. 會將各種表達方式混淆 3. 能表達自己的見解，但文句並不完整 4. 較無法充分地應用各種句型 5. 能運用學過的字詞，但造出的句子並不完整	1. 多使用字典查詢相關字詞的意義並練習使用 2. 多練習句子的寫作及應用的時機 3. 多閱讀相關參考書籍或經典著作 4. 多練習如何適當表達出自己的見解
	偶爾有錯誤	1. 能練習運用各種表達方式寫作，但用詞不精確 2. 能大致掌握語意完整的句子，但語句並不通順 3. 能應用大部分的句型，但表達意見較為模糊 4. 能練習常用的基本句型，較無法擴充詞彙 5. 能應用各種句型，但遣辭用字不精確	1. 使用字典查詢相關字詞的意義並練習使用 2. 練習句子的寫作及應用的時機 3. 閱讀相關參考書籍或經典著作 4. 練習如何適當表達出自己的見解
	幾乎沒錯誤	1. 能擴充詞彙，正確的遣辭造句，並練習常用的基本句型 2. 能運用學過的字詞，造出通順的句子 3. 能掌握詞語的相關知識，寫出語意完整的句子	1. 繼續使用字典查詢相關字詞的意義並練習使用 2. 繼續練習句子的寫作及應用的時機 3. 繼續閱讀相關參考書籍或經典著作

（下頁續）

評量要素	等級	敘述	建議
文法	幾乎沒錯誤	4. 能精確的遣辭用字，恰當的表達意念 5. 能靈活應用各種句型，充分表達自己的見解	4. 繼續練習如何適當表達出自己的見解
切合題意	偏離主題	1. 無法切合題意 2. 沒有明確的主題 3. 文章主題前後不一 4. 讀者無法了解文章的主題	1. 闡明文章中原本的焦點，並且嘗試從頭到尾維持它不變 2. 在動筆之前使用圖片引導出架構，像是使用概念圖 3. 排除非必要的字詞或段落 4. 重新閱讀文章，強調文章的重點並且縮小焦點成為單一的觀點
	題意模糊	1. 題意模糊，文章的主題不太一致 2. 有確定、但並沒有繼續維持文章的目的 3. 作者的立場不一致 4. 包含太多觀點 5. 文章主旨不夠明確	1. 排除非必要的字詞或段落 2. 闡明原始的焦點，並且從頭到尾維持它不變 3. 重新閱讀文章，強調文章的重點並且縮小焦點成為單一的觀點 4. 清楚地定義代名詞並闡明觀點，以避免混淆
	主題適當	1. 文章的主題明確集中 2. 文章主旨環環相扣 3. 作者的立場大致一致 4. 文章主旨夠明確	1. 找出並排除不必要的字詞或段落 2. 說明原本的意旨，並且從頭到尾維持立場不變

（下頁續）

評量要素	等級	敘述	建議
切合題意	主題適當		3. 繼續練習所學到的寫作技巧 4. 在其他的閱讀文物中，運用集中焦點的技巧閱讀其主題內容
	非常契合主題	1. 文章的主題非常的明確集中 2. 文章主旨環環相扣、前後一致 3. 作者的立場前後一致 4. 文章主旨相當明確	1. 繼續練習所學到的寫作技巧 2. 在其他的閱讀文物中，運用集中焦點的技巧閱讀其主題內容
取材與創意	非常貧乏	1. 在文章當中，缺乏想像力 2. 不能互相觀摩作品及分享寫作樂趣 3. 不能經由作品欣賞，及朗讀、美讀等方式，培養寫作樂趣 4. 內容很少寫出自己身邊或鄉土有關的人、事、物 5. 很少應用文字來表達自己對日常生活的想法 6. 很少利用不同的途徑和方式，蒐集各類寫作的資料 7. 很少蒐集自己喜好的作品及分類 8. 很少欣賞自己的作品，不常發揮想像力及嘗試創作 9. 很少蒐集材料且不常做適當的運用	1. 大量閱讀相關書籍、經典著作 2. 大量觀摩同學作品 3. 大量觀察身邊人、事、物並應用於文章中 4. 大量練習將想法訴諸於文字 5. 大量蒐集不同可應用在寫作的資料 6. 大量蒐集喜好的作品並做好分類

（下頁續）

評量 要素	等級	敘述	建議
取材與創意	非常貧乏	10. 很少發揮思考及創造的能力，作品不具獨特的風格	
	表現普通	1. 能在口述和筆述作文當中，培養想像力 2. 能相互觀摩作品，分享寫作的樂趣 3. 能經由作品欣賞，及朗讀、美讀等方式，培養寫作的興趣 4. 能寫出自己身邊或與鄉土有關的人、事、物 5. 能應用文字來表達自己對日常生活的想法 6. 有時能練習利用不同的途徑和方式，蒐集各類寫作的資料 7. 雖能蒐集自己的作品，但並未加以分類 8. 雖能欣賞自己的作品，但未發揮想像力及嘗試創作 9. 能將蒐集的材料加以選擇，並做適當的運用 10. 能發揮思考及創造的能力，使作品具有獨特的風格	1. 多閱讀相關書籍、經典著作 2. 多觀摩同學作品 3. 多觀察身邊人、事、物並應用於文章中 4. 多練習將想法訴諸於文字 5. 多蒐集不同可應用在寫作的資料 6. 多蒐集喜好的作品並做好分類

（下頁續）

評量要素	等級	敘述	建議
取材與創意	非常豐富	1. 能在口述和筆述作文當中，培養豐富的想像力 2. 能頻繁地互相觀摩作品，分享寫作的樂趣 3. 能大量經由作品欣賞，及朗讀、美讀等方式，培養寫作的興趣 4. 能明確地寫出自己身邊或與鄉土有關的人、事、物 5. 能適當地應用文字來表達自己對日常生活的想法 6. 擅長練習利用不同的途徑和方式，蒐集各類寫作的資料 7. 能蒐集自己喜好的作品，並加以分類 8. 能欣賞自己的作品，發揮想像力，嘗試創作 9. 能大量將蒐集的材料，加以選擇，並做適當的運用 10. 能卓越地發揮思考及創造的能力，使作品具有獨特的風格	1. 繼續閱讀相關書籍、經典著作 2. 繼續觀摩同學作品 3. 繼續觀察身邊人、事、物並應用於文章中 4. 繼續練習將想法訴諸於文字 5. 繼續蒐集不同可應用在寫作的資料 6. 繼續蒐集喜好的作品並做好分類
寫作風格	是缺乏的	1. 缺乏明確的字詞 2. 缺乏有效字詞的選擇與使用 3. 句子結構、種類和長度沒有變化 4. 缺乏語態、語氣和文字的創造力	1. 利用一些資源，像是字典、辭典等等，來達到更佳的語言變化 2. 口述朗讀自己的寫作，去聽看看哪裡有必要改變其語態和語氣 3. 閱讀其他不同寫作風格的範例

（下頁續）

評量要素	等級	敘述	建議
寫作風格	是模糊的	1. 很少使用明確的字詞 2. 很少使用有效的字詞 3. 句子結構、種類和長度很少變化 4. 很少使用適當的語態、語氣和文字的創造力	1. 利用一些資源，像是字典、辭典等等，來達到更佳的語言變化 2. 口述朗讀自己的寫作，去聽看看哪裡有必要改變其語態和語氣
	是適當的	1. 有使用明確的字詞 2. 有使用有效的字詞 3. 句子結構、種類和長度有變化 4. 有使用適當的語態、語氣和文字的創造力	1. 繼續利用一些資源，像是字典、辭典等等，來達到更佳的語言變化
	是清楚的	1. 能傑出地使用明確的字詞 2. 能優秀地使用有效的字詞 3. 句子結構、種類和長度有極佳的變化 4. 能夠廣泛地使用適當的語態、語氣和文字的創造力	1. 繼續追求寫作技巧的成功和進步 2. 與同學分享自己已精熟的技巧
組織與結構	沒有組織與結構	1. 寫作的組織結構非常鬆散 2. 文章缺乏架構 3. 沒有包含主題句 4. 結論的陳述太弱 5. 文章不通順，缺乏邏輯	1. 在寫作之前草擬文章綱要與架構 2. 使用圖示表現文章架構，例如概念圖的使用 3. 使用破題法切入文章主題 4. 要舉例證以支持文章開頭的陳述 5. 檢查句子與句子之間文意的銜接

（下頁續）

評量要素	等級	敘述	建議
組織與結構	沒有組織與結構		6. 結論的陳述需要強而有力、有說服力 7. 大量閱讀相關書籍以增進邏輯思考能力
	有些許組織與結構	1. 有顯示出部分的組織架構 2. 開頭的陳述有舉例說明 3. 結論陳述有力 4. 組織架構看起來較鬆散 5. 遣辭造句大致通順	1. 在寫作之前草擬文章綱要與架構 2. 使用圖示表現文章架構，例如概念圖的使用 3. 使用破題法切入文章主題 4. 要舉例證以支持文章開頭的陳述 5. 檢查句子與句子之間文意的銜接 6. 結論的陳述需要強而有力、有說服力 7. 多閱讀相關書籍以增進邏輯思考能力
	有良好組織與結構	1. 能逐步豐富作品的內容 2. 能掌握各種文體的特性 3. 能寫出事理通順、舉證充實的議論文和抒發情意的抒情文 4. 文章有破題的陳述 5. 能表現出有邏輯的組織架構 6. 結論強而有力 7. 遣辭造句非常流暢	1. 繼續在寫作之前草擬文章綱要與架構 2. 繼續使用破題法切入文章主題 3. 繼續練習使用各種文體進行寫作 4. 繼續閱讀相關書籍以增進邏輯思考能力

（下頁續）

評量要素	等級	敘述	建議
識字與寫字能力	是非常缺乏的	1. 不能認識常用中國文字1,500 個字以上 2. 不會使用字（辭）典 3. 不能利用字（辭）典，分辨字（辭）義 4. 不能利用硬筆寫出筆順正確、筆劃清楚的國字 5. 不能掌握楷書偏旁組合時變化的搭配要領 6. 完全不認識筆勢、間架、形體和墨色 7. 完全沒有良好的書寫姿勢，並養成髒亂的書寫習慣 8. 完全不能分析文字的字型結構，理解文字字義	1. 大量練習查詢字典，並練習使用國字 2. 大量練習使用紙筆練習國字的書寫 3. 大量練習寫出國字正確的筆順 4. 大量練習分析文字的字型結構，並理解文字的字義 5. 應學習正確的書寫姿勢與良好的書寫習慣
	表現不佳	1. 能認識常用中國文字1,500~2,500 個字 2. 不會使用字（辭）典 3. 不太能利用字（辭）典，分辨字（辭）義 4. 不太能利用硬筆寫出筆順正確、筆劃清楚的國字 5. 掌握楷書偏旁組合時變化的搭配要領表現不佳 6. 不太認識筆勢、間架、形體和墨色，而且有許多錯誤	1. 多練習查詢字典，並練習使用國字 2. 多練習使用紙筆練習國字的書寫 3. 多練習寫出國字正確的筆順 4. 多練習分析文字的字型結構，並理解文字的字義 5. 應學習正確的書寫姿勢與良好的書寫習慣

評量要素	等級	敘述	建議
識字與寫字能力	表現不佳	7. 不能養成良好的書寫姿勢，而且不太有整潔的書寫習慣 8. 不太能分析文字的字型結構，理解文字字義	
	表現尚可	1. 能認識常用中國文字2,500~3,500個字 2. 會使用字（辭）典，但尚未養成查字（辭）典的習慣 3. 會查字（辭）典，並能利用字（辭）典，分辨字（辭）義 4. 大致上能用硬筆寫出筆順正確、筆劃清楚的國字 5. 尚能掌握楷書偏旁組合時變化的搭配要領 6. 大致認識筆勢、間架、形體和墨色，但有少許錯誤 7. 能保持適當的書寫姿勢，並養成保持整潔的書寫習慣 8. 能分析文字的字型結構，理解文字字義	1. 多練習查詢字典，並練習使用國字 2. 多練習使用紙筆練習國字的書寫 3. 多練習寫出國字正確的筆順 4. 多練習分析文字的字型結構，並理解文字的字義 5. 應學習正確的書寫姿勢與良好的書寫習慣
	表現極佳	1. 能認識常用中國文字3,500~4,500個字 2. 會使用字（辭）典，並養成查字（辭）典的習慣	1. 繼續練習查詢字典，並練習使用國字 2. 繼續練習使用紙筆練習國字的書寫

（下頁續）

評量要素	等級	敘述	建議
識字與寫字能力	表現極佳	3. 會查字（辭）典，並能利用字（辭）典，分辨字（辭）義 4. 完全能用硬筆寫出筆順正確、筆劃清楚的國字 5. 能掌握楷書偏旁組合時變化的搭配要領 6. 能認識筆勢、間架、形體和墨色 7. 能養成良好的書寫姿勢，並養成保持整潔的書寫習慣 8. 能說出六書的基本原則，並分析文字的字型結構，理解文字字義	3. 繼續練習寫出國字正確的筆順 4. 繼續練習分析文字的字型結構，並理解文字的字義 5. 應學習正確的書寫姿勢與良好的書寫習慣

（資料來源：黃柏鈞，2003，pp. 103-106）

參考文獻

一、中文部分

王大勇、李貴春、黃偉萌（2006）。**Moodle 課程管理系統及其環境下課程設計與開發的研究**。河北唐山：唐山市廣播電視大學基礎部。

王全世（2000）。資訊科技融入教學之意義與內涵。**資訊與教育雜誌，80**，23-31。

王美芬、熊召弟（1995）。**國民小學自然科教材教法**。台北市：心理。

王雅玄（1998）。建構主義理論與教學實證研究。**人文及社會學科教學通訊，9**（1），151-170。

朱則剛（1992）。教育科技的理念核心——系統法則。**教學科技與媒體，2**，9-14。

朱則剛（1994）。**教育工學的發展與派典演化**。台北市：師大書苑。

朱則剛（1996）。建構主義對教學設計的意義。**教學科技與媒體，26**，3-12。

朱湘吉（1993）。教學設計的學習理論基礎研究。**國立空中大學社會科學學報，1**，1-29。

朱湘吉（1994）。**教學科技的發展：理論與方法**。台北市：五南。

朱敬先（1997）。**教育心理學**。台北市：五南。

江淑卿（1997）。**知識結構的重要特性之分析暨促進知識結構教學策略之實驗研究**。國立台灣師範大學教育心理與輔導研究所博

士論文，未出版，台北市。

呂小翠（2005）。**WebQuest學習活動之個案研究：以國小五年級社會學習領域為例**。國立屏東師範學院教育科技研究所碩士論文，未出版，屏東市。

沈中偉（1984）。簡介教育用電腦語言——洛哥（LOGO）。**視聽教育雙月刊，25**（4），23-25。

沈中偉（1990）。交談式影碟系統的最新應用現況與成效之探討。**社會教育雙月刊，40**，74-77。

沈中偉（1992a）。蓋聶教學理論在教學設計上之應用與啟示。**視聽教育雙月刊，33**（4），28-37。

沈中偉（1992b）。互動式影碟系統中字幕回饋對提昇英語聽力之研究。論文發表於國立台灣師範大學舉辦之「**中華民國八十一年國際視聽教育**」學術研討會論文集（頁50-77），台北市。

沈中偉（1992c）。教學系統設計的五種觀點。**教學科技與媒體，1**，38-46。

沈中偉（1994）。魏考斯基理論在認知策略上的應用。**教學科技與媒體，13**，23-31。

沈中偉（1995a）。多媒體電腦輔助學習的學習理論基礎研究。**視聽教育雙月刊，36**（6），12-25。

沈中偉（1995b）。放映性視覺媒體。載於張霄亭（總校閱），**教學媒體與教學新科技**（Instructional media and the new technology for learning, 4th ed.）（頁253-299）。台北市：心理。

沈中偉（1998）。即時群播遠距教學之教學設計與教學策略探討。**遠距教育，7**，13-19。

沈中偉（1999）。國小資訊教育的省思與理念。**資訊與教育雜誌，71**，52-58。

沈中偉（2000）。**情境式多媒體對增進國中聽覺障礙學生英語聽力理解之成效研究**。行政院國家科學委員會專題研究計畫（編號NSC 89-2614-H-153-001）。

沈中偉（2001）。國小資訊教育理念與實踐：臨床教學之探究與省思。**教育研究資訊，9**（4），122-144。

沈中偉（2003a）。**建構主義之國小資訊教育理念：行動研究之實踐與省思**。台北市：心理。

沈中偉（2003b）。情境式多媒體對增進國中聽覺障礙學生英語聽力理解之成效研究。**視聽教育雙月刊，44**（4），2-14。

李文瑞（1990）。介紹激發學習動機的 ARCS 模型（阿課思）教學策略。**臺灣教育，479**，22-24。

李孟文（1991）。**教學的精緻理論及其在國中數理科教學之應用。**國立台灣師範大學特殊教育研究所碩士論文，未出版，台北市。

李咏吟（1998）。**認知教學：理論與策略**。台北市：心理。

李咏吟、單文經（1985）。**教學原理**。台北市：遠流。

李坤崇（1999）。**多元化教學評量**。台北市：心理。

何榮桂（2002）。資訊科技融入教學的意義與策略。**資訊與教育雜誌，88**，1-2。

余佩芬、沈中偉（2003）。多元化記憶策略電腦輔助教學對國小六年級學生社會學習領域配對學習之研究。**視聽教育雙月刊，44**（5），2-15。

余民寧（1997）。**有意義的學習：概念構圖之研究**。台北市：商鼎文化。

岳修平（2003）。**網路英語教學資源與支援**。2004 年 6 月 16 日，取自 http://edtech.ntu.edu.tw/epaper/920810/prof/prof_1.asp

林大欽（2002）。**「熱對流實驗」的動畫教材**。2004 年 4 月 5 日，

取自 http://www.tnajh.ylc.edu.tw/dc/ heat4.html

林文正（2002）。**國小學生自我調整學習能力、對教師自我調整教學之知覺、動機信念與數學課業表現之相關研究**。國立屏東師範學院教育心理與輔導學系碩士論文，未出版，屏東市。

林生傳（2003）。**回應台灣社會新經濟啟動之教學創新研究（I）**。行政院國家科學委員會專題研究計畫（編號 NSC91-2413-H-017-003）。

林生傳（2005）。**資訊社會的教師角色之建構與實徵研究**。行政院國家科學委員會專題研究計畫（編號 NSC 3-2413-H-017-004）。

林玉体（1983）。**經驗主義教育哲學**。2012 年 7 月 6 日，取自 http://ap6.pccu.edu.tw/Encyclopedia/data.asp? id=8200

林玉体（1990）。**一方活水——學前教育思想的發展**。台北市：信誼。

林志隆、許立民、許瑞慶、陳彥杰（2007）。在 MOODLE 教學管理平台中實踐系統化課程設計的理念。**2007 數位學習新趨勢——理論與實務研討會論文集**（頁 75-83）。台南市：長榮大學。

林思伶（1993）。激發學生學習動機的教學策略——約翰凱勒（John M. Keller）阿課思（ARCS）模式的應用。**視聽教育雙月刊，34**（5），45-53。

林佩璇（1992）。**合作學習教學法的實驗研究**。國立台灣師範大學教育研究所碩士論文，未出版，台北市。

林信榕（2004，4 月）。**資訊科技融入教學之省思——以北區資訊種子學校為例**。論文發表於國立屏東師範學院舉辦之 2004 數位研習研討會，屏東市。

林清山（譯）（1990）。R. E. Mayer 著。**教育心理學：認知取向**（Educational psychology: A cognitive approach）。台北市：遠

流。

林清山、程炳林（1995）。國中生自我調整學習因素與學習表現之關係暨自我調整的閱讀理解教學策略效果之研究。**教育心理學報，28**，15-27。

林菁（1999）。從資源本位學習談學校教學資源中心之設立。**研習資訊，16**（1），36-48。

林麗娟（1994）。動機設計於電腦輔助教材之運用。**視聽教育雙月刊，35**（5），23-30。

周愚文（1996）。講述教學法。載於黃光雄（主編），**教學原理**（頁117-126）。台北市：師大書苑。

邱瓊慧（2002）。中小學資訊科技融入教學之實踐。**資訊與教育雜誌，88**，3-9。

吳俊憲（2000）。建構主義的教學理論與策略及其在九年一貫課程之相關性探討。**人文及社會學科教學通訊，11**（4），73-88。

吳清山（2001）。問題導向學習。**教育研究月刊，97**，120。

吳清山、林天祐（1996）。合作學習。**教育資料與研究，13**，75。

吳裕聖（2001）。**概念構圖教學策略對國小五年級學生科學文章閱讀理解及概念構圖能力之影響**。國立中正大學教育研究所碩士論文，未出版，嘉義縣。

吳毓瑩（1996）。評量的蛻變與突破：從哲學思潮與效度理論思考談起。**教育資料與研究，13**，2-15。

洪麗卿（2002）。**社會科概念構圖教學策略之建構**。國立花蓮師範學院國民教育研究所碩士論文，未出版，花蓮市。

徐宗林（1991）。**西洋教育史**。台北市：五南。

徐南號（1996）。**教學原理**。台北市：師大書苑。

徐新逸（1995a）。CAI多媒體教學軟體之開發模式。**教育資料與圖**

書館學，**33**（1），68-78。

徐新逸（1995b）。如何借重電腦科技來提昇問題解決的能力？——談「錨式情境教學法」之理論基礎與實例應用（上）。**教學科技與媒體，20**，25-30。

徐新逸（1995c）。情境學習在數學教育上的應用。**教學科技與媒體，29**，13-22。

徐照麗（1999）。**教學媒體：系統化的設計、製作與運用**。台北市：五南。

高敬文（1992）。國小資優學生數學充實課程——電腦教學心得報告。載於**未來教育的理想與實踐**（頁 107-117）。台北市：心理。

高廣孚（1988）。**教學原理**。台北市：五南。

桂怡芬、吳毓瑩（1997）。自然科實作評量的效度探討。載於國立台南師範學院（主編），**教育測驗新近發展趨勢學術研討會論文集**（頁 29-50）。台南市：國立台南師範學院。

盛群力、李志強（2003）。**現代教學設計論**。台北市：五南。

陳永春（2003）。**概念構圖教學策略與不同性別對國小五年級學童在社會科學習成就與學後保留之探究**。國立屏東師範學院教育科技研究所碩士論文，未出版，屏東市。

陳明溥（2003）。**網際網路與問題解決學習**。2004 年 2 月 16 日，取自 http://edtech.ntu.edu.tw/epaper/921210/prof/prof_1.asp

陳明溥、顏榮泉（2001，6月）。不同程度之學習支援對網路化問題導向學習之影響。載於國立中央大學主辦之「**第五屆全球華人學習科技研討會（GCCCE 2001）／第十屆國際電腦輔助教學研討會**」（**ICCAI 2001**）論文集 I（頁 548-554），桃園縣。

陳品華（1997）。從認知觀點談情境學習與教學。**教育資料與研究，**

15，53-59。

陳品華（2000）。二專生自我調整學習之理論建構與實證研究。國立政治大學教育研究所博士論文，未出版，台北市。

陳嘉成（1998）。合作學習式概念構圖在國小自然科教學之成效研究。**教育與心理研究，21**，107-128。

陳慧娟（1998）。情境學習理論的理想與現實。**教育資料與研究，25**，47-55。

郭重吉（1996）。從建構主義談數理師資培育的革新。**科學發展月刊，24**（7），555-562。

梁曉勁（2003）。**PowerPoint 以外的資訊科技教學——情境模擬（webquest）淺介**。2004 年 2 月 29 日，取自 http://www.hkedcity.net/iclub_files/a/1/74/ webpage/ ChineseEducation/2nd_issue/ 2nd16_1.htm

國立編譯館（1981）。**視聽教育**。台北市：正中。

許紋華（2002）。**教師知識與行動的轉化：以一位國小教師資訊融入自然科教學為例**。國立中山大學教育研究所碩士論文，未出版，高雄市。

單文經（1992）。教學科技的觀念分析。**教學科技與媒體，2**，32-36。

程炳林（2001）。動機、目標設定、行動控制、學習策略之關係：自我調整學習模式之建構與驗證。**師大學報，46**（1），67-92。

曾志朗（1990）。專文推薦。載於林清山（譯），**教育心理學——認知取向**。台北市：遠流。

黃光國（2001）。**社會科學的理路**。台北市：心理。

黃光雄（1988）。教學目標。載於黃光雄（主編），**教學原理**（頁81-115）。台北市：師大書苑。

黃明信、徐新逸（2001）。國小實施網路專題式學習成效與發展。**研習資訊，18**（6），29-44。

黃柏鈞（2003）。**電腦化質性評量系統（Rubric Processor）之設計與發展：以國小寫作評量為例**。國立屏東師範學院教育科技研究所碩士論文，未出版，屏東市。

黃國禎（2007）。數位時代的學習契機與要素。**研習論壇精選（第一輯）地方治理的藍海策略，71**，241-252。

張玉梅（2003）。**相互教學法對原住民國小六年級學生閱讀理解之教學成效研究**。國立屏東師範學院教育科技研究所碩士論文，未出版，屏東市。

張志全（2002）。**動機策略與電腦焦慮對國小六年級學生社會科網路學習動機的影響**。國立屏東師範學院教育科技研究所碩士論文，未出版，屏東市。

張美玉（1996）。歷程檔案評量在建構教學之應用：一個科學的實徵研究。**教學科技與媒體，27**，31-46。

張祖祈、朱純、胡頌華（編著）（1995）。**教學設計：基本原理與方法**。台北市：五南。

張春興（1989）。**張氏心理學辭典**。台北市：東華。

張春興（1994）。**教育心理學：三化取向的理論與實踐**。台北市：東華。

張基成（1999）。電腦微世界認知學習環境——探索與發現問題之心智工具。**視聽教育雙月刊，41**（1），30-39。

張基成、童宜慧（2000a）。一個架構於全球資訊網上的電子化學習歷程檔案，**教學科技與媒體，51**，37-45。

張基成、童宜慧（2000b）。網路化學習歷程檔案系統之建構與評鑑——一個電子化的真實性學習評量工具，**遠距教育，13**

　　（14），78-90。

張舒予（2003）。**現代教育技術學**。合肥：安徽人民。

張霄亭（1991）。**視聽教育與教學媒體**。台北市：五南。

張霄亭、沈中偉、楊美雪、楊家興、計惠卿（1996）。**華語情境式
　　多媒體教學課程研究與發展（I）**。國科會專題研究計畫（NSC
　　85-2413-H-003-014）。

張靜嚳（1996）。**建構教學：採用建構主義，如何教學？**2000年8月
　　10日，取自 http://www.bio.ncue.edu.tw/c&t/issue1-8/7-1.htm

張麗麗（1997）。教學評量的新趨勢：「檔案評量」。**我們的教育，
　　創刊號**，53-56。

詹志禹（1996）。評量改革為什麼要進行——回應吳毓瑩「評量的
　　蛻變與突破」。**教育資料與研究，13**，45-47。

葉士昇、沈中偉（2001，10月）。**網路教學在小學的應用策略與思
　　考**。論文發表於逢甲大學舉辦之資訊素養與終身學習社會國際
　　研討會：資訊素養與各級教育教學之融合，台中市。

楊家興（1993）。超媒體：一個新的學習工具。**教學科技與媒體，
　　12**，28-39。

楊家興（1998a）。情境教學理論與超媒體學習環境。**教學科技與媒
　　體，22**，40-48。

楊家興（1998b）。**教學媒體的理論、實務與研究**。台北市：立華。

鄔瑞香、林文生（1997）。建構主義在國小數學科教學試煉。**教育
　　資料與研究，18**，44-50。

蔡文榮（2004）。**活化教學的錦囊妙計**。台北市：學富文化。

潘世尊（2002）。教學上的鷹架要怎麼搭。**屏東師院學報，16**，
　　263-294。

賴苑玲（2001）。如何將 Big Six 技能融入國小課程。**書苑季刊，**

48，25-38。

賴羿蓉（2005）。歷程檔案評量之個案研究。**國立編譯館館刊**，**33**（2），78-93。

鄭晉昌（1993）。自「情境學習」的認知觀點探討電腦輔助中教材內容的設計——從幾個教學系統談起。**教學科技與媒體**，**12**，3-14。

鄭晉昌（1994）。**學徒制式教學軟體發展研究**。行政院國家科學委員會專題研究計畫（編號 NSC82-0111-S032-002）。

鄭瑞城（1983）。**組織傳播**。台北市：三民。

鄭靜瑜（2002）。**資訊科技融入引導發現式教學對國小五年級不同能力學生學習成就與學習保留之研究——以「槓桿」單元為例**。國立屏東師範學院教育科技研究所碩士論文，未出版，屏東市。

鄭麗玉（1993）。**認知心理學：理論與應用**。台北市：五南。

黎曉安（2002）。**檔案評量策略在視覺藝術課程實施之探討**。國立台灣師範大學美術研究所碩士論文，未出版，台北市。

劉佩雲（2000）。自我調整學習模式之驗證。**教育與心理研究**，**23**（1），173-205。

劉繼仁、黃國禎（2009）。認識數位學習典範轉移的關鍵一步：朝向環境感知與無所不在學習。**成大研發快訊**，**10**（5）。2012 年 7 月 15 日，取自 http://research.ncku.edu.tw/re/articles/c/20090904/4.html

盧雪梅（1999）。實作評量的應許、難題和挑戰。**現代教育論壇**，**4**，2-9。

鍾邦友（1994）。**情境式電腦輔助數學學習軟體製作研究**。國立台灣師範大學教育研究所碩士論文，未出版，台北市。

鐘樹椽（1993）。問題引導式電腦輔助教學在改進高層次學習效果

之研究。**嘉義師範學院學報，7**，77-118。

謝清俊（1997）。**資訊科技對人文、社會的衝擊與影響**。行政院經濟建設委員會委託研究計畫。2004 年 12 月 1 日，取自 http://www.sinica.edu.tw/dp/article/origin36.htm

簡成熙（譯）（1995）。G. R. Knight 著。**美國教育哲學導論**（Issues and alternatives in educational philosophy）。台北市：五南。

簡茂發（2002）。多元化評量之理念與方法。**教育資料與研究，46**，1-7。

顏秉璵、沈中偉（1992）。教育工學在我國發展的方向：從教育科技的架構談起。**教育資料集刊，17**。台北市：國立教育資料館。

韓景春（1996）。實用主義的教育哲學，輯於邱兆偉（主編），**教育哲學**。台北市：師大書苑。

饒見維（1996）。**教師專業發展：理論與實務**。台北市：五南。

鍾靜蓉（2002）。**詮釋結構模式於構造化教材設計之研究**。私立淡江大學教育科技學系碩士論文，未出版，台北縣。

魏麗敏（1996）。**影響國小兒童數學成就之自我調節學習與情感因素分析及其策略訓練效果之研究**。國立台灣師範大學教育心理與輔導研究所博士論文，未出版，台北市。

二、英文部分

Aamodt, A., & Plaza, E. (1994). Case-based reasoning: Foundational issues, methodological variations, and system approaches. *Artificial Intelligence Communications, 7*(1), 39-59.

Ames, C. (1992). Achievement goals and the classroom motivational climate. In D. H. Schunk & J. L. Meece (Eds.), *Student perceptions in the classroom* (pp. 327-348). Hillsdale, NJ: Lawrence Erlbaum Associates.

Anderson, J. R. (1983). *The architecture of cognition*. Cambridge: Harvard University Press.

Anderson, J. R. (1990). *Cognitive psychology and its implications* (3rd ed.). New York: W. H. Freeman.

Andre, T. (1986). Problem and education. In G. D. Phye & T. Andre (Eds.), *Cognitive classroom learning: Understanding, thinking, and problem solving* (pp. 169-204). Orlando, FL: Academic Press.

Andrews, D. H., & Goodson, L. A. (1980). A comparative analysis of models of instructional design. *Journal of Instructional Development, 3*(4), 2-16.

Apkarian, J., & Dawer, A. (2000, June). *Interactive control education with virtual presence on the web*. In proceedings of American Control Conference, Chicago, IL.

Aspy, D. N., Aspy, C. B., & Quimby, P. M. (1993). What doctors can teach teachers about problem-based learning. *Educational Leadership, 50* (7), 22-24.

Ausubel, D. P. (1968). *Educational psychology: A cognitive view*. New York: Holt, Rinehart & Winston.

Banathy, B. H. (1987). Instructional systems design. In R. M. Gagne (Ed.), *Instructional technology: Foundations* (pp. 85-112). Hillsdale, NJ: Lawrence Erlbaum Associates.

Bandura, A. (1986). *Social foundations of thought and action: A social cognitive theory*. Englewood Cliffs, NY: Prentice-Hall.

Bandura, A. (1997). *Self-efficacy: The exercise of control*. New York: W.

H. Freeman.

Barrett, H. C. (2000). Create your own electronic portfolio. *Learning and Leading with Technology, 27*(7), 14-21.

Barrett, E., & Lally, V. (1999). Gender differences in an on-line learning environment. *Journal of Computer Assisted Learning, 15*, 48-60.

Berlo, D. K. (1960). *The process of communication.* New York: Rinehart & Winston.

Biemiller, A., Shang, M., Inglis, A., & Meichenbaum, D. (1998). Factors influencing children's acquisition and demonstration of self-regulation on academic tasks. In D. H. Schunk & B. J. Zimmerman (Eds.), *Self-regulated learning: From teaching to self-reflective practice* (pp. 203-224). New York: The Guilford Press.

BiotechEast. (2001). *Biotechnology as defined in Taiwan.* Retrieved March 22, 2004, from http://www.biotecheast.com/#twbiotech1

Blumenfeld, P. C. et al. (1991). Motivating project-based learning: Sustaining the doing, supporting the learning. *Educational Psychologist, 26*(3/4), 369-398.

Borich, G. D. (1996). *Effective teaching methods* (3rd ed.). Englewood Cliffs, NJ: Prentice-Hall.

Bransford, J. D., & Stein, B. S. (1984). *The IDEAL problem solver: A guide for improving thinking, learning, and creativity.* New York: W. H. Freeman.

Brophy, J., & Good, T. (1986). Teacher behavior and student achievement. In M. C. Wittrock (Ed.), *Handbook of research on teaching* (3rd ed.). New York: Macmillan.

Brown, J. S., Collins, A., & Duguid, P. (1989). Situated cognition and the culture of learning. *Educational Research, 18*(1), 32-42.

Bruner, J. (1962). Introduction. In L. S. Vygotsky, *Thought and language* (pp. v-xiii). Cambridge, MA: MIT Press.

Bruner, J. (1966). *Toward a theory of instruction.* Cambridge, MA: Harvard University Press.

Bruner, J. (1987). Prologue to the English edition. In R. Rieber & A. Carton (Eds.), & N. Minick (Trans.), *The collected works of L. S. Vygotsky: Volume 1 (pp. 1-16).* New York: Plenum.

Burguillo, J. C. (2010). Using game theory and Competition-based Learning to stimulate student motivation and performance. *Computers & Education, 55*(2), 566-575.

Burks, O. (1996). A virtual classroom approach to teaching circuit analysis. *IEEE Transactions on Education, 39*, 287-296.

Burnheim, R., & Floyd, A. (1992). *Resource-based teaching and learning: A workshop.* Queensland, Australia: Technical and Further Education-TEQ.(ERIC Document Reproduction Service No. ED353 975)

Butler, D. L. (1998). A strategic content learning approach to promoting self-regulated learning by students with learning disabilities. In D. H. Schunk & B. J. Zimmerman (Eds.), *Self-regulated learning: From teaching to self-reflective practice* (pp.160-183). New York: The Guilford Press.

Cagiltay, N. E. (2007). Teaching software engineering by means of computer-game development: Challenges and opportunities. *British Journal of Educational Technology, 38*(3), 405-415.

Carbonaro, M., Szafron, D., Cutumisu, M., & Schaeffer, J. (2010). Computer-game construction: A gender-neutral attractor to Computing

Science. *Computers & Education, 55*(3), 1098-1111.

Calfee, R. C., & Perfumo, P. (1993). Student portfolios: Opportunities for a revolution in assessment. *Journal of Reading, 36*(7), 532-537.

Campbell, L., Campbell, B., & Dickinson, D. (1996). *Teaching and learning through multiple intelligences.* Boston, MA: Allyn & Bacon.

Chandler, P., & Sweller, J. (1991). Cognitive load theory and the format of instruction. *Cognition and Instruction, 8*, 293-332.

Chandler, P., & Sweller, J. (1992). The split-attention effect as a factor in the design of instruction. *British Journal of Educational Psychology, 62*, 233-246.

Chen, C. M. (2009). Ontology-based concept map for planning a personalised learning path. *British Journal of Educational Technology, 40* (6), 1028-1058.

Cheng, Y. M., & Chen, P. F. (2008, August). Building an online game-based learning system for elementary school. Paper presented at The International Conference on Intelligent Information Hiding and Multimedia Signal Processing, Harbin, China.

Chu, H. C., Hwang, G. J., & Tsai, C. C. (2010). A knowledge engineering approach to developing mindtools for context-aware ubiquitous learning. *Computers & Education, 54*(1), 289-297.

Chu, H. C., Hwang, G. J., Tsai, C. C., & Tseng, Judy C. R. (2010). A two-tier test approach to developing location-aware mobile learning systems for natural science courses. *Computers & Education, 55*(4), 1618-1627.

Clark, R. C., & Mayer, R. E. (2008). *E-learning and the science of instruc-*

tion: Proven guidelines for customers and designers of multimedia learning (2nd ed.). San Francisco, CA: Pfeiffer.

Clark, R. E. (1983). Reconsidering research on learning from media. *Review of Educational Research, 53*(4), 445-459.

Clark, R. E. (1985). Confounding in educational computing research. *Journal of Educational Computing Research, 1*(2), 137-148.

Clark, R. E. (1991). When researchers swim upstream: Reflections on an unpopular argument about learning from media. *Educational Technology, 31*(2), 34-40.

Clark, R. E. (1994). Media will never influence learning. *Educational Technology Research & Development, 42*(2), 21-29.

Cognition and Technology Group at Venderbilt (1990). Anchored instruction and its relationship to situated cognition. *Educational Researcher, 19* (5), 2-10.

Cognition and Technology Group at Venderbilt (1992). Technology and the design of generative learning environments. In T. M. Duffy & D. H. Jonassen (Eds.), *Constructivism and the technology of instruction: A conversation.* Hillsdale, NJ: Lawrence Erlbaum Associates.

Cognition and Technology Group at Vanderbilt (1993). Anchored instruction and situated cognition revisited. *Educational Technology, 33*(3), 52-70.

Cognition and Technology Group at Vanderbilt (1997). *The Jasper project: Lessons in curriculum, instruction, assessment, and professional development.* Mahwah, NJ: Lawrence Erlbaum Associates.

Collins, A., Brown, J., & Newman, S. (1989). Cognitive apprenticeship: Teaching the crafts of reading, writing, and mathematics. In Resnick

(Ed.), *Knowing, learning, and instruction: Essays in honor of Robert Glaser* (pp. 453-494). Hillsdale, NJ: Lawrence Erlbaum Associates.

Corno, L. (1994). Student volition and education: Outcomes, influences, and practices. In D. H. Schunk & B. J. Zimmerman (Eds.), *Self-regulation of learning and performance: Issues and educational applications* (pp. 229-251). Hillsdale, NJ: Lawrence Erlbaum Associates.

Corno, L. (2001). Volitional aspects of self-regulated learning. In B. J. Zimmerman & D. H. Schunk (Eds.), *Self-regulated learning and academic achievement: Theoretical perspectives* (2nd ed.) (pp. 191-225). Mahwah, NJ: Lawrence Erlbaum Associates.

Cull, P. (1991). *Resource-based learning: A strategy for rejuvenating Canadian history at the intermediate school level.* (ERIC Document Reproduction Service No. ED343 829)

Cuthbert, K. (1995). Project planning and the promotion of self- regulated learning: From theory to practice. *Studies in Higher Education, 20* (3), 267-277.

Danielson, C., & Abrutyn, L. (1997). *An introduction to using portfolios in the classroom.* Alexandria, VA: ASCD.

Davidovic, A., Warren, J., & Trichina, E. (2003). Learning benefits of structural example-based adaptive tutoring systems. *IEEE Transactions on Education, 46*, 241-251.

Davies, I. K. (1984). Instructional development: Themata, archetypes, paradigms and models. In R. K. Bass & C. R. Dills (Eds.), *Instructional development: The state of the art, II*. Dubuque, IA: Kendal/ Hunt.

Delisle, R. (1997). *How to use problem-based learning in the classroom.*

Alexandria, VA: ASCD.

Dempsey, J. V., Rasmussen, K., & Lucassen, B. (1994). *Instructional gaming: Implication for technology*. (ERIC Document Reproduction Service No. EJ368345)

Dick, W., & Carey, L. (1996). *The systematic design of instruction* (4th ed.). New York: Harper Collins.

Dick, W., & Reiser, R. A. (1989). *Planning effective instruction*. Upper Saddle River, NJ: Merrill/Prentice Hall.

Dickey, M. D. (2011). Murder on Grimm Isle: The impact of game narrative design in an educational game-based learning environment. *British Journal of Educational Technology, 42*(1), 456-469.

Dills, C. R., & Romiszowski, A. J. (Eds.) (1997). *Instructional development paradigms*. Englewood Cliffs, NJ: Educational Technology.

Dodge, B. (1995). *Some thoughts about WebQuests*. Retrieved October 12, 2003, from http://edweb.sdsu.edu/courses/edtec596/about_webquests.html

Dodge, B. (1997). *WebQuest taxonomy: A taxonomy of tasks*. Retrieved April 11, 2004, from http://edweb.sdsu.edu/courses/edtec596

Dodge, B. (2001). *Focus: Five rules for writing a great WebQuest*. Retrieved July 1, 2004, from http://www.webquest.futuro.usp.br/artigos/textos_outros-bernie1.html

Driscoll, M. P. (2000). *Psychology of learning for instruction* (2nd ed.). Boston, MA: Allyn & Bacon.

Duffy, T. M., & Jonassen, D. H. (1992). Constructivism: New implications for instructional technology. In T. M. Duffy & D. H. Jonassen (Eds.), *Constructivism and the technology of instruction: A conversation* (pp. 1-16). Hillsdale, NJ: Lawrence Erlbaum Associates.

Duffy, T. M., Lowyck, J., & Jonassen, D. (Eds.) (1993). *Designing environment for constructive learning.* Berlin: Springer-Verlag.

Ebner, M., & Holzinger, A. (2007). Successful implementation of user-centered game based learning in higher education: An example from civil engineering. *Computers & Education, 49*(3), 873-890.

Eby, J. W. (1997). *Reflective planning, teaching, and evaluation for the elementary school* (2nd ed.). Upper Saddle River, NJ: Merrill/Prentice Hall.

Eisenberg, M. B., & Berkowitz, R. E. (1990). *Information problem solving: The big six skills approach to library & information skills instruction.* (ERIC Document Reproduction Service No. ED330 364)

Eisenberg, M. B., & Berkowitz, R. E. (1992). Information problem-solving: The big six skills approach. *School Library Media Activities Monthly, 8*(5), 27-29, 37, 42.

Elmer-Dewitt, P. (1995). Welcome to cyberspace. *Time, 145*(12), 4-11.

English, F. (1973). *What philosophy systems approach?* In *Introduction to the systems approach.* Englewood Cliffs, NJ: Educational Technology.

Fabos, B., & Young, M. D. (1999). Telecommunication in the classroom: Rhetoric versus reality. *Review of Educational Research, 69*(3), 217-259.

Farr, R., & Tone, B. (1994). *Portfolio and performance assessment: Helping students evaluate their progress as readers and writers.* Fort Worth, TX: Harcourt Brace & Company.

Freeman, L. A., & Jessup, L. M. (2004). The power and benefits of concept mapping: measuring use, usefulness, ease of use, and satisfaction. *International Journal of Science Education, 26*(2), 151-169.

Gage, N., & Berliner, D. (1992). *Educational psychology* (5th ed). Chicago, IL: Rand McNally.

Gagne, R. M. (1985). *The conditions of learning* (4th ed.). New York: Holt, Rinehart and Winston.

Gagne, R. M., Briggs, L. J., & Wager, W. W. (1992). *Principles of instructional design* (4th ed.). New York: Harcourt Brace Jovanovich.

Gallegos, A., & Schmidt, E. K. (2001). Distance learning: Issues and concerns of distance learners. *Journal of Industrial Technology, 17*(3), 2-5.

Geban, O., Asker, P., & Ozkan, I. (1992). Effects of computer simulations and problem-solving approaches on high school students. *Journal of Educational Research, 86,* 5-10.

Gersten, R., & Keating, T. (1987). Long-term benefits from direct instruction. *Educational Leadership, 44*(6), 28-31.

Gettinger, M. (1993). Effects of invented spelling and direct instruction on spelling performance of second-grade boys. *Journal of Applied Behavior Analysis, 26*(3), 281-291.

Gillies, R. M. (2004). The effects of cooperative learning on junior high school students during small group learning. *Learning and Instruction, 14*(2), 197-213.

Ginns, P. (2005). Meta-analysis of the modality effect. *Learning and Instruction, 15,* 313-331.

Good , T. L., & Brophy, J. (1995). *Contemporary educational psychology* (5th ed.). New York: Addison-Wesley.

Graham, S., Harris, K. R., & Toria, G. A. (1998). Writing and self-regulation: Cases from the self-regulated strategy development model. In D. H. Schunk & B. J. Zimmerman (Eds.), *Self-regulated learning: From teaching to self-reflective practice* (pp. 20-41). New York: The Guilford Press.

Gredler, M. E. (2001). *Learning and instruction: Theory into practice* (4th ed.). Upper Saddle River, NJ: Merrill/Prentice Hall.

Greenfield, P. M. (1984). A theory of the teacher in the development of everyday life. In B. Rogoff & J. Lave (Eds.), *Everyday cognition: Its development in social context.* Cambridge, MA: Harvard University Press.

Hacker, M., & Barden, A. R. (1992). *Living with technology* (2nd ed.). New York: South-Western.

Hambleton, A., et al. (1992). *Where did you find that? Resource-based learning: Instructional strategies series No. 8.* (ERIC Document Reproduction Service No. ED360 306)

Hambleton, A., & Wilkin, J. (1994). *The role of the school library in resource-based learning.* (ERIC Document Reproduction Service No. ED343 829)

Hambleton, R. K. (1996). Advances in assessment models, methods, and practices. In D. C. Berliner & R. C. Calfee (Eds.), *Handbook of educational psychology* (pp. 899-925). New York: Macmillan.

Hannafin, M. J., & Peck, K. L. (1988). *The design, development, and evaluation of instructional software.* New York: Macmillan.

Harland, T. (2003). Vygotsky's Zone of Proximal Development and Problem-based Learning: Linking a theoretical concept with practice through action research. *Teaching in Higher Education, 8*(2), 263-272.

Harley, S. (1993). Situated learning and classroom instruction. *Educational Technology, 33*(3), 46-51.

Harp, S. E, & Mayer, R. E. (1997). The role of interest in learning from scientific text and illustrations: On the distinction between emotional interest and cognitive interest. *Journal of Educational Psychology, 89*, 92-102.

Harp, S. F., & Mayer, R. E. (1998). How seductive details do their damage: A theory of cognitive interest in science learning. *Journal of Educational Psychology, 90*, 414-434.

Hayes, J. R. (1980). *The complete problem solver.* Philadelphia, PA: Franklin Institute Press.

Hedegaard, M. (1990). The zone of proximal development as basis for instruction. In L. C. Moll (Ed.), *Vygotsky and education: Instructional implications and applications of sociohistorical psychology* (pp. 59-88). Cambridge: Cambridge University Press.

Heinich, R., Molenda, M., & Russell, J. (1993). *Instructional media and the new technology for learning* (4th ed.). New York: Macmillan.

Heinich, R., Molenda, M., Russell, J., & Smaldino, S. E. (1999). *Instructional media and technology for learning* (6th ed.). Upper Saddle River, NJ: Prentice-Hall.

Heinich, R., Molenda, M., Russell, J., & Smaldino, S. E. (2001). *Instructional media and technology for learning* (7th ed.). Upper Saddle River, NJ: Pearson.

Herman, J. L., Aschbacher, P. R., & Winter, L. (1992). *A practice guide to alternative assessment.* Virginia: ASCD.

Hewitt, G. (1995). *A portfolio primer: Teaching, collecting, and assessing student writing.* Portsmouth, NH: Heinemann.

Hewitt, G. (2001). The writing portfolio: Assessment starts with A. *Clearing House, 74*(4), 187-190.

Huang, H. P., & Lu, C. H. (2003). Java-based distance learning environment for electronic instruments. *IEEE Transactions on Education, 46* (1), 88-94.

Huang, K. C., Tseng, S. S., Weng, J. F., & Ho, H. T. (2008). Design of scientific education activities based upon the game-based learning platform. *International Journal on Digital Learning Technology, 1*(1), 56-71.

Huang, W. H. (2011). Evaluating learners' motivational and cognitive processing in an online game-based learning environment. *Computers in Human Behavior, 27*(2), 694-704.

Huang, W. H., Huang, W. Y., & Tschopp, J. (2010). Sustaining iterative game playing processes in DGBL: The relationship between motivational processing and outcome processing. *Computers & Education, 55*(2), 789-797.

Hughes, F. P. (1995). *Children, play, and development* (2nd ed.). Boston, MA: Allyn & Bacon.

Hughes, G., & Hay, D. (2001). Use of concept mapping to integrate the different perspectives of designers and other stakeholders in the development of e-learning materials. *British Journal of Educational Technology, 32*(5), 557-569.

Hung, P. H., Hwang, G. J., Lin, I. H., & Su, I. H. (2012). The characteristics of gifted students' ecology inquiries in ubiquitous learning activities. *International Journal of Mobile Learning and Organization, 6*(1), 52-63.

Hwang, G. J. (2003). A conceptual map model for developing intelligent tutoring systems. *Computers & Education, 40*, 217-235.

Hwang, G. J., & Chang, H. F. (2011). A formative assessment-based mobile learning approach to improving the learning attitudes and achievements of students. *Computers & Education, 56*(1), 1023-1031.

Hwang, G. J., & Kuo, F. R. (2011). An information-summarising instruction strategy for improving the web-based problem solving abilities of students. *Australasian Journal of Educational Technology, 27*(2), 290-306.

Hwang, G. J., Shi, Y. R., & Chu, H. C. (2011). A concept map approach to developing collaborative Mindtools for context-aware ubiquitous learning. *British Journal of Educational Technology, 42*(5), 778-789.

Hwang, G. J., Sung, H. Y., Hung, C. M., Yang, L. H., & Huang, I. (2012). A knowledge engineering approach to developing educational computer games for improving students' differentiating knowledge. *British Journal of Educational Technology*. doi:10.1111/j.1467-8535.2012.01285.x

Hwang, G. J., & Tsai, C. C. (2011). Research trends in mobile and ubiquitous learning: A review of publications in selected journals from 2001 to 2010. *British Journal of Educational Technology, 42*(4), E65-E70.

Hwang, G. J., Tsai, C. C., & Yang, Stephen. J. H. (2008). Criteria, strategies and research issues of context-aware ubiquitous learning. *Journal of Educational Technology & Society, 11*(2), 81-91.

Hwang, G. J., Tsai, P. S., Tsai, C. C., & Tseng, Judy C. R. (2008). A novel approach for assisting teachers in analyzing student web-searching behaviors. *Computers & Education, 51*(2), 926-938.

Irving, A. (1985). *Study and information skills across the curriculum*. Portsmouth, NH: Heinemann.

Ittner, P. L., & Douds, A. F. (2004). *Train-the-trainer: Instructor's guide*(3rd ed.). Amherst, MA: Human Resource Development Press.

Johnson, D. W., & Johnson, R. T. (1999). Making cooperative learning work. *Theory Into Practice, 38*(2), 67-73.

Jonassen, D. H. (1984). The mediation of experience and educational technology: A philosophical analysis. *Educational Communication and Technology Journal, 32*(3), 153-167.

Jonassen, D. H. (1996). *Computers in the classroom: Mindtools for critical thinking*. Englewood Cliffs, NJ: Prentice-Hall.

Jonassen, D. H. (1997). Instructional design models for well-structured and ill-structured problem-solving learning outcomes. *Educational Technology Research & Development, 45*(1), 65-94.

Jonassen, D. H. (2000). *Computers as mindtools for schools: Engaging critical thinking* (2nd ed.). Upper Saddle River, NJ: Prentice-Hall.

Jonassen, D. H., Dyer, D., Peters, K., Robinson, T., Harvey, D., King, M., & Loughner, P. (1997). Cognitive flexibility hypertexts on the web: Engaging learners in meaning making. In B. H. Khan (Ed.), *Web-based instruction* (pp. 119-133). Englewood Cliffs, NJ: Educational Technology.

Jonassen, D. H., Howland, J., Moore, J., & Marra, R. M. (2003). *Learning to solve problems with technology: A constructivist perspective* (2nd ed.). Upper Saddle River, NJ: Pearson Education.

Jonassen, D. H., Peck, K. L., & Wilson, B. G. (1999). *Learning with technology: A constructivist perspective*. Upper Saddle River, NJ: Prentice-Hall.

Kao, G. Y. M., Lin, S. S. J., & Sun, C. T. (2008a). Breaking concept boundaries to enhance creative potential: Using integrated concept maps for conceptual self-awareness. *Computers & Education, 51*, 1718-1728.

Kao, G. Y. M., Lin, S. S. J., & Sun, C. T. (2008b). Beyond sharing: Engaging students in cooperative and competitive active learning. *Educational Technology & Society, 11*(3), 82-96.

Kee, K. N., & White, R. T. (1979). The equivalence of positive and negative methods of validating a learning hierarchy. *Contemporary Educational Psychology, 4*(3), 253-259.

Keller, J. M. (1983). Motivational design of instruction. In C. M. Reigeluth (Ed.), *Instructional design theories and models: An overview of their current status* (pp. 384-434). Hillsdale, NJ: Lawrence Erlbaum Associates.

Keller, J. M., & Burkman, E. (1993). Motivation principles. In M. Fleming & W. Levie (Eds.), *Instructional message design: Principles from the behavioral and cognitive science* (pp. 3-53). Englewood Cliffs, NJ: Educational Technology.

Keller, J. M., & Koop, T. (1987). An application of the ARCS model of motivational design. In C. Reigeluth (Ed.), *Instructional theories in action: Lessons illustrating selected theories and models* (pp. 289-320). Hillsdale, NJ: Lawrence Erlbaum Associates.

Kemp, J. E. (1985). *The instructional design process.* New York: Harper & Row.

Kemp, J. E., & Smellie, D. C. (1994). *Planning, producing, and using instructional technologies* (7th ed.). New York: Harper Collins College.

Khan, B. (1997). *Web-based instruction.* Englewood Cliffs, NJ: Educational Technology.

Kim, B., Park, H., & Baek, Y. (2009). Not just fun, but serious strategies: Using meta-cognitive strategies in game-based learning. *Computers & Education, 52*(4), 800-810.

Klinger, J. K., & Vaughn, S. (1996). Reciprocal teaching of reading comprehension strategies for students with learning disabilities who use English as a second language. *Elementary School Journal, 96*(3), 275-293.

Knirk, F. G., & Gustafson, K. L. (1986). *Instructional technology: A systematic approach to education.* NY: Holt, Rinehart and Winston.

Kozma, R. (1991). Learning with media. *Review of Educational Research, 61*(2), 179-211.

Kozulin, A. (1990). *Vygotsky's psychology: A biography of ideas.* New York: Harvester Wheatsheaf.

Krathwohl, D. R., Bloom, B. S., & Masia, B. B. (1964). *Taxonomy of educational goals. Handbook II: Affective domain.* New York: David McKay.

Kuhl, J. (1984). Volitional aspects of achievement motivation and learned helplessness: Toward a comprehensive theory of action-control. In B.

A. Maher (Ed.), *Progress in experimental personality research* (Vol. 13, pp. 99-171). New York: Academic Press.

Kuhl, J. (1985). Volitional mediators of cognitive behavior consistency: Self-regulatory processes and action versus state orientation. In J. Kuhl & J. Beckman (Eds.), *Action control* (pp. 101-128). New York: Springer.

Kuhlthau, C. C. (1985). A process approach to library skills instruction. *School Library Media Quarterly, 13*(1), 35-40.

Kuhlthau, C. C. (1993). *Seeking meaning: A process approach to library and information services*. Norwood, NJ: Ablex.

Kuo, M. J. (2007, March). *How does an online game based learning environment promote students' intrinsic motivation for learning natural science and how does it affect their learning outcomes?*. Paper presented at The First IEEE International Workshop on Digital Game and Intelligent Toy Enhanced Learning, Jhongli, Taiwan.

Kwon, S. Y., & Cifuentes, L. (2009). The comparative effect of individually-constructed vs. collaboratively-constructed computer-based concept maps. *Computers & Education, 52*, 365-375.

Lambdin, D. V., & Walker, V. L. (1994). Planning for classroom: Portfolio assessment. *Arithmetic Teacher, 41*(6), 318-324.

Lambros, A. (2002). *Problem-based learning in K-8 classrooms: A teacher's guide to implementation*. New York: Corwin Press.

Lankes, A. M. D. (1995). *Electronic portfolio: A new idea in assessment*. *ERIC DIGEST*, EDO-IR-95-9. Retrieved October 12, 2003, from http://ericit.org/digests/EDO-IR-1995-09.shtml

Lave, J. (1988). *Cognition in practice: Mind, mathematics, and culture in everyday life.* New York: Cambridge University Press.

Lave, J., & Wenger, E. (1991). *Situated learning: Legitimate peripheral participation.* New York: Cambridge University Press.

Laverty, C. (2001). *Resource-based learning.* Retrieved April 18, 2004, from http://library.queensu.ca/inforef/tutorials/rbl/rblintro.htm

Lefrancois, G. R. (1997). *Psychology for teaching* (9th ed.). Belmont, CA: Wadsworth.

Leutner, D. (1993). Guided discovery learning with computer-based simulation games: Effects of adaptive and non-adaptive instructional support. *Learning and Instruction, 3*(2), 113-132.

Levin, J. R. (1981). The mnemonic '80s: Keywords in the classroom. *Educational Psychologist, 16,* 65-82.

Linn, R. L., & Gronlund, N. E. (2000). *Measurement and assessment in teaching* (8th ed.). Englewood Cliffs, NJ: Merrill.

Liu, P. L., Chen, C. J., & Chang, Y. J. (2010). Effects of a computer-assisted concept mapping learning strategy on EFL college students' English reading comprehension. *Computers & Education, 54,* 436-445.

Liu, T. Y., & Chu, Y. L. (2010). Using ubiquitous games in an English listening and speaking course: Impact on learning outcomes and motivation. *Computers & Education, 55*(2), 630-643.

Mace, F. C., Belfiore, P. J., & Hutchinson, J. M. (2001). Operant theory and research on self-regulation. In B. J. Zimmerman & D. H. Schunk (Eds.), *Self-regulated learning and academic achievement: Theoretical perspectives* (2nd ed.). Mahwah, NJ: Lawrence Erlbaum Associates.

Malone, T. W. (1980). *What makes things fun to learn?: A study of intrinsically motivation computer games*. Palo Alto, CA: Xerox.

March, T. (1998). *WebQuests for learning*. Retrieved March 1, 2004, from http://www.ozline.com/webquests/intro.html

March, T. (2003). The learning power of WebQuests. *Educational Leadership, 61*(4), 42-47.

Mayer, R. E. (1981). *The promise of cognitive psychology*. San Francisco, CA: W. H. Freeman and Company.

Mayer, R. E. (1987). *Educational psychology: A cognitive approach*. Boston, MA: Little, Brown and Company.

Mayer, R. E. (1997). Multimedia learning: Are we asking the right questions? *Educational Psychologist, 32*, 1-19.

Mayer, R. E. (2001). *Multimedia learning*. New York: Cambridge University Press.

Mayer, R. E. (2009). Modality principle. In R. E. Mayer (Ed.), *Multimedia learning* (2nd ed., pp. 200-220). New York: Cambridge University Press.

Mayer, R. E., & Moreno, R. (1998). A split-attention effect in multimedia learning: Evidence for dual processing systems in working memory. *Journal of Educational Psychology, 90*, 312-320.

Mayer, R. E., & Moreno, R. (2003). Nine ways to reduce cognitive load in multimedia learning. *Educational Psychologist, 38*(1), 43-52.

Mayer, R. E., & Wittrock, M. C. (1996). Problem-solving transfer. In R. Calfee & R. Berliner (Eds.), *Handbook of educational psychology* (pp. 47-62). New York: Macmillan.

McLellan, H. (1993). Evaluation in a situated learning environment. *Edu-

cational Technology, 33(3), 39-45.

McAlpine, L., & Weston, C. (1994). The attributes of instructional materials. *Performance Improvement Quarterly, 7*(1), 19-30.

Meece, J. L. (1994). The role of motivation in self-regulated learning. In D. H. Schunk & B. J. Zimmerman (Eds.), *Self-regulation of learning and performance: Issues and educational applications* (pp. 25-43). Hillsdale, NJ: Lawrence Erlbaum Associates.

Menke, D., & Pressley, M. (1994). Elaborative interrogation: Using "Why" questions to enhance the learning from text. *Journal of Reading, 37*(8), 642-645.

Miller, P. H. (1956). The magic number of seven, plus or minus two: Some limit on our capacity to process information. *Psychological Review, 63*, 81-87.

Miller, S. K. (2003). A comparison of student outcomes following problem-based learning instruction versus traditional lecture learning in a graduate pharmacology course. *Journal of the American Academy of Nurse Practitioners, 15*(12), 550-556.

Minami, M., Morikawa, H., & Aoyama, T. (2004). *The design of naming-based service composition system for ubiquitous computing applications*. In the Proceedings of the 2004 International Symposium on Applications and the Internet Workshops (SAINTW' 04) (pp. 304 - 312.), Washington, DC: IEEE Computer Society.

Moersch, C. (1995). Levels of technology implementation (LoTi): A framework for measuring classroom technology use. *Learning and Leading with Technology, 23*(3), 40-42.

Moll, L. C. (1990). Introduction. In L. C. Moll (Ed.), *Vygotsky and edu-*

cation: Instructional implications and applications of sociohistorical psychology (pp. 59-88). Cambridge: Cambridge University Press.

Moore, P. A. (1995). Information problem-solving: A wider view of library skills. *Journal of Contemporary Psychology, 20*(1), 1-31.

Moreno, R., & Mayer, R. E., (1999). Cognitive principles of multimedia learning: The role of modality and contiguity. *Journal of Educational Psychology, 91*(2), 358-368. doi:10.1037/0022-0663.91.2.358

Moreno, R., & Mayer, R. E., (2000). A coherence effect in multimedia learning: The case for minimizing irrelevant sounds in the design of multimedia instructional messages. *Journal of Educational Psychology, 92*(1), 117-125.

Morrison, G. R., Ross, S. M., Kalman, H. K., & Kemp, J. E. (2011). *Designing effective instruction* (6th ed.). Hoboken, NJ: John Wiley & Sons.

Newby, T. J., Stepich, D. A., Lehman, J. D., & Russell, J. D. (2000). *Instructional technology for teaching and learning: Designing instruction, integrating computers, and using media* (2nd ed.). Upper Saddle River, NJ: Merrill/Prentice Hall.

Novak, J. D. & Cañas, A. J. (2006). The origins of the concept mapping tool and the continuing evolution of the tool. *Information Visualization, 5*, 175-184.

Novak, J. D., & Gowin, D. B. (1984). *Learning how to learn*. Cambridge, London: Cambridge University Press.

Novak, J. D., Gowin, D. B., & Johansen, G. T. (1983). The use of concept mapping and knowledge Vee mapping with junior high school science students. *Science Education, 67*(5), 218-221.

O'Connor, J., & McDermott, I. (1997). *The art of systems thinking: Essential skills for creativity and problem solving*. San Francisco, CA: Thorsons.

Okebukola, P. A. (1990). Attaining meaningful learning of concepts in genetics and ecology: An examination of the potency of the concept mapping technique. *Journal of Research in Science Teaching, 27*(5), 493-504.

Olsen, J. R., & Bass, V. B. (1982). The application of performance technology in the military: 1960-1980. *Performance and Instruction, 21*(6), 32-36.

Ormrod, J. E. (1990). *Human learning: Theories, principles, and educational applications*. Columbus, OH: Merrill.

Palincsar, A. S. (1986). The role of dialogue in providing scaffolded instruction. *Educational Psychologist, 21*(1 & 2), 73-98.

Palincsar, A. S., & Brown, A. L. (1984). Reciprocal teaching of comprehension-fostering and comprehension-monitoring activities. *Cognition and Instruction, 1*, 117-175.

Panjaburee, P., Hwang, G. J., Triampo, W., & Shih, B. Y. (2010). A multi-expert approach for developing testing and diagnostic systems based on the concept-effect model. *Computers & Education, 55*(2), 527-540.

Papastergiou, M. (2009). Digital game-based learning in high school computer science education: Impact on educational effectiveness and student motivation. *Computers & Education, 52*(1), 1-12.

Papert, S. (1980). *Mindstorms: Children, computers, and powerful ideas*. New York: Basic Books.

Park, I., & Hannafin, M. J. (1993). Empirically-based guidelines for the design of interactive multimedia. *Educational Technology Research and Development, 41*(3), 63-85.

Paulson, F. L., Paulson, P. R., & Meyer, C. A. (1991). What makes a portfolio a portfolio? *Educational Leadership, 48*(5), 60-63.

Perkins, D. N. (1991). Technology meets constructivism: Do they make a marriage? *Educational Technology, 31*, 18-23.

Phillips, D. C. (1995). The good, the bad, and the ugly: The many faces of constructivism. *Educational Researcher*, 24, 5-12.

Pintrich, P. R., & DeGroot, E. V. (1990). Motivational and self-regulated learning components of classroom academic performance. *Journal of Educational Psychology, 82*, 33-40.

Prensky, M. (2001). *Digital game-based learning*. New York: McGraw Hill.

Pepler, D. J., & Ross. H. S. (1981). The effects of play on convergent and divergent problem solving. *Child Development, 52*, 1202- 1210.

Pressley, M. (1977). Imagery and children's learning: Putting picture in developmental perspective. *Review of Educational Research, 47*, 586-622.

Pressley, M., El-Dinary, P., Wharton-McDonald, R., & Brown, R. (1998). Transactional instruction of comprehension strategies in the elementary grades. In D. H. Schunk & B. J. Zimmerman (Eds.), *Self-regulated learning: From teaching to self-reflective practice* (pp. 42-56). New York: The Guilford Press.

Provost, J. A. (1990). *Work, play and type: Achieving balance in your life*. Palo Alto, CA: Consulting Psychologist Press.

Pui, M. L., & William, G. S. (1996). Developing and implementing interactive multimedia in education. *IEEE Transactions on Education, 39*, 430-435.

Reigeluth, C. M., & Stein, F. S. (1983). The elaboration theory of instruction. In C. M. Reigeluth (Ed.), *Instructional design theories and models*. Hillsdale, NJ: Lawrence Erlbaum Associates.

Reigeluth, C. M. (1987). Lesson blueprints based on the elaboration theory of instruction. In C. M. Reigeluth (Ed.), *Instructional design theories and models: An overview of their current status* (pp. 245-288). Hillsdale, NJ: Lawrence Erlbaum Associates.

Reiser, R. A. (2007). A history of instructional technology. In R. A. Reiser & J. V. Dempsey (Eds.). *Trends and issues in instructional design and technology* (pp. 17-34). Upper Saddle River, NJ: Pearson Education.

Renninger, K. A., Hidi, S., & Krapp, A. (Eds.). (1992). *The role of interest in learning and development*. Hillsdale, NJ: Erlbaum.

Resnick, L. B. (1987). *Education and learning to think*. Washington, DC: Academics Press.

Richey, R. C. (1986). *The theoretical and conceptual bases of instructional design*. London: Kogan Page.

Ridley, D. S., Schutz, P. A., & Glanz, R. S. (1992). The interactive influence of metacognitive awareness and goal-setting. *Journal of Experimental Education, 60*(4), 293-306.

Ringwood, J. V., & Galvin, G. (2002). Computer-aided learning in artificial neural networks. *IEEE Transactions on Education, 45*(4), 380-387.

Robert, O. H. (1996). Teaching in a computer classroom with a hyperlinked, interactive book. *IEEE Transactions on Education, 39*, 327-335.

Roblyer, M. D. (2003). *Integrating educational technology into teaching* (3rd ed.). Upper Saddle River, NJ: Pearson Education.

Rogoff, B. (1990). *Apprenticeship in thinking: Cognitive development in social context*. New York: Oxford University Press.

Rogoff, B., & Gardner, W. (1984). Adult guidance of cognitive development. In B. Rogoff & J. Lave (Eds.), *Everyday cognition: Its development in social context* (pp. 95-116). Cambridge, MA: Harvard University Press.

Romiszowski, A. J. (1981). *Designing instructional systems*. London: Kogan Page.

Rosenshine, B. (1979). *Content, time, and direct instruction*. Berkeley: CA: McCutchan.

Rosenshine, B., & Meister, C. (1994). Reciprocal teaching: A review of research. *Review of Educational Research, 64*(4), 479-530.

Rosenshine, B., & Stevens, R. (1986). Teaching functions. In M. Wittrock (Ed.), *Handbook of research on teaching* (3rd ed.). New York: Macmillan.

Sally, W. L. (1996). A new approach to interactive tutorial software for engineering education. *IEEE Transactions Education, 39*, 399-408.

Salmon, G. (2000). *E-moderating: The key to teaching and learning online.* London: Kogan Page.

Savery, J. R., & Duffy, T. (1995). Problem-based learning: An instructional model and its constructivist framework. *Educational Technology, 35* (Sept/Oct), 31-38.

Schank, R. C. (1990). Case-based teaching: Four experiences in educational software design. *Interactive Learning Environment, 1,* 231-253.

Schon, I., Hopkins, K. D., Everett, J., & Hopkins, B. R. (1984). A special motivational intervention program and junior high school students' library use and attitudes. *Journal of Experimental Education, 53,* 97-101.

Schug, M. C., Tarver, S. G., & Western, R. D. (2001). Direct instruction and the teaching of early reading. *Wisconsin Policy Research Institute Report, 14*(2), 1-28. Retrieved April 9, 2004, from http://www.wpri.org/Reports/Volume14/Vol14no2.pdf

Schunk, D. H. (1982). Verbal self-regulation as a facilitator of children's achievement and self-efficacy. *Human Learning, 1,* 265-277.

Schunk, D. H. (1989). Social cognitive theory and self-regulated learning. In B. J. Zimmerman & D. H. Schunk (Eds.), *Self-regulated learning and academic achievement: Theory, research, and practice* (pp. 83-110). New York: Springer-Verlag.

Schunk, D. H. (1994). Self-regulation of self-efficacy and attributions in academic setting. In D. H. Schunk & B. J. Zimmerman (Eds.), *Self-regulation of learning and performance* (pp. 75-100). Hillsdale, NJ: Lawrence Erlbaum Associates.

Schunk, D. H. (1996). *Learning theories: An educational perspective.* NJ: Prentice-Hall.

Schunk, D. H. (1998). Teaching elementary students to self-regulate practice of mathematical skills with modeling. In D. H. Schunk & B. J. Zimmerman (Eds.), *Self-regulated learning: From teaching to self-reflective practice* (pp.137-159). New York: The Guilford Press.

Schunk, D. H. (2001). Social cognitive theory and self-regulated learning.

In B. J. Zimmerman & D. H. Schunk (Eds.), *Self-regulated learning and academic achievement: Theoretical perspectives* (2nd ed.). (pp. 125-151). Mahwah, NJ: Lawrence Erlbaum Associates.

Schunk, D. H., & Zimmerman, B. J. (1998). Conclusions and future directions for academic interventions. In D. H. Schunk & B. J. Zimmerman (Eds.), *Self-regulated learning: From teaching to self-reflective practice* (pp. 225-235). New York: The Guilford Press.

Seels, B. B., & Richey, R. C. (1994). *The definition and domains of the field.* Washington, DC: Association for Educational Communications and Technology.

Sherwood, R. D., Kinzer, C. K., Hasselbring, T. S., Bransford, J. D., Williams, S. M., & Goin, L. I. (1987). New directions for videodisc. *The Computing Teacher, 14*(6), 10-13.

Slavin, R. E. (1990). *Cooperative learning: Theory, research, and practice.* Englewood Cliffs, NJ: Prentice Hall.

Slavin, R. E. (1991). Synthesis of research on cooperative learning. *Educational Leadership, 48*(5), 71-82.

Slavin, R. E. (1997). *Educational psychology: Theory and practice* (5th ed.). Boston, MA: Allyn & Bacon.

Small, R. V., & Gluck, M. (1994). The relationship of motivational conditions to effective instructional. *Educational Technology, 36*(8), 33-40.

Smith, P. L., & Ragan, T. J. (2005). *Instructional design* (3rd ed.). Hoboken, NJ: John Wiley & Sons.

Smith, K., & Tillema, H. (1998). Evaluating portfolio use as a learning tool for professionals. *Scandinavian Journal of Educational Re-*

search, *42*(2), 193-205.

Solomon, G. (2003). Project-base learning: A prime. *Technology & Learning, 23*(6), 20-26.

Solso, R. L. (1991). *Cognitive psychology* (3rd ed.). Needham Heights, MA: Allyn & Bacon.

Spiro, R. J., & Fletovich, P. L., Jacobson, M. J., & Coulson, R. L. (1991). Cognitive flexibility, constructivism, and hypertext: Random access instruction for advanced knowledge acquisition in illstructured domains. *Educational Technology, 31*(5), 24-33.

Spiro, R. J., & Jehng, J. C. (1990). Cognitive flexibility and hypertext: Theory and technology for the nonlinear and multidimensional traversal of complex subject matter. In D. Nix & R. J. Spiro (Eds.), *Cognition, education, and multimedia: Exploring ideas in high technology* (pp. 163-205). Hillsdale, NJ: Lawrence Erlbaum Associates.

Sreenivasan, R., Levine, W. S., & Rubloff, G. W. (2000). *Some dynamic-simulator-based control education models.* Proceedings of ACC'00, Chicago, 3458-3462.

Stahle, D. L., & Mitchell, J. R. (1993). Portfolio assessment in college methods courses: Practicing what we preach. *Journal of Reading, 36*(7), 538-542.

Stripling, B. K. (1995). Learning-centered libraries: Implications from research. *School Library Media Quarterly, 23*(3), 163-170.

Sung, H. Y., Yang, L. X., Lu, F. X., Hwang, G. J., & Hung, C. M. (2011, May). *A repertory grid-oriented game-based learning approach to improving students' learning achievement and attitude.* Paper presented at The 2011 International Conference on Global Chinese Conference on Computers in Education (GCCCE2011), Zhejiang, China.

Sweller, J., van Merrienboer, J. J. G., & Paas, F. (1998). Cognitive architecture and instructional design. *Educational Psychology Review, 10* (3), 251-296.

Tierney, R. J., Carter, M. A., & Desai, L. E. (1991). *Portfolio assessment in the reading-writing classroom*. Norwood, MA: Christopher- Gordon.

Tillema, H., & Smith, K. (2000). Learning from portfolios: Differential use of feedback in portfolio construction. *Studies in Educational Evaluation, 26*(3), 193-210.

Tobin, K., & Tippins, D. (1993). Constructivism as a referent for teaching and learning. In K. Tobin (Ed.), *The practice of constructivism in science education* (pp. 3-12). Washington, DC: AAAS Press.

Todd, R., & McNicholas, C. (1994/95). Integrated skills instruction: Does it make a difference? *School Library Media Quarterly, 23*(2), 133-138.

Tsai, C. C., Liu, E. Z. F., Lin, S. S. J., & Yuan, S. M. (2001). A networked peer assessment system based on a Vee heuristic. *Innovations in Education and Teaching International, 38*, 220-230.

Tsai, M. J., & Tsai, C. C. (2003). Information searching strategies in web-based science learning: the role of Internet self-efficacy. *Innovations in Education and Teaching International, 40*(1), 3-50.

Tuzun, H., Meryem, Y. S., Karakus, T., Inal, Y., & KIzIlkaya, G. (2009). The effects of computer games on primary school students' achievement and motivation in geography learning. *Computers & Education, 52*(1), 68-77.

U. S. Department of Education. (1996). *Getting America's students ready for the 21st century: Meeting the technology literacy challenge.* Retrieved September 2, 2001, from http://www.fred.net/nhhs/ nhhs.html

Visser, J., & Keller, J. M. (1990). The clinical use of motivational messages: An inquiry into the validity of the ARCS model of motivational design. *Instructional Science, 19*(6), 467-500.

von Glaserfeld, E. (1989). Constructivism in educations. In T. Husen & T. N. Postlethwaite (Eds.), *The international encyclopedia in education.* New York: Pergamon Press.

Vygotsky, L. S. (1978). Interaction between learning and development. In M. Cole, V. John-Steiner, S. Scribner, & E. Souberman (Eds.), *Mind in society: The development of higher psychological process.* Cambridge, MA: Harvard University Press. (Original work published 1935).

Webster's Ninth New Collegiate Dictionary (1990). Springfield, MA: Merriam-Webster.

Weinstein, C. E., & Mayer, R. E. (1986). The teaching of learning strategies. In M. Wittrock (Ed.), *Handbook of research in teaching* (pp. 315-327). New York: Macmillan.

Wenger, E. (1997). *Communities of practice: Learning, meaning, and identity.* Cambridge, UK: Cambridge University Press.

White, R. T. (1973). Research into learning hierarchy. *Review of Educational Research, 43*(3), 361-375.

William, M. M., & Marion, O. H. (1996). Implementation issues in SIMPLE learning environments. *IEEE Transactions on Education, 39*, 423-429.

Williams van Rooij, S. (2009). Scaffolding project-based learning with the project management body of knowledge (PMBOK®). *Computers &*

科技與學習
理論與實務

Education, 52(1), 210-219.

White, R. T. (1974). The validation of a learning hierarchy. *American Educational research, 11*(2), 361-375.

Winn, W. (1993). Perception principles. In M. Fleming & W. H. Levie (Eds.), *Instructional message design: Principles from the behavioral and cognitive sciences* (2nd ed.). (pp. 55-126). Englewood Cliffs, NJ: Educational Technology.

Wood, D., Bruner, J. S., & Ross, G. (1976). The role of tutoring in problem solving. *Journal of Child Psychology and Psychiatry, 17*, 89-100.

Woolfolk, A. (2001). *Educational psychology* (8th ed.). New Jersey: Prentice-Hall.

Yerushalmy, M., & Houde, R. A. (1986). The geometric supposer: Promoting thinking and learning. *Mathematics Teacher, 79*, 418-422.

Young, M. F. (1993). Instructional design for situated learning. *Educational Technology Research & Development, 41*(1), 43-58.

Yueh, H. P. (1997). *The relationship between the quality of portfolios and students' use of self-regulated learning strategies.* Unpublished Doctoral Dissertation, Pennsylvania State University, University Park.

Yun, R. W., Jiang, Y. Y., & Li, X. (2010). The summaries of studies of application effectiveness of computer games in primary and secondary education. *Distance Education Journal, 28*(2), 86-92.

Zhou, G., Wang, J. T. L., & Ng, P. A. (1996). Curriculum knowledge representation and manipulation in knowledge-based tutoring systems. *IEEE Transactions on Knowledge and Data Engineering, 8* (5), 679-689.

Zimmerman, B. J. (1986). Becoming a self-regulated learner: Which are the key subprocesses? *Contemporary Educational Psychology, 11*, 307-313.

Zimmerman, B. J. (1989a). A social cognitive view of self-regulated academic learning. *Journal of Educational Psychology, 81*(3), 329-339.

Zimmerman, B. J. (1989b). Models of self-regulated learning and academic achievement. In B. J. Zimmerman & D. H. Schunk (Eds.), *Self-regulated learning and academic achievement: Theory, research, and practice* (pp. 1-25). New York: Springer-Verlag.

Zimmerman, B. J. (1994). Dimensions of academic self-regulation: A conceptual framework for education. In D. H. Schunk & B. J. Zimmerman (Eds.), *Self-regulation of learning and performance: Issues and educational applications* (pp. 3-21). Hillsdale, NJ: Lawrence Erlbaum Associates.

Zimmerman, B. J. (1998). Developing self-fulfilling cycles of academic regulation: An analysis of exemplary instructional models. In D. H. Schunk & B. J. Zimmerman (Eds.), *Self-regulated learning: From teaching to self-reflective practice* (pp.1-19). New York: The Guilford Press.

Zimmerman, B. J. (2001). Theories of self-regulated learning and academic achievement: An overview and analysis. In B. J. Zimmerman & D. H. Schunk (Eds.), *Self-regulated learning and academic achievement: Theoretical perspectives* (2nd ed.). (pp.1-37). Mahwah, NJ: Lawrence Erlbaum Associates.

Zimmerman, B. J., Bonner, S., & Kovach, R. (1996). *Developing self-regulated learners: Beyond achievement to self-efficacy*. Washington, DC: American Psychological Association.

Zimmerman, B. J., & Bandura, A. (1994). Impact of self-regulatory influences on writing course attainment. *American Educational Research Journal, 31*, 845-862.

Zimmerman, B. J., & Kitsantas, A. (1997). Developmental phases in self-regulation: Shifting from process to outcome goals. *Journal of Educational Psychology, 89*, 29-36.

Zimmerman, B. J., & Martiner-Pons, M. (1992). Perceptions of efficacy and strategy use in the self-regulation of learning. In D. H. Schunk & J. Meece (Eds.), *Student perceptions in the classroom: Causes and consequences* (pp. 185-207). Hillsdale, NJ: Lawrence Erlbaum Associates.

重要名詞索引

A

B

C

G

H

I

K

L

Memo

Memo

Memo

國家圖書館出版品預行編目（CIP）資料

科技與學習：理論與實務／沈中偉、黃國禎著.
--四版.-- 臺北市：心理, 2012.10
面； 公分.--（課程教學系列；41324）
ISBN 978-986-191-518-0（平裝）

1.教學科技 2.教學媒體 3.教學設計 4.數位學習

521.53 101017951

課程教學系列 41324

科技與學習：理論與實務（第四版）

作　　者：沈中偉、黃國禎
執行編輯：林汝穎
總　編　輯：林敬堯
發　行　人：洪有義
出　版　者：心理出版社股份有限公司
地　　址：231026 新北市新店區光明街 288 號 7 樓
電　　話：(02) 29150566
傳　　真：(02) 29152928
郵撥帳號：19293172　心理出版社股份有限公司
網　　址：https://www.psy.com.tw
電子信箱：psychoco@ms15.hinet.net
排　版　者：辰皓國際出版製作有限公司
印　刷　者：辰皓國際出版製作有限公司
初版一刷：2004 年 9 月
二版一刷：2005 年 9 月
三版一刷：2008 年 3 月
四版一刷：2012 年 10 月
四版五刷：2023 年 4 月
Ｉ Ｓ Ｂ Ｎ：978-986-191-518-0
定　　價：新台幣 400 元